JN299815

英語の一貫教育へ向けて

立教学院 英語教育研究会 編

鳥飼玖美子・寺﨑昌男　監修

東信堂

はしがき
―― 現代社会の課題に応える英語教育の姿を求めて

松平　信久
（前・立教学院院長）

　今、お手元に広げていただいているこの本は、「立教学院英語教育研究会の中間活動報告書」という性格をもったものです。本書をお読みいただくのに先立ち、この研究会の由来と、本書刊行の意図について述べさせていただきます。

　立教学院は、今から138年前の1874（明治7）年に、アメリカ聖公会の宣教師、C.M. ウィリアムズ主教によって創設されました。キリスト教にもとづく精神性、倫理性と知性をそなえた人間を育てたいとの願いによるものでした。その目的実現のために、この学校では、聖書と英語を教えることからその活動を開始したのです。従って、本学院では現在に至るまで、英語教育を大切にし、力を注いできています。ただし、その英語教育は、単に英語が分る、英語が使えることを目指すものではなく、そのことを通して世界の人々や文化、生活などとつながり、一人ひとりの学習者が人間性豊かな存在として成長することを企図するものです。

　ところで、立教学院では、昨今の教育界の状況を鑑みながら、創立者・ウィリアムズ主教以来の建学の精神を現代的課題に対応させ、それをどう具現化するかという問題に取り組んでいます。この課題への応答として、私たちは、学院内の小学校から大学までを通じての教育に、「一貫連携教育」という目標を掲げ、過去10数年の歩みを続けてきました。この教育は、学院全体としての一体性や一貫性を強化する一方で、各学校の教育責任を果たす努力を重ね、合わせて学校間の連携を図ろうとするものです。

　この教育構想の概要は、文末の概念図によって示されていますが、学院全

体の教育目標として、「テーマをもって真理を探究する力を育てる」「共に生きる力を育てる」が設定されています。この二つの目標は、現在の本学院の教育の基本的指針となっています。この目標に近づくために、児童・生徒が身につけて欲しい基礎理解力、基礎表現能力として、「豊かで的確な日本語を使う能力」と、「生きた英語を使う能力」が掲げられていることは、表でご覧いただけるとおりです。

　一貫連携教育の活動の一環として、各教科や活動領域ごとに、学院内各校の教育活動の一貫性や系統性を強めことを目指して、それぞれの担当者によるワーキンググループが模索を続けています。その中で、「生きた英語を使う能力」の育成に主として関わっているのが各校から数名ずつの英語科教師が集まり、学院全体としての英語教育の進め方を求めて活動を続けてきているのが英語ワーキンググループ（英語教育研究会）です。このグループの活動は、約10年になりますが、精力的に活動を展開してきています。主な活動内容は、教育目標や内容、方法における一貫性や系統性の検討、学校間での授業参観にもとづく授業研究、講演やシンポジウムによる教員研修会、在校生や卒業生を対象とした追跡調査などです。

　この度の本書の刊行は、これまでの活動を中間報告の形で報告・紹介し、私たち自身がこれまでの活動を振り返ると同時に、読者の方々からいろいろなご意見やご批判を仰ぎ、今後の本グループの活動の参考とさせていただきたいとの意図にもとづくものです。従って内容的にもまだまだ不完全なものであり、特にこの取り組みによる児童・生徒・学生の英語力に向上や進展がどうであるか、学院全体としての英語教育がどう変化したのかなどの、いわばアウトプットにあたる部分にはほとんど触れることができていないことは予めお断わりをし、ご批判を受けなければなりません。この点を含め、何卒、忌憚のないご感想やご助言をお寄せ下さいますよう心からお願い申し上げます。

　最後になりましたが、毎年の研修会（学内公開講演会）での、貴重な問題提起や提言を含むご講演内容を本書に掲載することをお許し下さいました講演者の方々に厚くお礼を申し上げます。

　　2012年2月

立教学院の教育

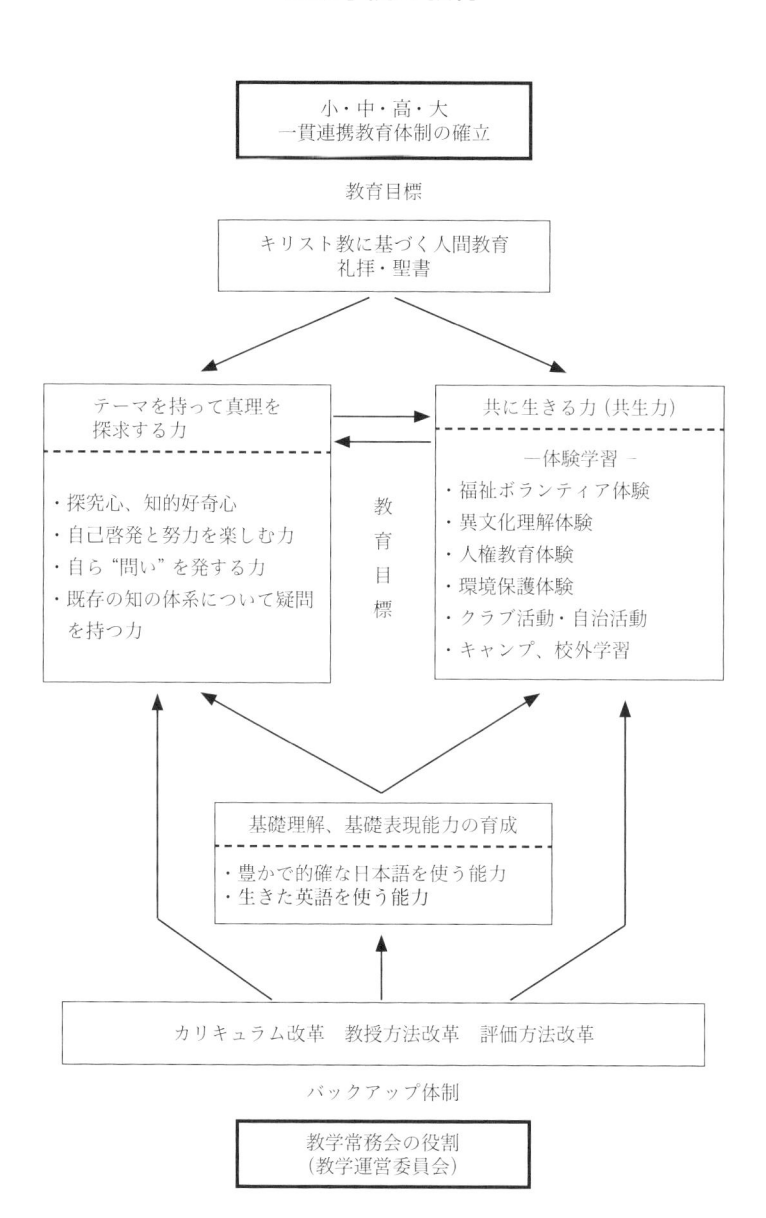

```
┌─────────────────────┐
│   小・中・高・大         │
│ 一貫連携教育体制の確立    │
└─────────────────────┘

教育目標

┌─────────────────────┐
│ キリスト教に基づく人間教育 │
│      礼拝・聖書         │
└─────────────────────┘
```

┌──────────────────────────┐   ┌──────────────────────────┐
│ テーマを持って真理を   │ ⇄   │ 共に生きる力（共生力）   │
│ 探求する力   │   │   │
│──────────────────────────│   │──────────────────────────│
│ ・探究心、知的好奇心   │   │   － 体験学習 －   │
│ ・自己啓発と努力を楽しむ力   │ 教   │ ・福祉ボランティア体験   │
│ ・自ら"問い"を発する力   │ 育   │ ・異文化理解体験   │
│ ・既存の知の体系について疑問 │ 目   │ ・人権教育体験   │
│ を持つ力   │ 標   │ ・環境保護体験   │
│   │   │ ・クラブ活動・自治活動   │
│   │   │ ・キャンプ、校外学習   │
└──────────────────────────┘   └──────────────────────────┘

```
        ┌─────────────────────────────┐
        │ 基礎理解、基礎表現能力の育成       │
        │─────────────────────────────│
        │ ・豊かで的確な日本語を使う能力     │
        │ ・生きた英語を使う能力           │
        └─────────────────────────────┘

┌──────────────────────────────────────────┐
│ カリキュラム改革　教授方法改革　評価方法改革      │
└──────────────────────────────────────────┘

バックアップ体制

┌─────────────────────┐
│   教学常務会の役割       │
│   (教学運営委員会)      │
└─────────────────────┘
```

(1997年・「立教学院教学企画委員会答申」による)

はじめに――英語の一貫教育へ向けて

鳥飼 玖美子
(立教大学特任教授)

　英語教育は小学校、中学校、高等学校、そして大学と一貫していることが効果的であり望ましい、ということに誰も異論はないでしょう。しかし言うは易く行うは難し、というのが一貫教育の実情のようです。

　学習指導要領に準拠した教育を実施し、地域的にも近い公立小中学校なら一貫性を確保できそうに思えますが、小学校によって状況が異なることは稀ではなく、中学校は多様な英語活動を経てきた1年生を対象にした指導を迫られることが珍しくありません。しかも公立学校の場合は、最近になって中高一貫校が登場してきたとはいえ、通常は高校、大学へと繋げることはできません。

　建学の理念を共有する私学の場合は、小学校から大学まで揃っていることが多いので一貫教育は当然なされていると思われがちです。しかも小学校での英語教育を数十年にわたり実施してきた学校も例外的ではないので、特に英語教育は一貫して実施されているという印象があります。しかし実際には一貫校とはいえ、小中高大と組織が別なわけですから、カリキュラムの中身まで一貫しているかどうかは別問題です。一貫教育実質化への真剣な模索が始まったのは、この10年くらいと言うのが大方の現実と言えそうです。

　立教も、そのような学校の一つです。

　立教学院には、小学校、中高が2校、そして大学、大学院があります。小学校、中学校、高校は大学の付属ではなく、各校が独立した存在であるのが立教の大きな特徴です。たとえば同じ中高でも、新座と池袋では地理的に離れているだけでなく、生徒数などの規模やカリキュラム内容も独自です。従っ

て、一貫教育について議論する際も、「一貫連携」という言葉を用いて、それぞれの独自性を生かす方針を明示しています。それでも各校は、同じ立教学院の中での学びの場であり、建学の精神や校風、歴史やアイデンティティは共通であることから、学院の中に各教科の一貫性を検討する委員会を設け、可能な限りの統一性を追究しています。

英語ワーキンググループ（本書では英語教育研究会と呼称）は、そのような枠組みの中で活動しています。具体的には、2003年12月以来、毎月1回集まり、各校の状況について情報交換や英語教育についての勉強会を続け、2011年12月で8年となります。

当初は、ごく少数の熱意のある教員が集まっていましたが、一貫連携を実現するには、問題意識と情熱を分かち合う人材を増やすことが必須だとの考えから、各校2名ずつ代表を出し、任期2年でメンバーを入れ替えていく、という方式を2005年4月から始めました。

英語教育についての活動は、本書でその一端を紹介している「マイクロティーチング」をメンバーが交代で行ったり、英語教育関連の専門書を読んで討論したりと、活動内容自体をメンバーが協議して決めています。大学による追跡調査がアンケートなどの量的調査中心であることから、質的調査を加えようと、小学校から大学まで立教で教育を受けた卒業生にインタビューを実施したこともあり、その一部は本書で紹介されています。

毎年1回は各校持ち回りで授業見学を行い、通常の英語授業を自由に見学した後、授業について質問したり感想を述べ合ったりなど意見交換をしています。いくら「内輪」とはいえ、これほど英語授業を開放し合う学校も珍しいのではないかと思うほどです。

さらに、毎年6月には「教員研修会」を開催しています。対象は小学校から大学までの立教学院英語教員ですが、同じ聖公会ということで系列の各校からも参加があり、また大学院異文化コミュニケーション研究科異文化コミュニケーション専攻の院生／修了生である現役教員が参加したこともありました。

本書Ⅰ部におさめられた講演録は、その「教員研修会」時のものです。第

一回は、英語一貫教育で先駆的な試みをしている青山学院大学から木村松雄氏をお招きし、一貫教育の実態と今後の展望を伺いました。ことばとコミュニケーションという視座から鈴木佑治氏（慶応大学）にお話しいただき議論が白熱した年もあれば、中高の現場から久保野雅史氏、北原延晃氏に具体的な指導方法について紹介していただいた時もありました。ここ数年は、英語教育の成否を左右する「学習意欲」「動機づけ」という視点から学術書を読む勉強会を続け、研修会講師に秋田喜代美氏（東京大学）、佐伯胖氏（青山学院大学）をお招きし、英語教育の枠を超えて教育学からの知見を学びました。本書への収録には間に合いませんでしたが、2011年度研修会には、コミュニケーションと英語教育の接点を情動面から研究している八島智子氏（関西大学）に、教育学でいう「学習意欲」を外国語教育に引きつけ「動機づけ」の観点から話していただきました。

　このように英語教育ワーキンググループは設立以来、まさに自律的な草の根の活動を続けてきました。明確な方針が上部から与えられるトップダウンではないことから、すぐにめざましい成果が表れるわけにはいかないかもしれません。しかし現場の教員が集まっての自律的な活動の底力はじわじわと変化をもたらしているように感じます。日々の授業やカリキュラム編成に見えない影響を与えている可能性だけではありません。3月になると例年、生徒を送り出す側の小学校6年生担当の英語教員と受け入れ側の中学1年生を担当する英語教員とが一堂に会して話し合う、という活動が自然発生的に生まれたのも、成果のひとつだと言えます。学院による「学院内教員を対象とする大学院科目履修制度」を活用し、英語教育研究会の主要メンバーである中高の英語教員が、大学院異文化コミュニケーション研究科異文化コミュニケーション専攻の授業を履修したこともありました。また、大学の英語授業を見学したいというメンバーの強い希望が、授業を開放するという習慣のなかった大学英語教育に風穴を開け、全学共通カリキュラム英語教育の一部の授業、経営学部英語授業のいくつかを見学し、参観したメンバーと大学の英語授業担当者とが懇談するという機会も実現しました。

　これらひとつひとつは小さな出来事ではありますが、このような地道な努

力を続けていくことは、やがて大きな動きをもたらす可能性を秘めています。誰から言われるのでもなく、メンバーが自ら考えて行動していくことこそが、立教における一貫連携の推進力であると言えます。

むろん、少しずつ前進しているものの、課題がないわけではありません。独立性を堅持しながら一貫性のあるカリキュラムに収斂することは至難であり、どうやって一貫連携を目にみえる形にするのかという問題は残ります。

そこで、各校のカリキュラムを無理に統一化するのではなく、立教学院における英語教育の柱を立てようという考えが生まれました。共通の理念と目標を定めて一貫連携の柱にしよう、と議論を積み重ねたのです。理念は当然ながら立教学院の建学の精神に基づくべきものなので(松平前院長による「はしがき」で紹介されている通りです)、英語教育研究会では、その理念と整合性を有するような英語教育の目的を考え、次の3点を共通の目標としました。

1) 発信型の英語力
2) コミュニケーション能力
3) 異文化理解と異文化対応

この目標を定めたのは2005年のことですが、以来、世界は予想を上回る規模と速度で変容しています。今後の課題は、この3点の「英語教育の目標」を現状に照らして振り返り、その内実を検討することのように思います。

例えば、「発信型の英語力」という際の「発信」とは具体的に何か。それは英語の4技能(読み、書き、聞き、話す)とどう関わるのか。かつての受容中心の学校英語教育への反省から、この二十年ほど日本の英語教育が会話能力育成に大きく傾斜してきた結果として、若い世代の読み書き能力が不足している、という新たな問題にどう対応するべきでしょうか。

世界は無論のこと日本国内も多言語化している状況を考えると、これからは「インターアクション(相互のやりとり)」が求められるでしょうが、それは「発信」とどのように関係するのか、などの課題も浮かび上がります。

次に「発信型の英語力」は2番目の目標である「コミュニケーション能力」

とどう関わるのかも考察を要します。「コミュニケーション能力」の構成要素は、文法能力（音韻、形態、統語、語彙などの言語知識）、談話能力（結束性と一貫性を持って論理的に書いたり話したりする能力）、社会言語学的能力（話し方の社会的規則に従い適切に言語を使える能力）、方略的能力（コミュニケーションに支障を来たした際にどう修復するかなどの方策）の4点だとされますが、それを小中高大という各段階のカリキュラムに具現化することは可能でしょうか。具体的にどう落としこむと良いのでしょうか。

さらに最後の「異文化理解と異文化対応」については、「異文化」とは何か、どこの文化を対象とするのか、英語の場合は英米という地域の文化を理解することで良いのか、という疑問があります。グローバル化した世界では、対話の相手は英語母語話者とは限らず、むしろ英語が母語ではない各国の人々とのコミュニケーションが頻出している現状に鑑みれば、多くの日本人にとって必要なのは「国際共通語としての英語」です。日本学術会議は『日本の展望——学術からの提言2010』において、他の外国語とは位置づけが異なる英語の場合は、文化的負荷を軽くして「共通語」として扱うことを提言しましたが、立教の英語教育では「異文化理解」をどう扱って国際コミュニケーション力に繋げたら良いのでしょうか。欧州評議会が提案した「異文化力」などを参考に、個別言語にとらわれない「異文化」すなわち「異質な他者」との相互行為を、国際共通語としての英語の学習に取り込むことを検討する時期に来ていると思われます。

これらの検討課題は、実は立教だけの問題ではなく、現在の日本で、どの学校も考えるべき問題であり、解決を迫られている課題です。答えはすぐには見つからないかもしれませんが、本書が少なくともその為の議論の出発点となり、国公私立を問わず、日本のすべての教育機関が一貫性のある英語教育を模索する上での一助となることを願ってやみません。

2012年2月

目次／英語の一貫教育へ向けて

はしがき――現代社会の課題に応える英語教育の姿を求めて………松平信久… i
はじめに――英語の一貫教育へ向けて …………………………………鳥飼玖美子…iv

I部　学びを深めて――研修会の講演から――

第1章　一貫と連携

1. 立教が目指す英語教育の一貫と連携………………………鳥飼玖美子… 5
   ――その理念と方法をさぐる
2. 英語教育における一貫と連携………………………………木村　松雄… 34
   ――4-4-4一貫制英語教育構想

第2章　実践と理論

1. 発想転換の力……………………………………………………北原　延晃… 64
2. 中高一貫の指導と評価を見直す……………………………久保野雅史… 91
3. 生涯英語のすすめ　…………………………………………鈴木　佑治…139
   ――For Lifelong English プロジェクト発信型英語プログラム
4. 対論・『構造としての言語、実践としての言語』
   ……………………………………………鈴木佑治・鳥飼玖美子・寺﨑昌男…185

第3章　英語教育と学習意欲

1. そもそも学習意欲とは何か……………………………………佐伯　　胖…210
2. 学習意欲を引き出す……………………………………………秋田喜代美…244

II部　「生きた英語」を求めて――共同研究の中から――

1. 研究会議の現場から……………………………………………土間　沙織…281
2. 相互授業参観……………………………………………………天野　英彦…284
3. マイクロティーチング実践――"Share and Talk" 報告……古平　領二…288
4. 「動機づけ」に関する共同実践研究の諸相　………………綾部　保志…291
5. 質的追跡調査……………………………………………………初瀬川正志…295

英語ワーキンググループ（英語教育研究会）の歩み　…………西村　正和…301
あとがき………………………………………………………………………寺﨑　昌男…315

英語の一貫教育へ向けて

I 部
学びを深めて
―― 研修会の講演から ――

第1章　一貫と連携
  1. 立教が目指す英語教育の一貫と連携
     ―― その理念と方法をさぐる
  2. 英語教育における一貫と連携 ―― 4-4-4一貫制英語教育構想

第2章　実践と理論
  1. 発想転換の力
  2. 中高一貫の指導と評価を見直す
  3. 生涯英語のすすめ
     ―― For Lifelong English プロジェクト発信型英語プログラム
  4. 対論・『構造としての言語、実践としての言語』

第3章　英語教育と学習意欲
  1. そもそも学習意欲とは何か
  2. 学習意欲を引き出す

第1章 一貫と連携 ①

1 立教が目指す英語教育の一貫と連携
―― その理念と方法をさぐる

鳥飼 玖美子
(立教大学教授 当時)

みなさん、こんにちは。本日は、お暑いところお集まりいただきましてどうもありがとうございました。

今日は、大変なタイトルをちょうだいしたのですけれども、私がお話できるのは、「探る」ということで、皆さんに考えていただくきっかけをつくるというところかなと思っています。

お手元に資料をお配りしましたが、ここにないことをなるべく入れながらお話をしていこうと思っています。これは、私の話が散漫にならないように整理するために書いたもので、それでも散漫になるかもしれませんけれど、一応この順番でお話をしていきたいと思っています。後で質疑応答がありますので、そこでまた皆さまからもご意見などをちょうだいしたいと思っています。

1 英語教育の社会的現状

まず、英語教育をとりまく社会的環境ということで、これはもう皆さま方、ご承知のことかもしれません。今日ここには、公立の先生方も何人かお見えですけれども、主たるメンバーは私学、それも立教学院ということで、あえて、私学が今、どのような状況に置かれているか、という話から入りたいと思います。

先ほどの、立教学院の松平院長、それから立教池袋中高の中島校長、立教新座中高の後藤校長、お三方が一様におっしゃっていましたように、やはり

立教に対する期待、あるいは英語教育に対する期待が非常に大きいということでした。そして調査によれば、これは松平先生がおっしゃったように、親の期待が非常に大きいということがあります。

現場の教師よりも、あるいは本人である子どもたちよりも、むしろ英語教育に対しては親の期待が大きいというお話が紹介されましたが、実は、これが今の英語教育を大きく動かしています。

一見すると、現在の動きは文部科学省の言語政策のもとでいろいろなことが行われているようですが、これの元をずっとたどっていきますと、やはり一般の人たちの要望が国を動かしているという感じが否めません。

それはどういうことかというと、今までの学校英語教育に飽き足らない、今までの学校での英語教育は全く駄目であった、こんなことでは日本はやっていかれない、という不満が、一般の方たち、そして実業界、産業界に強くあって、その声が審議会等を通じて文部科学省を動かしてきているという事実です。

必ずしも、政府が上から号令をかけているだけで動いているわけではない。政府を動かしているのは、むしろ一般大衆の英語に対する思いであるということは、認識しておきたいと思います。

そして現実に、私も審議会などに関わっておりますけれども、審議会に出てくるのは、さまざまな、いわゆる識者とされる人たちで、英語教員よりは実業界の方などが多いのですけれど、大変に厳しい意見をおっしゃいます。「学校には任せておけない」といったことさえ、おっしゃる方もいます。

そういうことから、文部科学省が英語に関しては政策を強く打ち出し、かつてないほどの予算を投入し、日本の英語教育は、この数年、抜本的に変わってきています。

この流れは10年以上前から始まっており、1989年改訂の学習指導要領には「コミュニケーション」という言葉が取り入れられ、英語教育の目的はコミュニケーションのためであるとなりました。

そのころから少しずつ改革が進んでいるのですけれども、最も画期的なのは2002年に出された『「英語が使える日本人」の育成のための戦略構想』で

す。これは、概算要求をするために文部科学省がまとめた構想なのですけれど、おそらく日本の英語教育史上、かつてないほどの包括的な英語教育政策であった。そして、日本の英語教育を変える、という文部科学省の強い意思表示の表れであったと言うことができます。

　これは本当に、かつてないほど網羅的なものです。英語教育に関するありとあらゆることを、すべて入れています。

　「戦略構想」が発表された翌年は、それを行動に移すということで、『「英語が使える日本人」の育成のための行動計画』(2003年)として発表され、着々とその政策が実施されています。『「英語が使える日本人」の育成のための戦略構造』が、今度は『行動計画』として実施に移されている中には、大学入試改革、センター入試のリスニングテスト導入、教員研修、高校生の留学支援などをはじめ、さまざまなものがあります。

　先ほどお話が出ました、小学校での英語教育も、その一環です。これは、今、問題になっています「総合学習」という時間の中で、国際理解教育の一環として英語を導入している、教科ではないという意味合いから、英語教育という言葉は一切使わずに、英語活動という言い方をしています。

　教科ではないので、教科書も正式にはなく、教科の専門教員も配置していないという中で、日本全国で試みが行われておりまして、先ほどもご紹介がありましたように全国で70％くらいの公立小学校が、すでに何らかの形で英語活動を取り入れています(2005年当時)。

　そして、中学校についてですが、不思議なことに中学校は『戦略構想』、それから『行動計画』でも、非常に影が薄かったので、その点は私もいくつかのところで批判をしました。最も肝心な導入期教育なのですから。聞くところによりますと、中教審の外国語部会で、ようやく、今度はそろそろ中学校に手を付けようというふうになりつつあるということです。

　高校は、SELHi（Super English Language High School）という試みがあります。これは要するに、競争的資金を与えて改革を促進するという目的の施策です。各高校に対して、英語教育の特別な取組みを奨励し、内容が非常によければ補助金をあげましょうということで応募をさせる。そして優秀な取組みであ

ると認められた高校が「セルハイ」校として採択になるという仕組みです。

2005年現在、全国で約100校がSELHiの指定を受け、多様な試みを行っています。初年度のSELHi校はすでに報告書を提出しまして、3月には東京ビッグサイトで成果報告の発表や模擬授業等が行われました。

その他、ALT（Assistant Language Teacher）の活用促進もあります。今、ALTは日本全国で7千人くらいいますけれども、そんなものでは足りない、倍増するという計画で、その上、優秀なALTはアシスタントという立場ではなく、将来的には1000人を目標に正規教員として採用する、という方向を提案しています。

そして、日本人の英語教員に対しては、全国の公立学校の英語教員、7万人近いのですけれども、全員に指導力向上の為の集中研修を義務づけました。具体的な実施については、各都道府県の教育委員会に委ねられているものですから、内容にばらつきがありまして、「行ってみたけれど、何あれは」というような批判もちらほら聞きますが、少なくとも文部科学省としては予算を投入して、5ヵ年計画で全ての英語教員に研修を受けさせています。

さらに具体的に求められる英語力の目標として、配布資料には書いてありませんが、中学校と高校段階に関して、英語教育の目標を数値で明示しています。

中学校卒業段階の目標は、英検3級程度。「挨拶や応対、身近な暮らしに関わる話題などについて平易なコミュニケーションができる」ことをめざす。そして、高校卒業段階になりますと、「日常的な話題について通常のコミュニケーションができる」ことをめざすということで、英検準2級から2級程度。

後で触れますが、大学については、数値の到達目標はないのですけれど、「大学を卒業したら仕事で英語が使える」こととなっており、そのような人材を育成する観点から、その内容および達成目標については各大学が設定し、創意工夫を凝らすように、ということになっています。

そして、英語教員に対しても英語力の目安が数値で出されました。英検では準1級。1級ではなく準1級です。それからTOEFLでは550点。TOEICは730点です。今後は、採用選考にあたっても、その数値により英語力の有無

を確認することが求められます。教員の採用、評価の判断基準を抜本的に変えようとしているわけです。

　先ほどの話に戻りますと、これは私学にとってどういうことを意味するか。「英語の立教」という話が出ましたけれども、立教もそうですし、日本全国で170校くらいの私立の中高があると思います。戦前からあるいは戦後間もなくから英語教育を始めた私立は珍しくないのです。50年100年にわたって、営々として英語教育を行ってきた私学がたくさんあります。確か小学校は、慶應義塾が最初だというふうに聞いていますけれども、立教もかなり古くからやっていると思います。

2　私立と公立

　ということで、これまでは、子どもに英語をやらせたいと思ったら、私学に通わせるというのが常識だったと思います。小学校から英語があるし、先生もそろっているだろうし、外国人の先生も多いのだから、少々お金はかかるけれども何とか立教へ入れようということで、立教小学校を受験するというようなこと、あるいは立教中学校をめざす、ということになります。

　もちろん私学を目指す理由は他にもありますけれども、英語という観点から公立と私立とを比べた場合、これまでは私学が圧倒的に有利だったと思います。つまり選ばれる側にあったということです。しかし、状況は大幅に変わってきています。

　もはや、私学が有利な位置に立っているとは必ずしも言えなくなってきています。なぜならば、例えば教員研修が良い例です。今日は、ここにお見えでない専任が多くて残念だというご挨拶が先ほどありましたけれども、専任は遊んでいるのではなくて、今日は新座では中間試験もあると伺っておりますし、さまざまな行事や業務に追われているわけです。

　1年間の休みをとって勉強する、研修するなどということは、私学の場合は財政的にも極めて難しい状況にあります。しかし、公立の場合は国の支援がありますから、「大学院修学休業制度」という制度を利用すれば、1年間ま

るまる、場合によっては2年間休職して大学院で学ぶことが出来ます。もちろんその間は休職扱いになるという問題があって、それを何とかして欲しい、という声も出ていますけれども、少なくとも堂々と休みをとって大学院に入学して研究することができます。

そして、それほど長期の休みを取らないまでも、集中的な研修が全員に対し実施されるのが悉皆研修です。それから短期長期の海外研修。あるいは国による研修、指導者講座などもあり、ともかく教員が変わらなければ英語教育が変わらないという文部科学省の方針で、教員研修が重視されているわけです。

それから、今までですと外国人の先生が豊富にいるのは私学だったのが、とんでもない。今や、むしろ公立のほうが多いかもしれません。ただ、中には、業者に派遣を任せているようなところもあるようですし、必ずしも素晴らしいネイティブスピーカーが全国の公立中高にそろっているかというと、そんなことはないのですけれども、しかし数の上では、多くの公立中高に外国人の先生がいます。1人は珍しいことではないし、学校によっては2人くらい来ています。

そして小学校でも、これまでは恵まれた私学で小学校からの英語教育を行っていたのですが、今や全国の公立小学校の70パーセント以上が何らかの形で英語活動を行っています(2005年当時)。

そしていずれは、英語学習の教科への転換もあり得るだろうと思っています。今は、学力低下の問題から「総合学習」のありかたについて議論が出てきたこともあり遅れていますが、いずれは何らかの形で教科へ進んでいくように思います。(注：この講演時点では、遅くとも2005年秋には教科化が発表になるという予測が一般的でしたが、教科化への慎重論が強いこともあり、まずは「英語活動」必修化が2011年度より実施になりました。)

日本全国の公立小学校で、教科として英語が導入される日が来る可能性があるとして、そうなったときに私学はどうするのか。小学校に限らず、中高についても、場合によっては、公立に行ったほうが英語教育は恵まれているということになりかねません。

公立学校の試みを見てみますと、本当に驚くような変わりようなのです。SELHi（Super English Language High School）の初年度校が30校くらいあります。私は模擬授業を行ったり研究発表をしたりする最終の報告会には行きませんでしたけれども、実際の授業を見学したことはありますし、実践報告書は読みました。

　そうしますと「ここまで変わったのか」と、驚くほどです。率直な感想として、国が本腰を入れると、ここまで英語教育は変わるのか、ここまで学校現場は変わるのか、という思いを強くしました。

　ところが、そのSELHi指定校について気が付いたことがふたつあるのです。ひとつは、東京都内の学校の採択数が低い。もうひとつは、私立の採択数が極めて低い、ということです。この理由は、よく分かりませんが、考えられる理由があります。

　公立の場合には、各都道府県の教育委員会が、意欲のありそうな教員がいる高校に声をかけ、SELHi申請を奨励したりすることがあるようです。教育委員会の、ある意味での誘導が効いている場合もある公立に比べ、そういう意が及ばない私立は申請しないのかもしれません。そもそも申請業務は大変です。SELHi指定は欲しいけれど、研究計画書やら申請書を書いたり予算を立てたり、担当になった教員は雑務を抱え込んで死にそうになるわけです。それをやるだけの何かがあるか。やりたい人がいたらやれば、と任せておいたら誰もやらないわけで、やはり教育委員会からの働きかけ、あるいは校長の意志など、そういうことで動いていくのが現実のようです。

　SELHi校の指定を受けて獲得する補助金では、さまざまなことができます。普通だったら買えないような高額の、外国の出版社の良い教科書を生徒に無償で配布する、というようなことも可能になるわけです。

　それから、講師料などに補助金を使えるので、研究会を頻繁に行う、英語教育の専門家を各地の大学から招いて研修会を行う、というようなことも出来ます。

　ということで、何人も講師を招いて勉強会をするというような恵まれた環境の中で公立が斬新な試みを行っている状況を見るにつけ、自分自身が私学

で教え、しかもずっと私立で育ってきた人間としては、隔靴搔痒の思いというのが正直なところです。

　ところで文部科学省は、そういった教育改革の為の支援を、それこそ一貫教育でやっているのです。大学でも同じように、優れた取組みを選定して競争的資金を出すことで、教育改革への努力をさせています。それは具体的にどういう形を取っているかと言うと、大学に対しては研究面を盛んにするためにCOE（Center of Excellence）というものがありますけれども、その教育版とも言うべき、Good Practiceというものを設けました。つまり大学の使命は研究だけではない、教育もその重要な柱であるということです。GPは2種類あります。ひとつは「特色GP」、もうひとつは「現代GP」です。

3　特色GP・現代GPと英語教育

　「特色GP」というのは「特色ある大学教育支援プログラム」、つまり特色ある優れた取組みをした大学を支援する、という競争的資金です。各大学がどのような取組みをして、どのような実績を上げたかという、これまでの実績を問うことで大学教育の改善を推進しようというものです。

　それこそ全国の大学が応募してくる中から選考して、いくつかの大学を選んで、そこに重点的に補助金を出します。ですから、今までのように各大学にまんべんなく補助金を出すというのではなく、努力するところに手厚くする、自助努力を問うと、はっきりと政策を転換しています。

　もうひとつ、「現代GP」というものがあります。これは、「現代的教育ニーズ取組支援プログラム」ということで、各種審議会で強く必要性が出されたテーマを選び、そのテーマについて、各大学がどのような取組みをしようとしているかを審査する。これは、取組みの計画を審査して、成果が出そうだと評価された大学に競争的資金を与えるというものです。

　この中には、例えば地域連携、あるいは産学連携というようなテーマもあるのですが、その中のひとつに、「仕事で英語が使える日本人の育成」というテーマがあります。

これは、先ほどの『「英語が使える日本人」を育成するための行動計画』の話をしたときに、大学に対しては、数値での到達目標はない代わりに「仕事で英語が使える日本人」を育成する、その方策については各大学が考えるように、ということで課題を与えられた、と申し上げました。つまり今度は、さて、いかがですか、各大学はどのような人材育成をお考えでしょうか、具体的な取組みは何ですか？ ということで公募するわけです。

この「現代GP」は、2004年度から始まりました。昨年が初年度で、「仕事で英語が使える日本人の育成」だけでも70校を越える日本全国からの国公私立大学・短大が申請しまして、そのうち採択になった取組みのひとつが立教大学のものです。内容は、「バイリンガル・ビジネスパーソンの育成をめざす多層的イマージョン教育」です。

これは、カナダを中心に研究されているイマージョン教育を参考に、立教に合わせて構想を練ったものなのですが、こちらにいらっしゃっています、バトラー後藤先生の論文も参考にさせていただきました。われわれの考えとしては、いきなり英語で授業をする最初からのイマージョンではなく、段階を経て少しずつ慣らしていって、最終的には英語でビジネスの仕事ができる人材を送り出す、ということで、「多層的イマージョン」のカリキュラムを工夫しました。この「現代GP」に採択になったプログラムが大枠そのまま、2006年度開設の経営学部国際経営学科のカリキュラムになります。

4年間の取組プログラムということで数千万円の補助金を獲得し、それで国際経営学科のカリキュラムが、現在、開発されているところです。

そういうことで、海外のイマージョン教育を実施している大学に視察に行くとか、日本では秋田の国際教養大学が、英語での専門授業をやっているので視察に行く。その視察費用も補助金でまかなえるということで、この現代GP補助金をフルに活用して、これまでにないような新しい英語教育を立教経営学部で作ろうとしているわけです。

ということで、これが今、われわれが置かれている日本という国での英語をめぐる社会的状況で、私学は特に非常に厳しい環境にあると言わざるを得ないということがお分かりいただけたと思います。

このような中で、われわれは〈仕事で英語を使える〉、あるいは〈英語が使える日本人を育成する〉ということを目標にして何かをやらざるを得ない。それに背を向けていると学生が集まらない、生徒が来ない、見放されるということになりかねません。

なぜなら、最初にお話したように、この文部科学省の政策というのは、ある日、突然出てきたことではなく、この10年、あるいは15年、20年くらいかけて経済界を含む日本人一般が徐々に社会を動かしてきた成果とも言えるわけです。つまり、これは一般の人たちの気持ちの表れということです。

そうすると、それに対してそっぽを向く、あるいは背を向けるということは、私学としてはなかなかしにくい。賛成するかしないかは別問題として、無視し得ないことだということが言えると思います。

ただ、ここで私は、では一体、〈英語が使える日本人〉というのは何なのだろう、と問題提起したいと思います。個人的には私は、〈英語が使える日本人〉という言い方が、あまり好きにはなれないのですけれども、しかし、好き嫌いは別として、これが一般の気持ちを代弁しているキャッチフレーズであるということも、よく理解できます。そうすると、〈英語が使える日本人〉というのは、どういう人間なのだろう。たぶん、われわれが考えなければいけないのは、そこからだろうと思うのです。

4 コミュニケーション能力とは何か

そこで、その前提として、「コミュニケーション能力とは何か」ということをつらつらと、配布資料2枚に書いてみたわけなのですけれども、項目を12くらい挙げました。ただ、これを全部ここで説明するつもりはございません。末尾に参考文献一覧を載せておきましたので、文献をご覧になればお読みになれますし、すでにご存じのことが多いと思いますので、一つ一つ説明するつもりはないのですけれども、何点か重要な点だけを指摘しておきます。

主要な点の第1ですが、われわれは英語教育専門家です。しかし、一般の

人たちが「英語ができる」というときは、「言語能力」と「コミュニケーション能力」を混同していることが多いようです。

　チョムスキー（N. Chomsky）が言うところの「言語能力」(linguistic competence)というものに対して、言語人類学者であるハイムズ（D. Hymes）が異論を唱えたといいますか、それだけでは充分ではないと主張した。人間が言葉を使うということは、「言語についての知識」があればできるということではなく、言葉の使用に関する社会的な機能的な規則(social and functional rules of language)を知らないとコミュニケーションが出来ない。これをハイムズは「コミュニケーション能力」(communicative competence)」と呼びました。この考えが契機となって、コミュニカテイブな外国語教育への模索が始まっていくわけです。

　言葉をコミュニケーションに使うには、その言語が使われている社会の中で存在する〈言語使用の社会的規則〉を知る必要があります。日本語でも、そうです。敬語の使い方などだけでなく、もっと広く深い意味で、日本人が日本の文化や社会の中で培ってきた規則がある。これは暗黙に共通認識として存在するもので、普段は意識されないものです。しかし、その規則が分かっていないと、本当にコミュニケーションをすることはできません。そこのところが、なかなか一般には理解されていません。

　おそらく、英語教育の難しさというのは、ここにあるのです。人間が言葉を使うときに言語知識だけでやっていくことができるのならば、それは比較的簡単で、単語を覚えて、構文を覚えて、使えばそれですむわけですから、たぶん中高の6年間みっちりやれば、できるはずなのです。

　でも、おそらく一般の方たちが思っているのはそこまでで、だから、中高6年間やったのに使いものにならないと憤慨するわけなのですが、実際の場でうまく使えないのはやむをえない部分があります。学校の英語教育では言語の知識を与えることはできるけれども、その後については、これを教室で教えたから、みんながでるようになりましたというような、簡単なものではないということを言いたいがために、ハンドアウトで「コミュニケーション能力」に関する項目をこれだけ挙げました。

例えば、Savignon（1983）が言っているのは、「コミュニケーション能力とは相対的であり、会話参加者同士の協調に依拠する」ということです。

"Communicative competence is relative, not absolute, and depends on the cooperation of all the participants involved."

「コミュニケーション能力」というのは絶対的なものではない。コミュニケーションというのは相対的なものであって、相手がいて自分がいて、その中で相手と自分がどのように協力し合いながら話を進めていくかというのがコミュニケーションです。別の表現では、"negotiation of meaning" とも言います。どのようにお互いが交渉して、意味を作りあげていくかということです。そうなると、とてもではないけれども TOEFL や TOEIC で、そのような能力が測れますか？という話にもなるわけです。

去年、木村松雄先生が青山学院の実践をお話し下さいました（第2章参照）が、その際に、青山学院が一貫連携を、どのような理論の元に進めているかという理論的根拠として出されたのが、ジム・カミンズ（Cummins, 1979, 1980）の、CALP（cognitive/academic language proficiency）と BICS（basic interpersonal communicative skills）という分類でした。これも参考になる考えです。

バトラー後藤先生のご著書にも詳しく出ていますけれども、いわゆる日常的な対人コミュニケーションに使うような会話能力（BICS）というのは、子どもの場合は比較的早く身につけることができます。

しかし、毎日毎日、学校に通って第二言語を使用していても、いわゆる認知的な、あるいは学習に必要な言語能力（CALP）を身につけるためには、これは研究によって若干、数字は違いますけれども、5年、6年、7年と長い年月がかかり、それでもネイティブ・スピーカーと完全に同じというわけにはいかない、という結果です。それを踏まえて青山学院では、どのようにこれを一貫連携に応用するか、研究が行われているそうです。

それから、コミュニケーション能力の4要素というのは、よく知られているもので、文法能力（grammatical）、談話能力（discourse）、社会言語学的能力

(sociolinguistic）と方略的能力（strategic）とあります（Canale & Swain,1980; Canale, 1983）。これについては後で触れますけれども、「文法能力」と言うと誤解を生みやすいのですが、これはもっと広く、いわゆる〈言語的な知識〉です。ですから、この中には、もちろん文章の組み立てである構文の知識も入りますし、語彙力も入りますし、発音やイントネーションなどの音韻も入ります。つまり、言語の成り立ちに関する知識が基本にない限り、何も始まらないということです。それが「文法能力（grammatical competence）」です。

それから"discourse"ですが、「談話能力」と訳してしまうと単なる「会話能力」のように誤解されがちですので、あえて「ディスコース」と言いたいと思います。話し言葉だけではなく書き言葉も含め、センテンス以上のまとまった単位を「ディスコース」と呼びます。「ディスコース能力」とは、〈結束性〉と〈一貫性〉を持った論理的な「ディスコース」をいかに組み立てることができるかということで、これも実は大変に難しいものなのです。

次は、社会言語学的能力です。言葉をどのように適切に使うことができるか。文法的には正しくても、実際に使うと失礼にあたる、というような例は日本語でもありますし、英語でもあります。そのようなことを知った上で言葉を適切に使える能力のことを、「社会言語学的能力」と呼んでいます。

最後に「方略的能力」というのは、例えば聞き取れなかったときにどうするのか、自分の言ったことが相手に誤解されてしまったら、どのように修復するか、という類のストラテジーに関する能力を指しています。

これは、「コミュニケーション能力」というハイムズが出した概念を非常に分かりやすく具体的に説明したもので頻繁に引用されています。その後、1990年にバックマン（Lyle Bachman）がもっと精緻なモデルを提示しました。このバックマンのモデルというのは、コミュニケーション能力の評価という視点から作られたもので、なかなか面白いのですが、詳細なだけに説明に時間がかかりますので、できれば文献をお読みになっていただきたいと思います。

その他にもいろいろあります。例えば、ハリデー（Michael Halliday, 1973）は、言語を「機能」という観点から研究し、大きな影響を与えています。

あるいは、オースティン（Austin, 1962）とサール（Searl, 1969）による「発話行為理論」(Speech Act Theory)では、人間が発話をするときに、表面上の言葉の中に含まれる発話意図、こういうことを言わんとしている、ということなどを理論化しています。

　日本語は特に表と裏、本音と建て前があって、本音は表に出ないということを言いますけれど、これは日本語だけの特殊現象ではなく、言葉というものには、少なからずそういう要素があるわけです。誰かがあることを言う、でも実は、その中に自分はこうしてほしいという依頼が入っているかもしれないし、命令が入っているかもしれない、という発話行為に関する分析は、第二言語習得理論に大きな影響を与えています。

　最近は、語用論という研究分野も注目を浴びています。従来の言語学は言語を構造としてとらえ、どのような成り立ちで言語ができあがっているかということに着目していたのですが、そうではなくて、その言語が実際に使われる場に着目して、行為としての言語を分析するというのが語用論（pragmatics）です。そこからコミュニケーション現象を見ると非常に面白い世界が見えてきます。今まで、見えてこなかったことが見えてくるのです（例えば Kasper, 1998; Scollon & Scollon, 1995）。

　そういう意味で、「会話の協調原則」(Grice, 1967)というものも参考になります。これは、会話というのは、会話に参加している者同士の、協力し合おうという暗黙の了解の元に成立しているという考えで、それを基本に、発言の「含意」であるとか皮肉などを読み取ることが可能になります。

　そういうような知見を言語教育研究に応用する試みが少しずつ始まっています。

　それから最近、新しい考え方として出てきていることがあります。英語だけではなく外国語すべてに関わるのですけれども、外国語を教えることがなかなかうまくいかないというのは日本だけでなく、世界共通の悩みなのです。学校で外国語を教えても、成功したという話は、余り聞かないものです。こうやってみたら、学習者は皆、驚くほどにできるようになって、学校を出た生徒や学生が社会で目も覚めるような流暢さで言葉を駆使している、などと

いう結果は余り聞きません。無論、少数の外国語学習成功者はいますが、どこの国も、どこの学校でも、悩みを抱えているのが実情でしょう。

そこで出てきたのが、言葉を言葉としてだけ教えようとしても、なかなかうまくいかない、という反省です。例えば文化的、社会的な要素、あるいは学習者のアイデンティティの問題を置き去りにしていては、外国語教育は進まないのではないかという新たな視点です。

5　外国語学習者観の変遷

そもそも「コミュニカティブ・アプローチ」という教授法自体が、欧米の価値観に基づいた教授法です。だからアジアの国でやろうとしても、うまくいかないのではないか、という反省も出てきています。

具体例を挙げると、「学習者中心」という理念が「コミュニカティブ・アプローチ」の実践面での重要な要素なのですけれども、これが案外難しい。教師が一方的にしゃべってはいけない、もっと学習者に発言させて、学習者の主体性を尊重する、というのが「コミュニカティブ・アプローチ」の基本です。ところが、日本のみならず、ベトナム、タイ、中国など、アジアでは余り定着していないようです。そういうところの〈教室文化〉を分析してみると、教師に対するある種の期待というものが学習者にあって、教師からの指導がないまま、いきなり「あなたはどう思いますか？」と質問されても困ってしまう、ということがあるようです。「いや、それを習いに、今ここに来ているわけで、先生はそれを教えてくれるのが仕事じゃないの？」という、教師の役割についてのイメージというものがありますから、欧米式の教室文化を持ち込んで、「生徒のあなたと教師の私に上下はありません。教室では学習者のあなたが主役です。教師はファシリテーターです」と言われても、ピンとこない。現実的にうまく機能しないということになりかねません。

ということは、その国の文化というものを無視しては、外国語教育の成果は望めないのではないかということで、外国語教育における文化的な要素、あるいは教師と生徒との権力構造というところに着目した関係性のあり方、

あるいは学習者自身のアイデンティティの問題などへの関心が生まれてきています。

これらの問題がなぜ重要かと言うと、モチベーションと非常に密接につながってくるのです。動機付けをすれば学習者が学習するというのは当たりまえの話なのですけれども、どうやって学習者を動機づけるかが問題です。動機付けについては、多くの研究や試みが行われていますけれども、「こうやれば、ああなる」と、それほど単純な因果関係は出ないのです。

もちろん、教師である皆さんはそれをよくご存じでしょうけれども、生徒というのは本当にやっかいで、教師が熱心にやったから、明日すぐに成果が出るかというと全然そんなことはなくて、脱線した雑談の方を1カ月後にもよく覚えていたり、「こうしてはいけない」と注意したことのほうが強く頭に入ってしまったりと、なかなかうまくいきません。モチベーションをつけるのが大事だと分かっていても、どのようにしたら動機付けすることができるのかというのは、そんなに簡単ではありません。

そこには、やはり学習者の個人差もあるでしょうし、アイデンティティというものが深く関わってくるのではないか、ということで、今度は学習者に着目してみたいと思います。学習者そのものを分析する研究は多く出てきていると思いますけれど、しかし、まだまだ充分ではないように考えています。

配布資料に、「外国語学習者観の変遷」と書きましたけれども、この〈変遷〉という言葉は正確ではないかもしれません。変遷と言うと、ひとつのことがあり、それが終わって次へという感じですが、「外国語学習者観」は、そうではなく、同時進行的に併存していると言っていいかもしれません。昔からあって、未だに続いているのは「コンピューター的学習者観」。学習者はコンピューターのようであって、インプットされた情報を処理する人間として扱われます。これは、言語心理学的な言語習得論を基礎にした考えとも言えます。

つまり、こういうインプットを入れたら生徒は学んで話せるようになるだろう、この単語を教えたから、明日、小テストをしてきちんと書けるようになっているかどうかを確かめ、先に進んでいきます。インプットとして例文

を与え、ロールプレイというアウトプットをさせる。インプットされた情報をうまく処理するのが学習者である、という学習者観です。

次に出てきた考え方は、「学習者は、社会での見習い」という学習者観です。学習者というのは、社会の中で自らが主体的に学んでいく存在で、何かをする為の道具としての言語を社会から学んでいる人間、言ってみればapprentice、見習いみたいな存在なのだという考え方です。これは、言語社会化論に依拠した考えで、学習をsocialization、社会化の一環とみる言語習得観です。

古来、人間は何かをするために言葉を学ぶ。つまり言葉は道具であって、だから赤ちゃんは、親が話している様子を見ながらだんだん覚えていって、社会的に成長していくに従って適切な使い方も社会から学んでいきます。親から学んだり、親戚から学んだり、近所の人たち、あるいは学校に通ったら学校の先生、そして友達、そのように広く社会という中で育っていきながら言葉を習得していきます。だから、外国語学習もそれを考慮に入れるべきであるということです。例えばヴィゴツキー（Vygotsky）というロシアの学者がいますけれど、「社会文化理論」というヴィゴツキーの理論は外国語教育にも応用されています。

さらに最近、もうひとつ違う見方が出てきています。それは、「生態学的学習者観」、エコロジカルな学習者観です。言語使用者と環境とのダイナミックな関係に着目し、身体論として言語習得を考えます。

人間というのは、自分を取り巻く環境から切り離しては考えられない、ということが基本にある考えです。「環境」と言っても色々あります。自分が育った家庭環境もあるし、周りの自然ということもあるかもしれないし、都会で育った人間の言語観と、山里離れたところで暮らしている人の言語観が違うということもあるかもしれません。つまり言語使用者と環境との有機的なダイナミックな関係の中で、言語習得が行われる、という考え方です。

言語教育と直接の関係はありませんけれども、言語教育にもかなり影響を及ぼしている、竹内敏晴さんという演出家がおられます。この方が、メルロ・ポンティの解釈学による身体論に基づいた演劇理論を展開していて、そ

れを日本の学校教育に応用したいと、全国各地の学校に出かけて行ってワークショップを行っています。

 異文化コミュニケーション研究科でも、2年ほど前に合宿してのワークショップにおいでいただいて、言葉を発する、言葉を伝えるというのはどういうことなのかを、参加者全員が床の上に裸足になって座って、身体で考えるというワークショップをしたことがあります。つまり、言語を身体から切り離して考えることはできないということです。斉藤孝さんの「声に出して読む」という身体論も、この一環と考えることができるかもしれません。

 これは、一理あるのです。それを理論的に解明するのは難しいのですけれど、例えば、単語を覚えようとするときに、いくら眺めていても覚えません。しかし、声に出して言って見る、あるいは書いてみる、そうすると定着度が深まるというのは、たぶん実践的に誰もが感じていることではないかと思います。それも、身体論から考えてみると面白いと思います。

 このような、学習者の環境に着目したエコロジカルな言語教育という考え方がどこから出てきたかというと、ひとつは、グローバリゼーションと多文化社会がもたらした影響と言って良いかもしれません。学習にあたっての「文化的コンテクスト」の重要性が認識され、文化的なコンテクストを抜きにした外国語学習というのはあり得ないという主張です。

 加えて考えられるのは、知識だけを学ぼうとするのではなく、言葉というものは interactive に使って体験をすることによって学習していくものである、という考えです。知識習得から相互行為的な体験学習への動きと言えます。

 さらに、もう1点。外国語学習は、究極的には異文化コミュニケーションが目的であるということを考えると、柔軟な対応が可能になる資質が必要です。異文化対応を可能にする柔軟性が、外国語教育でも追求されてきています。

6　立教大学における英語教育

われわれはそのようなさまざまな流れを理解しながら、立教学院の中での英語一貫連携を考えていかなければいけないという、大変に重い荷を背負っているわけです。青山学院は、青山スタンダードということで語彙に絞って、小学校では何語、中学校ではこういう語彙を何語、ということを具体化しており、これもひとつの考え方でしょう。けれども、立教の場合は少し視点を変えて、たとえ時間がかかっても幅広いところから考えられないだろうか、と思います。

　その前提として、あえて前置きのお話を長くいたしましたが、次に立教の中で大学ではこれをどのように行っているか、どのようなスタンスで英語教育を行っているか、というお話をさせていただきたいと思います。

　立教大学では、ご承知のように1997年から抜本的に英語教育を変えました。それまでのいわゆる一般教育部に英語教育を委ねて、文学を専門とする先生方を中心に伝統的な授業をやっていた英語教育を一新して、ほとんど革命と言って良いほどの、大変な痛みと苦しみを経て、1997年度に全学共通カリキュラムとしての英語教育を始めたわけです。

　目的は、異文化理解と発信型コミュニケーションです。異文化をどのように理解して、どのように異文化を背景にした人たちとコミュニケーションを取るかということが目的の英語教育、と位置付けました。

　実施方法はどういうものかというと、統一カリキュラムです。統一テキストによる全学共通スタンダードの英語カリキュラム、いわばグローバル・スタンダードを大学の中で行っています。立教大学のどの学部に学生が入学しても、同じ質の英語教育を受けることができる、というのが〈全学共通カリキュラム〉です。

　グローバル・スタンダードを作ろうと思ったら、やはりテキストは統一して、そしてシラバスも統一するしかありません。これは、大学教員にとっては非常に辛いものです。誰しも自分の授業は自分の考えでやりたい。しばられたくはありません。そういう中で、統一シラバス、統一テキストによる全学共通カリキュラムを実現するためには、FD（faculty development）、つまり教員研修をきめ細かく行っていくしかありません。

カリキュラム内容は、基本的に English for General Purposes。どの専門分野と限らない、一般的な使用を目的とした英語です。2006年からは2学部増えますが、これまでの立教大学は池袋に5学部、新座に2学部ありまして、それぞれ専門分野が違います。理学部から文学部にいたるまで、専門分野が違う学部に対応するために、いわゆる一般的な英語をベースに、アカデミックな英語 (English for Academic Purposes) を教授します。つまり、専門課程に進んだときに、英語の文献が読めて、英語でディスカッションができ、留学しても臆せず発表ができる、ということをめざして、言ってみれば English for General Purposes と English for Academic Purposes がカリキュラムの中心です。その中で、2年次以上の上級者に対しては、content-based teaching の一種である「テーマ別の内容重視の英語教育」を導入しました。

これが2005年度までの立教大学の英語教育です。2006年度からは、これに新しい要素が加わります。これまでは、全学共通スタンダードだったのですが、そこに少し学部としての個性が加わりまして、いわゆるグローバリゼーションが進むと、逆にローカリゼーションが活発になるという現象に近いかもしれません。

先ほどお話しましたように、「現代 GP」に採択となった英語カリキュラムを、学部の英語教育としたのが、経営学部国際経営学科における「バイリンガル・ビジネスパーソンの育成をめざす多層的イマージョン教育」です。

実は全カリの英語を始めた頃から、ひとつの夢としてこういうものをやってみたいと思ったのですけれども、立教のような規模の大学になりますと、1学年に入学してくる学生が3千名にもなります。英語の展開コマ数が年間900コマを超えるという、そういう大きな規模の英語教育では、とてもできないことでした。

しかし経営学部では、英語で専門の授業をすることができないだろうか、ということでしたので、それを実現する方策として、content-based teaching を応用し、最初から全部英語ではなく、少しずつ英語を増やしていく、という「多層的イマージョン教育」のアイディアが生まれたわけです。

国際経営学科の英語カリキュラムは、目的はバイリンガル・ビジネスパー

ソンの育成です。英語だけができればいいわけではありません。日本語力も充分に備え、きちんと専門知識を学び、その上で英語力も身につけたバイリンガルな人材を送り出したい、ということです。

　実施方法は、今、申し上げましたように、段階的なイマージョン教育です。1年次はEAP（English for Academic Purposes）の授業と、全カリの英語教育を組み合わせて行います。

　2年次から"adjunct"という方法の授業を取り入れ、3年次に"sheltered"、そして"mainstream"というふうに段階的に発展させ、留学プログラムも組み込み、海外では当然、英語で授業を受けます。

　ですから、1年次は全カリの一般的な英語教育（English for General Purposes）に併せて、学部でアカデミックな英語（English for Academic Purposes）を学ぶことになります。全カリの英語教育は週4コマですけれども、国際経営学科の学生は1年次から5コマ履修することになります。

　そして2年次には、EAPを徹底的に学習した上で、今度はEnglish for Specific Purposes（ESP）が入ります。これは経営学の専門用語、あるいは経営学の専門に特化した英語を教えるということになります。

　"adjunct"というのは耳慣れない用語でしょうが、英語の教員と専門の教員が協力する、広義のティームティーチングという考えです。実際に教室でティームティーチングするわけではなく、学生が専門の授業を英語で聞いたときに充分に理解し質問や発表などができるように英語教員と専門教員が協力をする、ということで、その具体的な方法については現在、検討を始めているところです。

　現代GPに採択となり、審査員から「コンセプト自体、非常に素晴らしいものだが、特にadjunctと言われる部分は学内での協力が不可欠で実施に苦労を伴うものと思われる、どのようにするのか成果をみたい、これが成功したら、日本の大学英語教育の非常にいい参考になるだろう」いう趣旨のコメントがありました。つまり、専門教員と英語教員のコラボレーションというのは、現実には難しい部分がありますので、これが成功したら、立教大学は各大学に先駆けて、ひとつのモデルを提示することができるだろうと思って

います。ここまでが、立教大学における英語教育の現状と、2006年度からの新たな試みについてのお話です。（注：全カリ、経営学部とも、講演当時の内容であり、現在は状況が変っています。）

7 「何」を「どう」一貫させるか

　さて今度は、一貫連携についてです。残りの10分くらいで、これはたぶん、私としては皆さんに問題提起をするしかできないのではないかと思いますが、私なりの考えをたたき台としてお話してみます。

　まず立教は、キリスト教の学校であるということ。これはもう最初から一貫しているわけです。この部分は、学院内の各校のみならず、立教女学院、香蘭女学校という系列の学校も同じです。

　これは、重要な要素だと思っています。なぜかと申しますと、今日は駆け足で、コミュニケーションの諸相をお話しましたけれども、コミュニケーションというのは、つまるところ人間の営みなのです。コミュニケーションは、人間と切り離して教える技術では、決してありません。それを考えると、「コミュニケーションに使える英語を教える」という、そのこと自体が、すぐれて全人的な教育にほかなりません。

　コミュニケーションを考えるということは、自分があって相手がいる、自分とは異なる他者との関係をどう構築していくか、それを言葉を使って行う、ということにほかならないのです。

　キリスト教にはいろいろな教えがありますが、その中に「自分を愛するように、あなたの隣人を愛しなさい」という聖句があります。これは、自分を愛するように隣人も愛しなさい、ということで、自分はどうでもいいとは言っていません。

　自分を愛する、でも、他者がいる。その他者も自分と同じように尊重するという、そういう関係性のあり方というのは、キリスト教の理念と無縁ではないということから出発すれば、コミュニケーションの基本的理念は、学院内の各校で一貫するのではないでしょうか。

中高の現場については、これから、みなさんからお伺いしたいと思いますけれども、例えば立教小学校で実施しているETM（Education Through Music）です。私も授業を見学したことがありますけれども、ETMというのは、音楽を通した全人的な教育である、と私は理解しました。使われる言葉は英語を使っています。でも、それで英語を教えようというのではなくて、むしろ私が拝見した限りでは、子どもたちが他の子どもたちとどのように関わり合いながら、いろいろなアクティビティをしていくか、それを音楽と英語でつないでいくということです。

　小学校では、そのような全人的な教育を実施しています。それでは、中学校で何をしたらいいか、高校でどうしたらいいかということです。そして大学では、英語教育の目的は異文化対応を可能にするコミュニケーション能力です。これは、異文化と邂逅したときに、どういうふうにしなさいというノウハウを教えるのではなく、異文化と接触したときに起こるであろう、葛藤なり、摩擦なりを、どのように言語を使って乗り越えていくか、ということで英語の教育を考えています。少なくとも私自身は、そのように英語教育を考えています。

　大学院レベルで、異文化コミュニケーション研究科異文化コミュニケーション専攻が何を研究・教育の軸にしているかというと、「持続可能な未来へ向けての異文化コミュニケーション学の構築」ということを考えています。（注：異文化コミュニケーション研究科は、このテーマで2005年度文部科学省「魅力ある大学院イニシアティブ」大学院GPに採択となりました）

　この〈持続可能な未来〉というコンセプトはどこから出てきたかと言いますと、ユネスコが持続可能な未来、持続可能な社会についての提言を行っています。そのユネスコが刊行した『持続可能な未来への指導と学習』という教材を、異文化コミュニケーション研究科で環境領域と通訳翻訳領域の教員と院生が協力して日本語に翻訳したのです。それで訳しているうちに、〈持続可能な社会〉〈持続可能な未来〉というものが、いかに幅広い理念であるかということを初めて知りました。

　環境問題だけではなくて、政治経済はもとより、ジェンダーの問題も入っ

てくるし、貧富の問題、識字教育の問題、人種差別、民族、宗教、観光まで、ありとあらゆる人間の問題が包括されているのですが、唯一欠けていると思ったのが〈コミュニケーション〉という視点です。

ここに異文化コミュニケーション研究科の存在意義があると考え、それを異文化コミュニケーション研究科の理念の柱にしたところなのですけれども、そのようなことで何か中学高校の教育理念があるとすると、理念の面から1本に繋げていくことが可能なのではないかと思います。

8　一貫連携への展望

具体的方法になると、とても難しいのですけれども、これは、やはり英語教育研究会のような場で頻繁に議論を重ねていくところから始まると思います。一番難しいのは、各段階の接続のところです。

小学校のETMで非常に優れた全人的な教育を英語で行っていたとします。でも、中学校に行ったときに、それが生きるのか生きないのか、その接続の問題です。

私は、小学校では、やはり全人的な教育が基盤だろうと思います。そこには当然ながら母語教育も入ってきます。コミュニケーションに使える英語教育を考えるときに、母語能力抜きには考えられない、母語は思想の根幹をなすものですから、豊かな母語がなかったら、外国語をきちんと話せるわけがない、という思いがあります。英語教育を語ることは、すなわち母語教育を語ることである。だから、小学校の段階で、もっと国語との連携、横の連携があってしかるべきだと思っています。

大学生を見ていても、英語ができない学生は、やはり母語である日本語が貧しい。小学校での母語教育というもの、私はあえて国語と言わないのですけれども、母語としての日本語教育が重要であるということは指摘しておきたいと思います。そして小学校で英語を教えるなら、英語の音とリズムの基本と、言葉を通しての対人関係構築能力の基礎を作っていくことではないかと考えています。

子どもにとって、「こうしなさい」と教えることは、本当は余り意味がない。大切なのは、日常的な体験をとおして、いろいろな失敗を繰り返しながら子どもたち自身が学んでいくこと。それが小学校の使命ではないだろうかと思います。

　そうすることで、異質なものに対して、拒否感ではなく、開かれた心というものが培われていくと、中学校で外国語を学んだときに受け入れやすいのではないかと思います。

　非常に漠然とした言い方ですけれども、異質なものに対し心が閉ざされている時に英語を教えようとしても、それは無理なように感じます。一貫連携の出発点という意味で、小学校教育は非常に重要な部分だと思っています。

　中学というのは、英語という言語の知識を学習する導入期という意味で肝心なのですけれども、文部科学省は今まで何故か冷淡でした。中学校という時期は本来なら、授業時間数を増やして、1クラスの人数を減らすということだけでも、相当に効果をあげることが可能なはずなのですけれども、これが公立ではできていません。これを指摘すると文部科学省は露骨にいやな顔をしますが、それは多分、予算の問題、時間的な制限の中で他教科との兼ね合い、という問題なのでしょう。要するに、小さなパイを奪い合っているようなものですから。このあたりはむしろ、私学のほうが融通はきくのかもしれませんから、思い切ったことができるとすると私学だろうと期待しています。

　中学生になると、そろそろ〈自己〉と〈他者〉という認識が出てくるでしょうから、それを踏まえた上での自己表現が必要になります。相手を無視して自分だけを表現するのではなく、他者を理解しようと努力する。しかし、我慢して黙って相手に合わせてしまうのではなく、自分の言いたいことをどのように発信するか、ということです。

　それは中学でやっておかないと、大学生になるとなかなか難しい。「はい、言いたいことを言ってみましょう」と言われても、そういう訓練を経ていないと、自分が何を言いたいかが分からないことさえあります。

　英語の授業を聞いて理解をすることはできるけれども、その授業について

批判的考察を加える、いわんや、その批判的考察を言葉にのせて発言するということは、とても無理ということになりますので、そのあたりを少しずつ中学から導入できないだろうかと思います。もちろん、中学は基礎レベルですから、英語の構文、語彙、音というものの基礎づくりの段階、土台作りとして極めて重要な時期です。

　高校になると、その基礎に基づき、ディスコース能力の学習が入ってくるわけです。なぜここで and ではなく but と言うのか、なぜここで because と言うのか、これはすべて〈結束性〉や〈一貫性〉に関わってくることなのです。文法用語は使わなくても，文章を組み立てる方法として、教えることができます。

　最近になって外国語教育研究者が熱心に取り組んでいるのが、文法事項をいつ、どのように取り入れるか、という"Focus on Form"です。コミュニカティブ・アプローチの弱点は、内容を重視した結果として正確性が犠牲になることです。間違いを恐れず喋ればいいと言っても、寄って立つ基盤がないと話せません。そして、文法的に誤った英語を喋ると、通じなかったり誤解されたりする場合もあるわけで、そうすると結局、コミュニケーションが成立しません。そこをどうしたらいいのか。コミュニカティブ・アプローチの長所を生かしながら、しかし、形式へ焦点を当てる Focus on Form も必要ではないか。ある時点でどのように「形式」に焦点を合わせるか。文法を教えることが悪いのではない。文法知識は必要だ。しかし、導入の方法と教え方に工夫を要する、ということなのです。

　現在の日本の英語教育の問題は、振り子が揺れすぎてしまって、使える英語が大事なのだ、文法を教えるから駄目なのだ、ということで、文法を教えることがいけないことのようになっている。文法を教えずに会話だけ教えてどうなる、と思いつつ、世の中の流れでは、文法を教えることが何か悪いことのような、そんな雰囲気が現場にできつつある。もちろん、そこまで行っていないどころか、いまだに昔ながらの文法を教えている場合もあるようですが、それは10年くらい遅れている。公立の進んだ所では、いまや振り子の行き過ぎが、反省材料となっています。

問題は、コミュニケーションという目的を考えた上で、どのように文法事項をうまく取り入れるか、です。生徒たちに、英語を使ってコミュニケーションするためにこれが必要なのだということを理解させながら、そして実際に英語を使わせながら、interaction をしながら、文法などの形式も適宜、導入する。これが、これからの英語教員の腕の見せどころになってくるような気がします。

　そうしておいて今度は高校から大学ですけれども、高校時代というのは、認知的な、アカデミックな英語の導入を始めるチャンスです。大学に入ってからでは、いささか遅い。きちんとした英語を聞いて話す為には、英語で読む、英語で書くという力を培っておくことが先決です。

　高校段階でまだ日常会話の挨拶をやっているというようなことでは惜しい。もっとも挨拶だって、良く考えると難しい場合があるのですけれども、英語での挨拶というと、普通は、決まり文句を教えることに終始しているようですから、そんなものは早い段階で済ませておけば良い。むしろ高校から大学にかけては、自分の考えをどのようにまとめて、相手が分かるように表現するかということが中心になるべきでしょう。それこそ、ディスコース能力が必須になります。

　それには書くことによって自分の考えを整理するという訓練ができますし、そのうえで話すということに結び付けることもできます。ですから、高校から大学へという段階では、ディスコース能力を少しずつ付けていく。そして大学へつなげていく。高校は、アカデミック英語を大学で発展させるための準備段階と位置づけることができないだろうかと考えています。

　大学に入りますと、今度は専門科目の学習が入ってきます。今の大学は、一昔前と違って、専門の授業が前倒しで1年次から少しずつ始まっています。概論という形で始まっていたり、また基礎ゼミという形で、1年次から少しずつ専門性を付けさせていく。専門性のある教養人か、教養のある専門人かということで、つまり、両方を身に付けさせようとしているわけです。

　ということは、大学に入った段階で、英語で何をするか、ということを考えなければなりません。英語「を」学ぶことは、高校まででにすでにやってき

ているはずで、大学に入った段階では、英語「で」何を学ぶかです。例えば○○学部に入りました、英語で○○学を学んで、将来はどういう人間になって、何をしましょうかという話になるわけです。

そうなってきますと、実際の場において、どのように英語を使うかという観点から英語を学ぶということになります。相手に反論したいけれども、失礼にならないようにするには、どう言うのか、というような社会言語学的知識も必要となってきます。自分の言いたいことを言ったところ、どうやら相手が誤解してしまって、とんちんかんな返事が返ってきた、あるいは、むっとした顔をされてしまった、修復するのにはどうしたらいいか、というような方略的能力も必要になってくる。大学で学ぶ英語というのは、そういうことになってくるのではないでしょうか。

最後に、一貫連携を考えるにあたって、ぜひ取り上げていただきたい重要な点として、自律性（autonomy）を挙げたいと思います。

いくら立教で、「そうか、分かった。公立には負けていられない。なんとか予算を投入してコマ数を増やそう」と言ったところで、どんなに増やしてもせいぜい週に数コマでしょう。大学だって90分授業が週5回あったら、もうそれ以上は無理です。いくら毎日1時間の英語があるからといって、そしてそれが半期15週、前後期合わせて30週あったところで、そんなものは時間数にしてみれば、たいしたことないと言えます。アメリカの赤ん坊は自然に英語ができるようになるという人がいますが、当たり前の話で、生まれてからだいたい英語が普通にしゃべれる12歳までの間に、何万時間費やしていることか。日本人が日本でいくら英語を勉強しても、時間的にはとてもそれに及ばないわけです。

中学校の英語の教科書1冊を英語のペーパーバックのページ数にしたら、10ページ分に満たないくらいになってしまう。そんなことで、英語を自由に話せる人間ができるか。できないのです。どうあがいても無理です。そんなのは幻想に過ぎない。

では、どうするかというと、答えはひとつ。自分で勉強しようとする人間を育てる。自分で勉強しようとする力を付けるしかないのですね。

その為には、自分で勉強しようというモチベーションをどう付けるか。そして意欲のある学習者が自分の力で自ら学んでいくのを、どのように支援するか。

　すべてお仕着せ、あるいはすべて何でも与えてあげますよという感じで「はい、おいしいものは全部あげるから、栄養にしなさいね」ではなくて、「おいしいものがどこにあるか教えてあげるから、自分で探しておいで」という教育です。教えることもさることながら、むしろ生徒たち、学生たちが自ら学ぼうとする、その自律性を育てる。

　立教の生徒、学生を見ると、かなり恵まれた環境に育ってきているということがいえると思います。あがいて何かをしようとしなくても、環境が温かく包んでくれるというような。それは決して悪いことではなくて、そのことがどれだけ人間的な温かさを生んでいるかということを、立教育ちの学生を見ていてよく感じます。それは、おっとりしている、あるいはのんびりしているという言われ方をすることがあるのですけれども、むしろ他者に対する温かさとなって表れる長所だと、私は思っています。

　ただ、その長所をどうやって自律性に結び付けていくかということを一貫連携の中で考えていかれないだろうか、と思っています。温かさを生かしながら、英語教育を通して自律した人間をどう育てていくか。それを一貫連携の中で模索できたらと願っています。

＊本稿は、2005年6月4日、立教学院英語科教育研修会において行った講演を書き起したものです。

2　英語教育における一貫と連携
—— 4-4-4一貫制英語教育構想

木村　松雄
（青山学院大学教授）

はじめに

　新学習指導要領の公示（小学校：平成20年3月公示、平成23年度より実施、中学校：平成20年7月公示、平成21年4月より移行措置として一部前倒しし実施、平成24年度より完全実施、高等学校：平成21年公示、平成25年度より実施）により、これからの日本の英語教育の方向性が定まったと言ってよいでしょう。では、新学習指導要領には小学校、中学校、高等学校の指導目標はどのように記述されているか見てみましょう。

　外国語活動の目標を小学校学習指導要領では、「外国語を通じて、言語や文化について体験的に理解を深め、積極的にコミュニケーションを図ろうとする態度の育成を図り、外国語の音声や基本的な表現に慣れ親しませながら、コミュニケーション能力の素地を養う。」（第4章 外国語活動　第1目標）と示しています。「コミュニケーション能力の素地」ということばが小学校の外国語活動のキーワードです。これを英語（試訳）にすれば、"Through foreign languages, to deepen understanding of language and culture by means of direct experience, foster the development of an attitude of active communication, and develop the foundation of communicative ability while becoming used to the sounds and basic expressions of foreign languages." となるでしょうか。「コミュニケーション能力の素地」は、「素地」を直訳しないで、"ability"を使って、"the foundation of communicative ability"としてみました。次に中学校の指導目標を見てみましょう。中学校学習指導要領では、「外国語を通じて、言語や文化に対する理解を深め、積極的にコミュニケーションを図ろうとする態度の

育成を図り、聞くこと、話すこと、読むこと、書くことなどのコミュニケーション能力の基礎を養う。」(第2章 各教科 第9節外国語)と示しています。「コミュニケーション能力の基礎」ということばが中学校英語教育のキーワードです。これを英語にすると、"Through foreign languages, to deepen the understanding of language and culture, aiming for an attitude of active communication and fostering the foundation of communicative competence in listening, speaking, reading, and writing." となるでしょうか。「コミュニケーション能力の基礎」は、"competence" を用いて、"the foundation of communicative competence" としてみました。最後に高等学校の目標を見てみましょう。高等学校学習指導要領では、「外国語を通じて、言語や文化に対する理解を深め、積極的にコミュニケーションを図ろうとする態度の育成を図り、情報や考えなどを的確に理解したり適切に伝えたりするコミュニケーション能力を養う。」(第8節 外国語 第1款目標)と示しています。修飾語句のつかない「コミュニケーション能力」がキーワードです。これを英語にすると、"Through foreign languages, to deepen the understanding of language and culture, foster an attitude of engaging in communication positively, and develop the communicative competence to accurately understand and appropriately convey information and ideas." となるでしょうか。「コミュニケーション能力」はまさしくそのまま、"the communicative competence" としてみました。

　さあ、どうですか。小学校、中学校、高等学校のそれぞれの指導目標を通して見てみると、小中高を一貫した中心的な理念として、「コミュニケーション能力の育成」が見えてきますね。小学校では、「コミュニケーション能力の素地」(the foundation of communicative ability)、中学校では、「コミュニケーション能力の基礎」(the foundation of communicative competence)、高等学校では、「コミュニケーション能力」(the communicative competence) となって、各段階の定義内容に構造的な成長が読み取れますね。一貫性 (coherence) のある英語教育に基づく「コミュニケーションを図ろうとする態度の育成とコミュニケーション能力の育成」および「言語や文化に対する理解」教育を通して行い、国際人として活躍できる日本人の育成を行うことが目標であることが読み取

れますね。この後は、間違いなく小学校と中学校の相互の連携強化が課題となるでしょう。また、中学校と高等学校は、義務教育の枠を超えて、これまで以上の連携を重視していかなければならないでしょう。そして最終的には、理念としての一貫性を備えた一貫制英語教育が必要となり、日本の外国語教育政策上重要な課題になっていくでしょう。一方で、国際化あるいはグローバル化の進展著しい国際社会からは、これまで日本の英語教育が行ってきたEGP（English for General Purposes：一般的目的のための英語）教育だけではない、ESP（English for Specific/Special Purposes：特定の目的のための英語）教育の必要性が特に大学等の高等教育に強く望まれるようになってきました。日本を代表するような多くの企業が高いレベルの実践的な英語の修得と運用を強く望んでいるのはご存知のとおりです。ですから、学校教育を中心としたEGPの成果をいかにESPへ繋げていけるかが、今後の大きな課題になっていくでしょう。小・中・高の連携は、単にEGPの修得のみを目標におくだけではなく、これからの国際社会において必要とされるESPの修得に繋がるための基盤となることを意識したものになっていく必要があると思います。そのためには、言語修得の到達目標を設定しないで入試の成否によって学習の成果を見ようとする大学を頂点とする「大→高→中→小」の逆順による逆三角形構造型の英語教育ではなく、学習者の発達に沿ったコミュニケーション能力育成を一貫して行う「小→中→高→大」の正順による正三角形構造型の英語教育を考える必要があるのではないでしょうか。また、グローバル化がさらに加速することが予測されるこれからの社会においては、自文化のみならず他文化を平等に尊重する「文化相対主義」（どの文化も優劣はないとする立場）的意識と態度が重要になってくると考えられますが、そのためには国際共通語としての英語以外の外国語教育が高等教育以前に必修ではなく選択として行われる可能性の検討が本格的に行われるべきではないかと思います。「国際比較で見る「『英語が使える日本人』の育成のための行動計画」の成果に関する調査研究報告書」(2007)の中で本名信行氏は、英語以外の外国語教育の必要性について次のように述べています。「アジア近隣諸国では、外国語教育の中で、軒並み英語教育に比重が傾く傾向にあるが、韓国では、中学、高

校で、日本語、中国語、フランス語、ドイツ語、ロシア語、スペイン語、アラビア語などを学ぶ機会が開かれている。中国でも、英語以外の外国語は、全体として関心が低くなってはいるものの、ヨーロッパ諸国から近隣アジア言語種への移行が着実である。日本でも、英語以外の外国語として、近隣アジアの諸言語を学ぶ機会を創設し、相互に学び合い交流するプログラムを策定していくことが期待される。」(p.25) と述べています。また『英語教育学大系第3巻英語教育と文化――異文化間コミュニケーション能力の養成』(2010)の中で、塩澤正氏は、国際理解教育・異文化理解教育の説明の中でこう述べています。「世界の人々がどのような社会において、どのような暮らしをし、どのような世界観、価値観を持って生活しているのかを知ることは、相手の立場に立って物事を見る感情移入 (empathy) を育てる助けとなる。世界共存の原理である「文化相対主義」(どの文化も優劣はないとする立場) の理解につながるのである。外国語という窓を通して、国際理解や異文化理解の重要性に気づくことができ、さらにそこから自己の人間としての成長にもつながるのである。」(p.14)

　確かに英語は、グローバル化した経済における競争力や、環境問題などの地球的規模の課題の解決においては不可欠な国際共通語ではありますが、文化相対主義を育成するためには、別の外国語教育の検討が真剣に行われても良いのではないかと思います。後半で4-4-4制に基づく具体的なシラバスを紹介しますが、仮に小学校週2時間、中学校と高等学校週3時間での一貫制英語教育シラバスを設計すると、現行で扱っている文法項目のほとんどは高校1年の3月で終了することになります。つまり、高校2年次より、EGP教育とは別にESP教育や第2外国語教育を開始し高大連携教育に資することができるようになるわけです。英語教育ではESP教育に資する語彙数はEGP教育で4000語以上になります。また第2外国語教育を選択あるいは必修選択により開始し、知識と運用の基礎を修め、その成果を大学の第2外国語教育に生かせば現況よりもはるかに意味のあるまた実際に使用できる第2外国語教育が期待できると思いますがいかがでしょうか。

　このように英語教育における一貫制構想は、EGPからESPに至る英語の

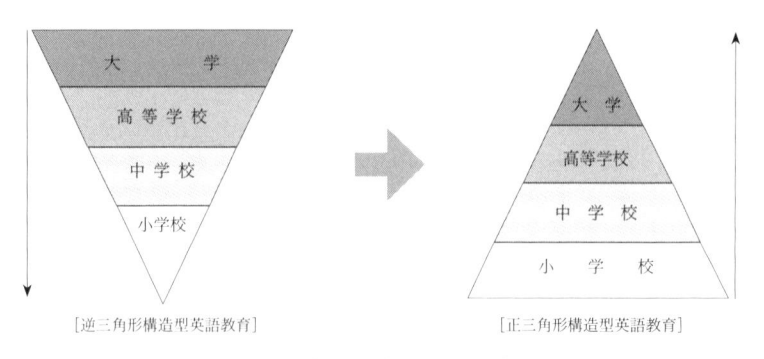

[逆三角形構造型英語教育] → [正三角形構造型英語教育]

図1 〈英語教育構造の転換〉

修得（コミュニケーション技能と異文化理解）のみならず、第2外国語教育開始の可能性をも示唆するものであります。よって、小・中・高の連携を考える時には、その先にあるものを意識した相互補完的かつ発展的な枠組みとして捉える必要があるかと思います。総じて、一貫制英語教育の検討と推進は、日本の外国語教育が抱える制度的・構造的問題への回答になると考えます。図1は英語教育構造の転換（逆三角形から正三角形）をイメージしたものです。

1 英語教育を取り巻く周辺情報

1. 独立行政法人メディア教育開発センター研究よりの示唆：「中学2年の壁」

縁あって、メディア教育開発センター（NIME）の共同研究員を2年間務めたことがあります。小野博メディア教育開発センター教授の指導の下、國吉丈夫教授（元千葉大学）を編集主幹として、神保尚武教授（早稲田大学）、石田雅近教授（清泉女子大学）そして私が編集顧問として大学生のための英語リメディアル教育教材制作というプロジェクトに携わりました。翌年度から学校週5日制が始まろうとしていました。プロジェクト開始に先立ち、小野教授の説明を聞いて大変驚きました。メディア教育開発センターの先行研究の結果、いわゆる低学力に悩む多くの高校生・短大生・大学生の学習のピークは中学2年（特に夏休み前の前半期）にある、と言うのです。実は、私は大学の教員になる前に、埼玉県公立中学校に通算で8年間、東京大学教育学部附属中

高等学校に5年間勤務していた経験があります。公立中学校では奉職して2年目に念願の学級担任をする機会に恵まれたのですが、担任発表の時に、多くの先輩教員より、「おめでとう。木村さん、がんばってね。中学2年が指導上最も大変でかつ重要ですよ。中2には見えない壁がある。学力が伸び悩む生徒の多くは生活力の低さと相俟ってこの中2の壁を乗り越えられない場合がほとんどなんですよ。中学3年になってドロップアウトする子供はまずいない。」というものでした。そして担任を経験して先輩教員の経験論は正しいことを知りました。その後、東京大学教育学部附属中高等学校の教員となりましたが、東大附属は日本の中高一貫教育学校の草分け的存在であると共に、日本で最初の2-2-2制度による一貫制学校でありました。2-2-2制とは、中1と中2で1つのグループ（2）、中3と高1で1つのグループ（2）、高2と高3で1つのグループ（2）、これを繋げて2-2-2制というわけです。因みに私が東大附属に勤務していた頃生徒にも父母にも大変人気があり、教員にも絶大な信頼のあった校長先生が寺﨑昌男先生（東大教授）でした。本日このように立教学院で講演をさせて頂けるのも寺﨑先生と鳥飼玖美子先生との過去の縁があってこそと思わずにはいられません。大変光栄に存じます。有難うございます。

　さて、本題に戻ります。メディア教育開発センターの先行研究により低学力に悩む多くの高校生・短大生・大学生の学習のピークは中学2年にあるということを聞いたわけですが、偶然それ以前の私の過去の経験がその内容と一致していることに驚きを感じたのです。さらに説明により、ある3教科が伸び悩んでいると他の教科の伸びも好ましくない状況にあるということを知り、さらに驚きました。その3教科とは、そう英語、数学、国語、いわゆる主要3教科です。経験的に英語、数学、国語が重要であることは気づいていましたが、他の科目の修得と負の相関があるとは全く気がついていませんでした。結果として、センターのプロジェクトとして、英語、数学、国語の3つの教材開発チームが発足し、私は英語のチームに入り、セルフアクセス型のコンピューターソフト『University Voices』の開発に携わることになりました。ここで重要なことは、学習上のピーク（中2）と制度上のピーク（中3）の

不一致が中学時代に起こっているということです。よって中高を本格的に一貫した教育を行うのであれば、この問題に対応できるようなシラバス設計が当然必要になるということなのです。大変重要な点ではないかと思います。「中2の壁」、どうぞご留意ください。

2. 京都市御所南小学校（「学力日本一」）の実践よりの示唆

では、次にビデオをご覧ください。これは、過日NHKが放送したものです。京都市にある御所南小学校という小学校ですが、民間研究所が開発した学力テストで、日本一になったことで全国的に有名になりました。私も実際に訪問をして授業を見せてもらいました。その上でなぜこの小学校の学力が日本でトップクラスになったかを考えてみました。主な特徴を挙げると、基礎学習の重視、考える授業の推進、縦割りではない教師集団によるプラットホームの構築、地域社会との連携、授業と家庭学習の連携・相補性、同一テーマによる教科間の連携（総合学習）等になります。NHKの解説にもあったように、この小学校の子供達の学力は、繰り返し学習しただけでは伸びないとされる抽象的領域においても十分な成績を出しているという点に大変興味を覚えました。授業後に配布される1科目あたりの家庭学習用プリントは年間で100枚を超えます。基礎学習が重視されている証左です。しかし教師はただ集めて採点をするのではありません。学級担任以外にベテランの教師集団がいて、子供たちは宿題のプリントをこのベテランの先生に提出します。ベテランの先生は、一瞬にして宿題の問題点を看破し、共通の問題点として、授業を担当する学級担任に伝えます。学級担任は直ちに予定していた授業内容に修正を加え、定着率の良くなかった箇所をもういちど丁寧に説明していました。教える側も学ぶ側も常に前回の授業で問題になったところを明かにし教え学び直すことで不安を消していくという着実かつ効率の高い学びの場を形成していました。前回の授業の確認がとれてからその日の授業内容に入っていく。このパターンの繰り返しが、授業と家庭学習との有機的な連動を生み出し、確実な基礎学力の基盤になっていることを子供達の満足した顔を見て、実感しました。

次に目を見張ったのが、同一テーマによる教科間の連携です。例えば、同一テーマを食物連鎖（Food Chain）とすると、特別活動では、「どういう時にころころうんちは出るだろう？」とうテーマで話合い、規則的な生活、3回の食事、適度な運動、十分な睡眠、楽しいお話、等の答えを教師は子供達から見事に引き出します。そして、同一テーマで、理科、体育、家庭科を行い、教科間の連携を通して、思考と体験を増していくというものでした。これに近い方法で授業を行う様子を私は前年度イギリスはロンドン校外の小学校で見ていたので、大変興味をもって観察することができました。ここで最も重要なのは、どの科目、どの行程においてもある重要なプロセスが保証されているということです。それが「推論と発見」です。

教師が仮にどのように丁寧に説明をしたとしても、それが一方的である場合には、子供の積極的な学習への参加は期待できませんし十分な理解は得られないでしょう。教師の巧みな誘導で、子供たちは、ある事象（問題）に推論を投げ掛け、十分なことばのやり取りの結果ある発見をするのです。考える授業の推進は、「推論と発見」によって成り立っている。そう確信しました。英語教育に置き換えて考えてみると、基本構文や発音を修得するためには、意味との連動を図りながらの機械的なドリルや反復練習はかかせません。しかし、思考を練成し深く考えるためには、「推論と発見」が学習者側に起こるような課題（task）が必要になってくると思います。例えば、テキストの英文を音読する前に、"Look at the first sentence. There're three important words to be stressed there. Can you guess where they are?"と言って、一度推測させてから、実際に音声を聞く練習を繰り返し行うと、聞き取りの態度形成に有効なだけでなく、学習者自らが英文を読むとき、あるいは、実際のコミュニケーションを取ろうとするときの発話の態度形成にも有効です。大切なことは、文強勢の置かれる語を教師が一方的に伝え、これを繰り返すのではなく、なぜその語に強勢が置かれるのかを意味との連動から考えさせる習慣を作ることです。推測力を生かし活用することで、受動的でない能動的なリスニングが可能となります。それから、質問の際、答えを全て教師が事前に把握しているような場合に発せられるDisplay Questionsばかりではな

く、その場で子供が考え自分の意見を述べられるように誘導する Referential Questions を適宜使うことは、授業内におけることばのやりとりが答え合わせのためのものではなく、意味をもったコミュニカティヴなものになっていくのに不可欠なものと考えられます。学習者側の「推論と発見」が可能となるような授業過程を是非考えてみてください。学習の主体が文字通り学習者になるはずです。

3. フィンランド教育改革（「OECD 学力世界一」）からの示唆

　このところフィンランドは、OECD が行った21世紀の子供達の学力調査において世界一になったことで評判になっていますね。AILA（応用言語学世界大会）が以前フィンランドのイバスキュラというところで開催された時に、学会に参加するためにフィンランドの教育について調べたことがありました。これほど世界の注目を浴びる以前ではありましたが、実際に行ってみて、感じたことを私なりにまとめると、学力が世界一になった背景にはいくつかの理由が見えてきました。多くの教育学者が専門的な見地から既に解説を加えているものがありますが、私は次の3つの要因が大きく学力向上に影響を与えていると思います。ひとつは、一斉型授業からプロジェクトワーク型授業への転換です。日本では今でも教師の説明を聞いて、生徒がこれを理解し、どれほど理解できたかを定期テストなどを行って測定し評価するという一斉型授業を行っていますが、フィンランドでは、課題解決を中心としたプロジェクトによる学習者中心の授業に転換されているということです。日本ではあまり広がりを見せていませんが総合学習がこれに近いものではないかと思われます。課題を解決するために、子供達がそれぞれ計画を立て、これを遂行し、得られた結果を自分達で評価し、また新しい目標を立てると言った学習内容です。教師はこの一連の学習プロセスを支援する間接的な働きをしていました。実際に見た授業では、子供達が時間を掛け準備してきたレポートをグループ毎に発表し合うといったものでしたが、どの子供も実によく互いに質問をしては答えていました。成功する学習者が目的に応じてよく使用すると言われる間接的学習方略のひとつであるメタ認知方略（metacognitive strategies）を

使って plan-do-see を行っていることと、活動前、活動中、活動後において十分に聞き、話し、読み、書くと言った4技能の統合的使用が大きな活動の特徴ではないかと思いました。フィンランド語ができない私が子供達と教師達に質問ができたのは、彼らが英語をコミュニケーションのツールとして使用できているからでした。評価はテストではなくポートフォリオを用いたものでした。学習の優劣を決めるのではなく、学習目標に対してどのようなプロセスを経たか、また互いにどのように協力し合えたかを重視したものでした。一口で言い表すことは難しいのですが、学力構築の背景には、競争原理ではない、協調原理があることが分かりました。第2の理由は、教師の存在です。カリキュラム開発、教材開発等が教師に委ねられていてそのために一人一人の教師の専門性が非常に高いことが分かりました。ほとんどの教師は大学院修了者であり長い年月を掛けてプロの教師になると聞きました。そこにはあたかも医者になるための教育プロセスを経ているかの感がありました。子供の将来就きたい職業の常に上位に「学校の教師」があることを見ても教師は社会的に尊敬される職業であることが分かります。人間を育てる職業としての教師教育の内容が目標とそのプロセスにおいて、日本のそれとは根本的に異なっているのではないかとさえ思われました。教師の専門性が非常に高いのです。

　第3の理由は、情報検索システムと図書館の充実が考えられます。サンタクロースやムーミンなど北欧伝承や夢のある児童文学作品を多く育ててきたフィンランドでは、昔から文字教育と読書教育を大切にしてきたようです。この背景には、全土の1割が氷食湖、3分の1が沼沢地であるという地勢的な事情が伝達のための文字の使用の重視に繋がったのではないかとが考えられます。また全土にわたる情報検索システムと公共図書館の機能の高さはヨーロッパ屈指とも言われています。今でこそインターネットによっていつでもどこでも自由に意見交換が可能となりましたが、そのような文明の利器がない時代、それも全土の半分近くが湖沼であるという地勢的事情を考えた場合、伝達媒体としての文字の存在はとても重要であったはずで、恐らくそのような事情からも文字教育と読書教育が重視されてきたのではないかと思

うのです。後で改めて伝達能力について述べますが、ここでは音声だけでは十分な伝達能力の育成には繋がらないとだけ言っておきましょう。

4. SELHi 第一期指定校（高松第一高等学校）の実践からの示唆

　文部科学省は、2002年7月に、「『英語が使える日本人』の育成のための戦略構想」を作成、2003年、これを実現する体制の確立を目的とした「『英語が使える日本人』育成のための行動計画」を策定しました。2008年までの5年間で、この目標を達成するための、英語教育の改善を主とした各種制度の導入と定着を目指しました。この計画は、かつての英語教育を包括的に見直し、新たな方向性に向う実践の基盤を形成するという極めて重要な意味を持っていました。この中に、SELHi（Super English Language Highschool）構想というものがありました。これは、文部科学省が、2002-2007年度までに、高等学校や中等教育学校での先進的な英語教育を推進し、その成果の普及を図る目的で、再指定も含めて、延べ169校をSELHiに指定しました。各校は、3年の指定期間で様々な実績を残しました。例えば、その中には、自己表現活動やディベートの指導方法の開発に取り組んだりした学校や、Can-Doリストを用いての実践を行う学校、独自の評価規準を作成しそれをもとに実践を行う学校などがありました。ここで紹介するのは、SELHi第一期に指定された高松第一高等学校の実践の内容です。SELHi運営指導委員の指名を受け、私は初めて四国高松に赴きました。黒川康嘉校長先生と市の教育長さんにSELHi指定を受けるまでの説明を受けました。高松第一高等学校は、旧制高松一中を前身とする西日本では有数の進学校です。毎年多くの国立大学合格者を出す名門進学校ですが、クラブ活動も実に活発で、まさしく文武両道の健全な学校です。一方で、それほどの実績と長い伝統を誇る進学校であるなら、何もここで大きな変革を伴うリスクを敢えて負うこともないのにと私は内心思いました。その旨ストレートに学校長の黒川先生に尋ねると、「進学校としての実績を下げるつもりはありません。しかし、21世紀を生きていくこれからの若者の将来を考えた時、卒業生が自信と誇りをもって社会で活躍していけるような何かもうひとつ将来の財産になるような教育体験を

させてやれないかと全職員が真剣に考えた末、国際的に通じる英語力の育成という考えに辿りつき、SELHi の指定を受けるに至りました。」という言葉が返ってきました。私は感動し、「微力ではありますが、全力で取り組ませて頂きます。」と言って運営指導委員の任につきました。高松一高の先生方が考えた英語の授業とは、数学や理科等の理系科目を英語で教えることの可能性を探るというものでした。当時としては、全国に類を見ない画期的な試みであったと思います。21世紀に入ってヨーロッパ各国で広く行われているCLIL（Content and Language Integrated Learning）という教育法があります。簡単に言えば、内容学習と語学学習（言語知識および4技能の習得）を計画的に統合することで、教科内容を深化させ、語学能力を高める相乗効果を目的とした教育法ですが、高松一高の実践は日本におけるCLILの先導的な試みと言っても過言ではないかと思います。当時を再現するために、企画運営の両面において中心的な働きをされた英語科の宮本智明氏が記された「SELHiに見る実践」（「新版英語科教育法：小中高の連携——EGPからESPへ」木村松雄編著（学文社））を紹介致します。

(1) 目　的

　意識・学力ともに高い生徒が、環境を整えることで英語力をどこまで向上できるかを確認するため、1年目の綿密な計画策定のあと、「国際英語コース」と呼ばれるクラスの2003年度入学生に協力してもらい、2年間取り組みました。研究に先立ち、フォーダー（Foder, L.）やチョムスキー（Chomsky, N.）の発表以来、多くの分野で一般的となっている「心のモジュール性」に着目し、言語使用を直接つかさどる心的モジュール群と、言語使用を援助・促進するモジュール群が存在するものと仮定しました。そしてそれらを相互に活性化することで、英語習得の促進が期待できると考えたのです。さらに、大学入試が知識量を問うものから、実際の言語使用をも重視するものへと質的に変化してきましたので、このモジュール群の活性化に基づく英語学習は、対応できるものとの観点からも実践研究を進めました。

(2) 方 法

　言語使用を直接つかさどる心的モジュール群を活性化するため、英語が学習のための手段となり、他者（人やテキスト）との意味交渉を中心に英語を大量に扱わなければならないような環境構築をめざしました。まず、英語の授業は、日本人教諭とアメリカ人講師との team teaching により、その中のやりとりや文法事項の説明も含めて、そのほとんどすべてを英語で指導することとしました。つぎに、生徒同士も容易にコミュニケーションが図れて学び合いが起こるようにするため、小グループ単位のディスカッションが中心となるように授業を構成しました。一方で、ドリル等の習慣形成的訓練はほとんど行いませんでした。また、地元の大学（国立香川大学）と連携して、英語授業の1単位と「総合的な学習の時間」の1単位を割いて、1年次には数学と化学、2年次には数学と理科を英語で指導することにあてました。これは、当時の公立高校としては、あまり例が見られなかった content-based instruction（CBT）を通年導入したものです。さて、その理系科目の指導では、数学や理科の通常授業で学習した内容を、英語圏で出版された大学教養レベルの教科書（例：Chemistry）を教材として、実験も含めて英語で扱うことを試みました。これは、bilingual education の考え方（Krashen, 1996）を参考にしたものでした。科目設定の段階では、理系科目のほうが、数式や図表、具体物が豊富な分、人文系や社会科学系の科目よりも、抽象的な言語使用の負荷を減らせると考えたのです。とりわけ、青年期にある生徒が既に持っている日本語のリソースは、最大限活用することを目指しました。たとえ、英語の質や量が検定教科書を超えるようなものではあっても、いったん日本語で獲得した知識が内容スキーマとなり、英語の理解を援助してくれます。また、情意面に注目しますと、英語以外の授業で、楽しんだり苦しんだりしながら学んだことや学んでいることを扱うという点で、検定教科書中の題材よりもはるかに生徒への心理的距離が近く、関心を引くことができます。それに、理系科目が得意な生徒は、英語を使って、例えば、生物の学習内容についての理解を確認することもできます。逆に、理系科目が苦手な生徒は、生物の授業を日本語の授業とあわせて2回受けることになり、難しいと感じる箇所

を繰り返し学ぶこともできるのです。時には、CBIが日本語の通常授業を先取りして、その導入となり、生物授業の理解を助けることもありました。この実践が可能になったのは、英語教員、理系科目の教員、そして大学から招聘した英語を話す研究者から成る指導者チームが、お互いの献身的努力と協力により、理想的に機能したことにあります。見方を変えれば、この実践は英語を核として、複数教科を合科的に連携させた例とも考えられるでしょう。

一方、言語使用を援助する・促進するモジュール群の活性化には、英語を使って行動させることを試みました。例えば、教室に同時代の留学生を受け入れたり、英語によるプロジェクト課題を課したりしました。さらには、夏季休業中には大学やその他の団体と連携してcontent-basedの集中講義を開講するなどしました。これらの実践を通して、生徒が英語を使って新しい知識を獲得したり、何かをまとめて発表したりするなどの場面設定を工夫しました。動機づけを目的として、スピーキングテストやディスカッションテストも取り入れました。

(3) 結　果

　木村松雄作成の「英語学習意識調査」と「英語学習方略調査」そしてベネッセコーポレーションの「GTEC」の結果から、それぞれ変化を確認することができました。まず、意識面では、「話す力」よりも「書く力」を伸ばすことに関心が移ってきました。方略使用では、「英語を読むとき一語一語調べない」ようになりました。英語力は、speaking能力以外は飛躍的に向上しました。ベネッセコーポレーションの「進研模試」からは、所謂受験用英語学力も、従来以上に向上していたことが分かりました。(GTECトータルスコアの推移：ベネッセ発表全国平均値：389点─432点 (1年次7月－3年次7月の2年)：43点上昇 CELHi 高松─高平均値：417点─606点 (1年次4月─2年次12月の1年8ヶ月：189点上昇)) また、CBIの副次効果としては、予想通り、扱った理系科目の通常授業の理解にも良い影響を与えていたことが、理系担当の教諭から報告されました。特に、理系科目に興味のある生徒には効果が大きかったようです。そして、生徒の自由記述式アンケートによると、ほぼ全員がなんらかの好ましい変化を自覚し、自信を持つようになったことが分かりました。詳細は高松

第一高等学校のHP（www.taka-ichi-h.ed.jp）から、「SELHi関連」をご覧下さい。

2 一貫制英語教育を推進するための留意点

ここでは一貫制英語教育を推進するために必要な留意点を整理しておきたいと思います。

1. 現代の子供達の成長発達を反映した一貫性のある一貫制英語教育を行うこと

英語教育を通した生涯学習（life-long education）に繋がる自己教育力の育成を目指すこと。（キーワード：共同学習、個人学習、CBT、CLIL）

2. メタ認知方略の育成を一貫して行うこと

発達に応じた動機づけを含め、メタ認知方略を目的に応じて使用できる学習者の育成を小・中・高英語教育の指導目標にしたいと思います。受験が最大の動機づけになりうることは十分理解できますが、学習者が社会人になったときの言語能力のあるべき姿に関しての議論が欲しいところです。ただ、学校の通常の授業についていけなくなっている学習者に即メタ認知方略の使用を期待することは難しいため、まずは、個人学習（復習から予習）が成立する条件を整理しこれを達成させることが肝要であろうかと思います。例えば、個人学習でも授業でも役に立つノート作成の在り方、辞書の引き方、情報の整理の仕方等、学習者が一人になったときに継続して実行可能な学習方法のモデルを学習者の立場に立って準備しておくことは重要でしょう。また個人レベルでも集団レベルでも学習成果を共に発表し、努力を認め合い、成果を共有する時間と空間を保証することも動機付けという教育的観点からは重要であることを忘れてはならないと思います。小さな成功体験の共有はいつか大きな成功に繋がることを信じたいと思います。

3. BICSからCALPへの比重移動を可能にすること

毎年、大学入学直後に行う英語学習意識調査（約300名）において、90%以

上の学生は、「個人で伸ばしたい英語の4技能の順番」の質問において、1位：話せるようになりたい、2位：聞けるようになりたい、3位：読めるようになりたい、4位：書けるようになりたい、という順番で回答する傾向があります。個人レベルでは、外国語を学ぶ最大理由を聞けて話せることに置いていることが分かります。次に、「卒業するまでに大学に保証してもらいたい英語の4技能の順番」の質問に対しては、意見が分かれます。「個人で」の最初の質問の回答と同じように、Reading や Writing よりも Listening や Speaking の習得を望む A グループ（約70％）と Listening や Speaking よりも Reading や Writing の習得を望む B グループ（約30％）に分かれます。意識調査と同時に行う TOEFL（ITP）の得点を比較すると、A グループよりも B グループの方が有意に得点は高いことが分かります。

　Cummins（1979）は bilingual の言語能力を BICS（Basic Interpersonal Communicative Skills）と CALP（Cognitive Academic Language Proficiency）という言葉で説明しています。BICS は、日常会話等の比較的具体的で抽象度の低い伝達内容を理解するのに必要な「基本的対人伝達能力」を意味します。4技能全てに関わる能力ですが、特に音声を媒体とする Listening と Speaking がこの能力を支えていると考えられます。これに対して CALP は、抽象度の高い思考が要求される認知活動と関連する「認知学習言語能力」を意味します。4技能全てに関わる能力ですが、特に文字を媒体とする Reading と Writing がこの能力を支えていると考えられます。先ほどの二つのグループ（A, B）への調査結果と2年後の意識および英語学力（TOEFL）の結果を縦断的に調査し分析した結果を、BICS と CALP という言葉を使って説明しましょう。大学レベルにおいて、最終的に英語学習に成功する学習者は、個人レベルにおいては BICS の習得を望みますが、それまでの学習経験に鑑み、現実と将来を考えた場合、個人では習得と評価が難しいと考えて CALP の習得を大学の英語教育に望んでいることが分かります。私の所属する英米文学科（1学年約300名）の33％は帰国子女ですが、帰国子女の中でも、CALP を伸ばそうとする学生の方が TOEFL の総合得点は高い傾向が見られます。TOEIC で満点を取る学生もいますが、英字新聞を自由に読むことは難しいと言います。カリ

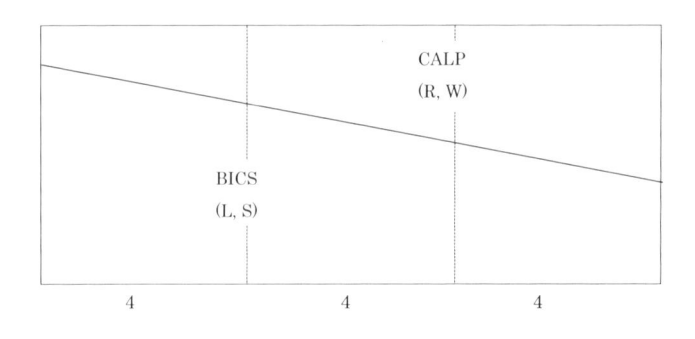

```
            CALP
           (R, W)


    BICS
   (L, S)


    4        4        4
```

図2 〈BICS から CALP への比重移動〉

キュラム開発や教材開発において、ニーズ分析は重要かつ必須ですが、個人レベルのニーズのみで教育目標（Goals）や到達目標（Objectives）を設定することのないよう留意する必要があろうかと思います。小・中・高を一貫した教育目標並びに到達目標を設定するにあたっては、BICS から CALP への比重移動が大きな鍵となるでしょう。音声重視の英語教育を実践することは大賛成であり、異議を唱えるつもりは毛頭ありません。しかし、これまでの説明でお分かりのように、BICS だけでは、十分なコミュニケーション能力に成長する保証はありません。最も大切なこと、それは、真のコミュニケーション能力の育成を学校教育において行うのであるならば、BICS を重視しながらもそれ自体を最終ゴールにするのではなく、将来必要となる知的で社会的な活動を支援するに足る言語能力を育てるという意味において、BICS から CALP への比重移動を図り、総体としての言語能力の獲得に繋がる体系性をもった一貫した外国語教育を行う必要があるということを認識し実践に反映させることではないかと思います。

4. 学習指導要領の理念を具現化し発展させるために

　改めて小中の一貫、中高の一貫、小中高の一貫制英語教育を行うための、各学年の目的論、方法論、評価論を十分に検討した上でシラバス設計を行うことが重要かと思います。その際、欧州評議会が開発し、欧州共同体が開発した「欧州外国語能力共通参照枠」(CEFR：Common European Framework of

References for Languages）やその理念を応用して作られた日本英語検定協会の Can-DO Lists（英検5級から1級まで）等を参考にして、国内なみならず国際的にも通用するような枠組みを考えておかれるのが宜しいかと思います。

3　青山学院4-4-4一貫制英語教育の紹介

*以下は『英語教育学大系第2巻「英語教育政策：世界の言語教育政策論」』矢野・本名・木村・木下（編著）2011（大修館書店）の「日本」にて発表した内容の一部を加筆修正したものです。

1. 教育行政的基盤

　アメリカの教育制度を歴史的に概観すると、8-4制、6-3制、6-3-3制、4-4-4制のように変遷してきていることは分かりますが、決して全国画一的ではなく、新旧の制度が同時代で併存し、さらにその複数の形態を、地理的、経済的、教育哲学的、教育行政的、心理学的等の理由により、学区（主に州）ごとに認め試行しています。翻って日本の現在の6-3-3制は、アメリカの占領政策の下でのjunior high, senior high制度の影響と日本独自の戦前に起原を持つ複数の教育学者からの提案が合わさって、制度化されたと考えられます。一方アメリカでは、1960年代からjunior highの問題（1964年公民権法が成立し、急激な高校進学者の増加による低学力問題）が顕在化し、それに代わるものとしてmiddle school制度（4-4-4制度、あるいは5-3-4制度）が提唱され、その制度の下で運営される学校が飛躍的に増えました。4-4-4制を本格的に導入するのであれば、アメリカのmiddle school制の成立の理論的基盤および他の制度との比較研究等が必要になってくるかと思いますが、英語教育における4-4-4制の妥当性については、経年的教育効果測定等を行い、実証していきたいと思います。

2. 4-4-4制英語教育の利点

(1) 初等英語教育が内包する発達的問題点（中だるみ現象）の解消への接近

　小学校4年生程度であれば、英語のもつ独特の音の流れをさほど意識しな

いで体得できますが、小学校5年生くらいからは母語である日本語の認知力も格段と高まり、単なる繰り返しや動機付けのための歌やゲームのみでは学習意識は満たされません。常に言語としてのルールを自分で納得して使いたいという強い欲求を持つようになり結果として学習スタイルが変わり、言語習得上ひとつの分岐点に指しかかります。またひとつの事実あるいは現象に対する他者の意見を認めるようになり、複数の価値の存在を認め共有し始めます。このような時期にこそ、音声から段階的に文字に移行し、語彙（認知・発表）の拡充を図りながら、英語の持つ構造上の特色（文法ルール）を理解しながら発表を行う等の活動が望まれるようになります。小学校5年以降を第2期に組することで文字と構造を段階的に意識した教授・学習が可能になると考えます。

(2)「中学2年の壁」の解消への接近

すでに述べたように、所謂低学力に悩む多くの高校生・短大生・大学生の学習曲線（英語、数学、国語）のピークは、ほぼ中学2年（特に前半）にあることはNIME（独立行政法人メディア教育開発センター）の調査報告書（小野博他、2005年3月、NIME研究報告第6号）等から明かでありますが、そのことが分かっていながら的確な対処ができないのは、学習上のピーク（中学2年）と制度上のピーク（中学3年）が一致していないところに大きな問題があると考えられます。因みに一貫制学校の草分け的存在である東京大学教育学部附属中等教育学校(中高等学校より改名)では、戦後一貫して2-2-2制度を採用しています。第2期の最終年を中学2年に置くことでこの問題の解消に接近することが可能となるはずです。

(3) 教員の指導力向上と協働体制

縦の系として双方向人事交流が可能となり、生徒の発達に即した教員の指導力の向上と協働体制が可能となります。現在青山学院（英語科内）では、高等部の教員が、中等部へ、中等部の教員は、初等部へ行き英語の授業を行っています。縦の系に下づく人事交流によって生まれる教員間の信頼はそのま

(4) 高等教育に繋げる4-4-4一貫制英語システム

　後に紹介する4-4-4一貫制英語シラバスは、小学校週時間、中学校と高等学校週3時間での授業内容を目的論、方法論、評価論より示したものです。既に触れたことですが、シラバス通りに行った場合、現行中高で扱っている文法項目のほとんどは第3期の高校1年で終了を迎えるはずです。よって、高校2年次より、EGP教育とは別途にESP教育を開始し高大連携教育に資することができるようになるはずです。因みに高3終了時ESPに資するEGPの語彙数は4,000以上になっているはずです。これが可能になれば、英語による専門科目の教授・学習の可能性が高まります。また、同時に選択あるいは必修選択により第2外国語教育を開始し、知識と運用の基礎を修め、その成果を大学の第2外国語教育に生かせば、現況よりもはるかに意味のあるまた実際にBICSレベルで使用可能な第2外国語教育が可能となるでしょう。さらにやる気のある学生は第3外国語を履修すればよいのです。以前韓国の梨香女子大学大学院の院生を1年間指導した時のことですが、院生は社会経験のある20才代後半の女性でしたが、韓国語、英語、日本語、そしてフランス語を使いこなして研究をしていました。言語獲得の意識が高いだけでなく、習得した言語を用いて社会貢献をしようとする意識が日本人の学生のそれよりはるかに高いことが印象として残っています。因みに彼女も小・中・高を一貫した教育を受けていました。

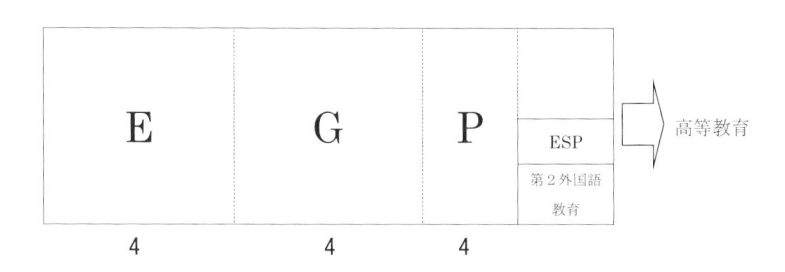

図3　高等教育に繋げる〈4-4-4一貫制英語システム〉

(5) 自律性を高める評価システム

　自律性を高める評価システムが可能となります。現代教育のひとつの命題は学習者の自律性を高め、学習者が生涯教育に繋がる自律性を自ら向上させていくことでありましょう。自らが目標を設定し、試行し、得られた成果を評価し新たなる目標を設定できる所謂「自己教育力」を有した存在に学習者が成長するのを支援するのが本来的な教育の仕事ではないでしょうか。学習者がそのような存在に成長するためには、活動の成果をすべて教師が評価する評価観ではなく、発達の進展に合わせて徐徐に自己評価さらに友人間評価ができるようになることが望ましいと考えます。各期の教師評価の比率を下げると同時に自己評価と友人間評価の比率を上げることで自他の自律性を高めることが可能になるはずです。

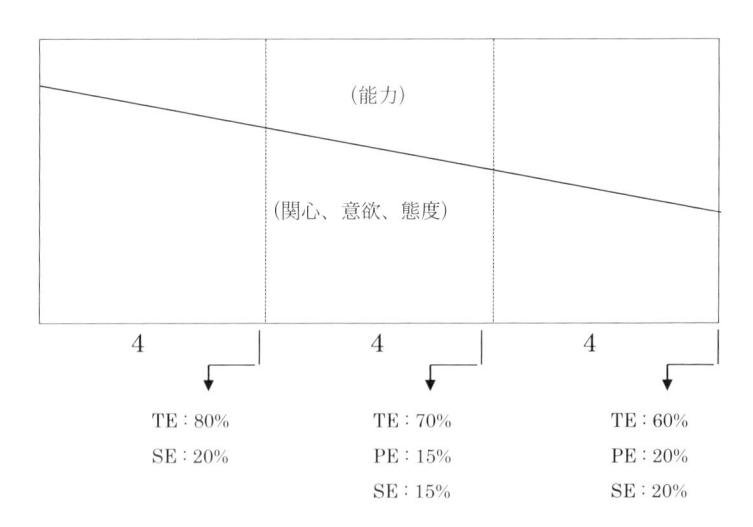

4	4	4
TE：80%	TE：70%	TE：60%
SE：20%	PE：15%	PE：20%
	SE：15%	SE：20%

TE：Teacher's Evaluation　（教師評価）
SE：Self-evaluation　（個人評価）
PE：Peer Evaluation　（友人による評価）

図4 〈自律性を高める評価システム〉

3. シラバス設計および教材開発を行う際の留意事項

　実践的なコミュニケーション能力を意識したシラバスを設計しこれに基づいた教材開発と教授法の開発を行う際には、言語の使用場面、言語の働き、文法事項の3点を意識しなければなりません。そして、それぞれの視点から、場面中心のシラバス (situational syllabus)、概念・機能中心のシラバス (notional-functional syllabus)、文法中心のシラバス (grammatical syllabus) が既に存在していることを確認しなければなりません。しかし、理論的には、それぞれのシラバスは本来独立したシラバスであり、3者が折衷されたシラバスは基本的には存在しません。よって、実践的なコミュニケーション能力には、これら3種類のシラバスに盛り込まれるべき内容全てが取り上げられることになり、3者を如何に調和して扱うかが大きな課題となるでしょう。提案する「4-4-4一貫制英語教育シラバス」は、場面、機能、文法の3者を同次元で扱うことは避け、それぞれの特色と学習者の発達レベルを考慮して、2者の組み合わせを横軸に置き、それぞれの組み合わせを縦軸に置く座標軸を想定し、それらが時間軸に沿って統合されていくようなシラバスとなりました。具体的には、(1)場面と機能(第1期:小1－小4)、(2)場面と文法事項(第2期:小5－中2)、(3)機能と文法事項(中3－高3)、という組み合わせを考え、各期の特色とする一方で、これらの組み合わせに基づくシラバス設計、教材開発(12年を一貫した教材『SEED』全12巻 (CD 付)、教授法の開発、そしてテスト開発を行います。因みに2011年度3月の時点で、全12巻のうち第1巻－第9巻が完成しております。)

　総じて、語彙(認知・発表)の拡充(高校3年終了時において4000語以上習得を目標)を図りながら、第1期では、主に英語学習の楽しさと「言語の場面と働き」を意識した基礎的かつ多面的な言語活動を行い、BICS（基本的対人伝達能力）の基礎を築きます．第2期では、BICS をベースにしながら比重移動を起こし CALP（認知学習言語能力）の基礎を築きます。第3期では、BICS から CALP への比重移動の結果起こる融合による Communicative Competence（伝達能力）の育成と共に Learner Autonomy（学習者の自律）を高め、高等教育（大学教育）へ繋げていきます。

おわりに

　一貫制英語教育構想を論じることは、これまでの英語教育が行ってきたことを吟味し、なお未来の外国語教育の姿形を予測することに繋がっていくと信じております。一貫制英語教育システムが出来上った今そしてこれからの命題は、以下の2つです。1. 一貫制英語教育システムは、本当に人の言語能力（言語知能、課題解決能力等）を高め得るか？ そして、2. 学習者である子供達は今まで以上に自らが進んで学習に勤しむ自律した学習者（autonomous learners）に成長してくれるであろうか？ 課題は夢であり、夢は課題である。

　最後にこれまで青山学院一貫制英語教育構想に尽力してくださった方がた（敬称略）を紹介しご苦労に謝したいと思います。資料として4-4-4一貫制英語教育シラバスをお見せしますが、シラバスは初等部・中等部・高等部のセンター研究員を中心として全員で取り組みました。

深町正信（名誉院長）、半田正夫（理事長）、山北宣久（院長）、本名信行（初代所長）、合田紀子（初等部）、John Boettcher（初等部）、木下美子（元初等部）、小田文信（中等部）、野間口カリン（中等部）、加藤　敦（中等部）、敷島洋一（中等部）、西川良三（高等部）、五十嵐元篤（高等部）、田邊博史（高等部）、田中由紀（高等部）、Andrew Carroll（高等部）、Philip Woodall（高等部）、渡辺　健（高等部）、松村伸一（女子短大）、湯本久美子（女子短大）、山田美穂子（女子短大）、高野嘉明（女子短大）、田辺正美（大学）、David Reedy（大学）、遠藤健治（大学）、アレン玉井光江（大学）、野邊修一（大学）、稲生衣代（大学）、尾崎　誠（本部）、加藤尚子（本部）、中野達夫（本部）、日下部俊一（本部）、篠崎高子（本部）、矢尾板雅子（本部）、山田明男（本部）、上倉　功（本部）、萬年知美（本部）、佐藤由佳（本部）、加藤博之（本部）、中村　義（本部）。

　　　　　　　　　　　　　　　　　　　　　　　　＊事務の方達の所属は当時のものです。

＊本稿は、2004年6月12日に立教学院にて行った講演資料を基に、2011年6月の時点で加筆・修正したものです。

青山学院4-4-4一貫制英語教育シラバス

(青山学院英語教育研究センター作成) 2002年

第一期英語教育（初等部1年生―初等部4年生）

1. 目的論

[第一期英語教育の目標]

音声を中心に英語を学ぶことを通して、異文化に親しみ、広い世界に好奇心を抱き、世界の人々と共に生きようとする子供を育成する。

[第一期具体的到達目標]

1. 今まで出会ったことのある物語や、やさしく短い文章で書かれた本の場面を考えながら、聞き、大意をとらえることができる。身近な題材で学習したことの中から、自分が伝えたいことや、相手のことで知りたいことを、表情豊かにコミュニケーションできる。
2. 100から150語レベルの語彙で書かれた絵本を読むことができる。
3. すでに学習し、3－5letter words で使用頻度の高い単語や文章を書き写すことができる。
4. 世界の行事を通して、文化や習慣を知り、異文化に興味を抱く。

[第一期学年別目標]

初等部1年生

1. 簡単なあいさつや基本のマナーを通して、日本語のほかにも、言葉や習慣があることを知り、また、歌やチャンツを何回も聞き、英語のリズム、イントネーションに慣れ親しみ、興味、関心を示す。
2. 授業で指示された言葉を聞き、行動に移すことができる。
3. 英語の絵本に興味を持ち、繰り返しの多いことばを聞き取り、内容を理解する。
4. 外国の行事に、興味、関心を持つ。

初等部2年生

1. 50－70語レベルの語彙で書かれた絵本やスキットの内容を考えながら興味を持って終わりまで聞こうとする。また、アルファベットの26文字に興味、

関心を抱く。
  2. 簡単なスキットの場面を考えながら役を決め、演じることができる。また自分の好きな歌を始めから終わりまで一人で歌える。
  3. 授業で指示されたことを聞き、質問に答えることができる。
  4. 外国の行事を経験し、異文化に興味、関心を持つ。

初等部3年生
  1. 使用頻度の高い身近な言葉70－100語レベルの語彙で書かれた劇や、物語の場面を考えながら終わりまで聞こうとする。またアルファベットの大文字、小文字に関心を示し、書くことへの興味を抱く。
  2. 簡単なスキットや、劇の役を決めて、クラス毎に発表できる。
  3. 初歩的な会話や、話し手が伝えたい事柄を聞き、理解できる。
  4. 外国の行事で使う言葉や、身近な文化の違いがわかる。

初等部4年生
　今まで出会ったことのあるストーリーや、学習したことのあることがらを、VIDEOなどで鑑賞し、場面を考えながら想像力を働かせて、終わりまで聞こうとする。また、身近な題材をテーマに、自ら進んで簡単な会話 (5－6文) を質疑応答しようとする。
  1. グループ (5－6名) 毎に役を決め、場面を設定し、スキットを発表できる。
  2. すでに学習したことの中から自分が伝えたいことや、相手について知りたいことを、表情豊かにコミュニケーションできる。すでに学習した文章を書き写し、読むことができる。
  3. 使用頻度の高い身近な言葉100－150語レベルの語彙で書かれた絵本を読み、内容を理解する。歌やチャンツのリズム、イントネーション、ストレスなどを正しく聞き取れる。
  4. 世界の行事を通して、文化や習慣を知り異文化に興味、関心をいだく。

第二期英語教育 (初等部5年生－中等部2年生)

1. 目的論
[第二期英語教育の目標]
　英語を学ぶことを通して、自国や他国の文化、歴史、価値観などに対する理

解を深め、自主的に国際貢献できる人間の育成を目指す。

[第二期具体的到達目標]
1. 相手が伝えようとする内容を聞いて、おおよそのことが即座に正しく理解できる。
2. 簡単な英語を使って、自分が伝えたいことを正確かつ適切に話すことができる。
3. 平易な英語で書かれた物語、説明文などの内容や、ホームページからの情報の大切な部分を正確に読み取ることができる。
4. 自分の意見や気持ち、感想などを、読み手にわかるように簡単な英語を使って正確かつ適切に書くことができる。
5. コミュニケーション能力テスト（ベネッセ）の平均スコアー350点を目指す。

[第二期学年別目標]
初等部5年生
1. 初歩的な英語の文章を聞いて内容を理解し、積極的にコミュニケーションしようとする。簡単な詩を書写し、辞書を使って自ら理解しようとする。
2. スキットに自分の言葉を加えて演じることができ、また初歩的な会話を学習し、その中から自分自身のことや、気持ちについて質疑応答ができる。
3. 簡単な文章を読み、内容を理解できる。また物語りやテープで言っている会話のストレスや、イントネーションなどを正しく聞き分けることができる。
4. 多様な文化の中で生きる人々に関心を寄せたり、学習する作品の背景や、著者、場所について、コンピューターや書物などの資料を使って調べ、国際理解を深める。

初等部6年生
1. 易しい内容のビデオを見て、その中の単語や文、内容に関心を持ち、大要を理解したいと努力する。
2. 今まで学習したスキットにアイディアを取り入れ、役割を決めて発表する。自分の家族のことや自分の将来のことについて4－5の文を作って書き写し、話すことができる。

3. 150－200語レベルの語彙で書かれた本を自分で選んで読み、内容を理解できる。
4. 世界の国々の地理や文化などをコンピューターや書物などの資料を使って調べ、発表し、世界の平和について考えることができる。

中等部1年生
1. 伝えられた内容がよく聞き取れなかったり、書かれた内容の意味がわからない時でも、聞き返したり、読み返したりしながら正確に理解しようとする態度や意欲を育成する。
2. 与えられた会話を覚え、言葉を自由に加えながら、相手に伝えたい内容を正確に話したり、5,6文の英語で正確に書くことができる。
3. 200－300語レベルの語彙で書かれた話しを聞いたり、読んだりして、内容を正確に理解できる。
4. 学校や家庭での日常的な話題を題材とし、自国との文化の違いを理解し、自ら国際理解を深める。

中等部2年生
1. 知らない単語や熟語が文章に出てきても、聞き返してその意味を理解したり、文脈から意味を読み取ったりしようとする態度や意欲を育成する。
2. 与えられた会話をもとに、言葉を自由に替えたり加えたりしながら、自分が伝えたい内容や気持ちを10文程度の英語で正確に話すことができ、また簡単な手紙や説明文を正確に書くことができる。
3. 400－600語レベルの語彙で書かれた英文を聞いたり、読んだりして大切な部分の大要を即座に、かつ正確に理解することができる。
4. 日常的な話題を題材とし、読んだり聞いたりしながら言語や文化についての知識を身に付け、自国との違いを理解し、自ら自国の文化を紹介できる。

第三期英語教育 (中等部3年生—高等部3年生)

1. 目的論

[第三期英語教育の目標]

国際語である英語を学ぶことを通して、より広い視野を身に付け、普遍的なものを追い求める心を養い、広く世界全体に目を向けて、国や文化の違いを超

えて社会に貢献できる人間を育てる。

[第三期具体的到達目標]
1. 大学以上のレベルにおいて、英語の専門書を読み、あるいは英語で論文を書き、プレゼンテーションができるようになるための基礎力を養う。
2. 英語でアカデミック、または社会的なトピックについてディスカッションができるようになるための基礎力を養う。
3. 日常的な言語使用の場において、英語を用いて直接コミュニケーションができる基礎力を養う。
4. コミュニケーション能力テストの平均スコアー620点（TOEFL換算480点）を目指す。[英検2級→準1級]

[第三期学年別到達目標]
中等部3年
1. 未知の単語や熟語などに遭遇しても、そこで立ち止まることなく最後まで読み通したり、聞き通して、全体的に何が言われているのかを理解しようとする態度や意欲を育成する。
2. およそ800 word itemsの語彙を使用し、自分の意見や気持ちなどを正確かつ適切に50語程度にまとめ、それを口頭で発表することを目指す。
3. およそ1000 word itemsで書かれた英文を平均150WPMのスピードで読んで要点をつかみ、また、1000word itemsで書かれた英文が平均160WPMで読まれるのを聞き、その概要をつかむことができることを目指す。
4. 日常的な題材を扱った英語の文章を読んだり、聞いたりすることを通して、中学3年生に必要な基礎的言語や様々な文化についての知識を身に付けることを目指す。
5. 「英語コミュニケーションテスト」平均450点（TOEFL換算420点、TOEIC換算350点）を目指す。

高等部1年生
1. 未知の単語や熟語などに遭遇しても、そこで立ち止まってあきらめてしまわず、最後まで読み通したり、聞き通して、全体的に何が言われているかを理解しようとし、わからないところは教師や友達とコミュニケーションをとることによって補い、それに基付いて自分の意見を形成しようとする

態度や意欲を育成する。
2. およそ1200word itemsの語彙を使用し、自分の意見を50語程度のパラグラフにまとめ、それを口頭で発表することができることを目指す。
3. およそ1500word itemsで書かれた英文を平均150WPMのスピードで読んで要点をつかんだり、また、およそ1200word itemsで書かれた英文が160WPMで読まれるのを聞き、その概要をつかむことができることを目指す。
4. 知的発達段階に即した日常的な英文を読んだり、聞いたりすることを通して、高校1年生に必要な基礎的な教養を身に付けることを目指す。
5. 「英語コミュニケーションテスト」平均520点（TOEFL換算445点、TOEIC換算425点）を目指す。

高等部2年生
1. 未知の単語や表現に遭遇しても、できるだけ自分の既存の知識、スキーマ、コンテクストを利用し、またわからないところは教師や友達に聞くことによって、積極的に概要を理解しようと取り組み、そこから得た情報に基付いて自分の意見を述べようとする態度や意欲を育成する。
2. およそ1500word itemsの語彙を使用し、自分の意見を100語程度のパラグラフにまとめ、それを口頭で相手に伝えることができることを目指す。
3. およそ2000word itemsで書かれた英文を平均150WPMのスピードで読んで要点をつかんだり、また、およそ1500word iemsで書かれた英文が160WPMで読まれるのを聞き、その概要をつかむことができることを目指す。
4. 知的発達段階に即した社会的な英語の文章を読んだり、聞いたりすることを通して、高校2年生に必要な基礎的な教養を身に付けることを目指す。
5. 「英語コミュニケーションテスト」平均560点（TOEFL換算460点、TOEIC換算470点）を目指す。

高等部3年生
1. 未知の単語や難解な表現に遭遇しても、既存の知識、スイキーマ、コンテクストを利用することによって積極的に概要、要点を理解しようと取り組み、そこから得た情報に基付いて、自分の意見を友達と交換しようとする態度や意欲を育成する。
2. およそ2000word itemsの語彙を使用し、自分の意見を200語程度のパラグ

ラにまとめ、それを口頭で相手に伝え、意見を交換し合うことができることを目指す。
3. およそ3000word itemsの語彙で書かれた英文を平均150WPMのスピードで読んで要点をつかんだり、また、およそ2000word itemsで書かれた英文が160WPMで読まれるのを聞き、その概要をつかむことができることを目指す。
4. 知的発達段階に即した社会的、学術的な英語の文章を読んだり、聞いたりすることを通して、大学での専門教育に入る前に必要な基礎的な教養を身に付けることを目指す。
5. 「英語コミュニケーションテスト」平均620点（TOEFL換算480点、TOEIC換算530点）を目指す。［英検2級→準1級］

以上

第2章　実践と理論1

1　発想転換の力

北原　延晃
(港区立赤坂中学校教諭)

はじめに

みなさま、こんにちは。こんなに素晴らしいところにいると、もうびっくりしますね。私の今いる赤坂中学校というのはすごく古いです。古いからブレーカーがなくてまだヒューズがあるという校舎で、こんな素晴らしいところで勉強できる中学生、高校生は幸せだなと思います。

実は私、立教の学園の中に入ったのは初めてなんですね。そのへんをうろうろしたことはありますが、なかにはいったのは初めてです。うちの上の子が立教大学を受験したにもかかわらず、おやじは行っていないといういい加減なおやじですけれども、今日はどうぞよろしくお願いします。

私は赤坂中学校に移ったばかりで、まだ3カ月しかたっていないのですけれども、場所はミッドタウンの真裏、学校の校門を出るとミッドタウンの敷地なんですね。

今日お話しするのは、主に前の学校、3月までおりました狛江市立狛江第一中学校というところの実践の内容になると思います。6年間いましたが、そこでいろいろなことがありましたので、こんなふうにしたらどうかなという、発想を、見方をちょっと変えてみたらブレークスルーするのではないかという話を中心にさせていただきたいと思います。

それでは、レジュメのほうを見ていただくと、私が関係しているところのホームページが書いてありますけれども、一つは私が研究部長をしています都の中学校英語教育研究会というのがあります。この中英研にはいくつかセクションがあって、私は研究部の部長を務めています。そこのホームページ

があります。ここには過去30数年の研究の結果が載っています。これが第31集、今年の2月に出たものです。特に新しい記事は全部載っています。いろいろな研究をやってまいりました。主に軸足を語彙研究ということで、外来語と英語、語彙と英語教育ということで、語彙が主流の研究が多いのですけれども、ご興味のある方はこちらのほうにアクセスしていただくと、最新版が見られますし、去年、一昨年、その前の内容も見られます。

　ちなみに、今年の2月に発表したのは、いま検定教科書が6社ありますけれども、それの電子データを教科書会社からもらいまして、それを全部パソコンに入れて、アントコンクというコーパスソフトを使って分析にかけます。われわれが選んだ重要動詞がいくつかあるんですけども、その重要動詞の次に来る言葉にはどんなものがあるのだろうか。自分が使っている教科書はわかりますけれども、それ以外はわからないですね。ですから、いろいろな教科書で使われている、中学校でよく見るような表現。例えば"take"のあとにはどんな言葉が多いのだろうかということを、2年ぐらいかけて調査しました。これには青山学院の木村松雄先生の青山学院語彙リストを参考にさせてもらってつくったものです。Web版でどうぞご覧ください。

　もう一つは、4年前から始めたのですが、「北原先生、語彙研究はいいですけども、日々の授業で困っています」という若い研究部員の話があって、勉強会をやってくれませんかということで、月に一度、土曜日に集まって勉強しています。どういう勉強かというと、本当にベーシックなことですね。ペアワークではどのようにペアを組ませたらいいか、英語の歌を使いたいけどどうしたらいいか、教科書の音読はどのようにしたらいいのか。まったく右も左もわからないという大学出たての先生方から結構ベテランの先生まで集まって、月に一度やっています。今月は先週の土曜日に行いましたけど、「ペアワーク特集」ということで、中1から中3までで使えるいろいろなペアワーク集を出して、こんなふうにやったらいいよ、こうやって発表するのがいいよということを提案したりしています。それのホームページがここに書いてあります。これにアクセスしていただくと、もちろん学校名とお名前は登録されなければいけないのですが、そうすると、両方のホームページともパス

ワードが送られてきますので、パスワードで中に入ってください。資料はダウンロードできます。特に北研（英語基本指導技術研究会）の資料は34回分載せてあります。紙ベースで言うと、A4版でこれぐらいはあります。4年ですね。それを全部あげちゃいますので、欲しかったら入っていただいて取っていってください。もちろん自分で変換して使われても結構です。特に若い先生方にも残して、去っていかなければいけない年齢ですので、遠慮なくどうぞ。

1　英検団体優良賞を受賞（平成18年度）

それでは、ちょっと狛江第一中学校のお話をさせていただきます。6年前に私が赴任したのですが、そのときから少人数授業をやるということで、僕が少人数加配ということで行ったんですけども、結局6年間のなかでいろいろな試行錯誤があって、東京都のなかでも結構、少人数授業は早かったほうだと思います。あまり前例もなく、手探り状態でやっていたんですけども、ようやく一つのシステムができあがってきました。3人の教師がいまして、クラスは3クラスずつです。3人の専任教員がいて、全部の先生が全学年を教える。一応、基礎コース、発展コースと分けて言ったりしています。

そういうわけで、毎年、全学年を教えているわけですね。だから、教材研究がすごく大変。1学年だけでもそうですけれども、例えばワークシートをつくるにしても、僕が30代ぐらいのころは、パソコンの前に座って1時間でも2時間でも奮闘しながらつくれたんですが、いまはそんな余裕がないですよね。ましてや3学年分の資料を準備するのはできないので、最初はお互いのワークシートを持ち寄ってやっていたんですけども、同僚の先生が、「北原先生のワークシートのほうが面白いし、力がつきそうだからこれでいきましょう」ということになって、全部、北原方式になって4年目ぐらいになります。同僚がそれをやってくれて、全校で北原式のワークシートをやっています。

その成果が出まして、去年の3月、年度で言うと平成18年度になりますけれども、英検の団体優良賞をいただきました。本校は学校が小さいので、英検の表彰というのは、実は大きな学校でたくさん受けているというのが一つ

の条件らしいんですけども、何しろ狛江一中は公立学校で、準2級をこんなに受けているとか、こんなに受かっているところは全国で例を見ないということです。しかも狛江一中は普通の中学校です。正真正銘、週3時間だけでやっています。東京の学校ですから、小学校の卒業生の3割は私立中学校に抜けてしまいます。残ったメンバーで上げた数字がこれです。16％通ったというよりも、受けたのが30％いたということに僕自身がびっくりしました。子どもたちが1年生のときに、先ほど紹介していただきましたNHKの「わくわく授業」というのが始まって、僕の授業が紹介されたんですけども、この子たちは「わくわく授業」の影響もあり、全国いろいろなところから、しょっちゅういろいろな先生方が見学に来ました。僕はどうぞいつでもいらしてくださいと言いました。ただし、来ていただいたら、子どもたちを見ていただいて、子どもたちを見ていただいたら励ましの言葉、メッセージをひとつ書いてくださいということで、必ずメッセージを書いてもらいました。それを英語の部屋に掲示していきます。子どもはそれを見て、「僕たち頑張っているんだな」とか、「褒められているんだな」と、それが一番の動機になると思います。30％受けているということですね。これも止めて30％ですね。やめたほうがいいよとか、4千円ぐらいかかりますよね。いまやらなくていいから、高校に行って受ければいいからと止めたんですけども、止めても30％です。

　その次の高校2年生、高校1年生はどうか。僕の学年ではないんですけども、僕も教えていました。いままた一巡して、私が2年生まで教えた3年生が、この前、ここの教員からメールが来まして、「先生、英検の準2級、第1回目は25名受けました」と。25名というのは、学年全体の20％にあたります。第2回目もありますよね。そうすると、これは「わくわく授業」世代を超えるのではないかなと思っています。

2　「高校でがんばっていること、先生にほめられたこと」(2006年11月追跡調査より)

　では、その下、2番目の「高校でがんばっていること、先生にほめられた

こと」とありますけれども、10年に一度ぐらい、自分のやっている英語教育に関して、高校に行ってからどうなんだという大規模な調査を個人的にしているんですね。1990年代に行ったときには、英検研究助成論文のシステムを使わせていただいて追跡調査をやってみました。

　今回、「わくわく授業」の子どもたちが高校に入って、10月ぐらいにこういうものを送りまして、返ってきた回答です。いろいろな項目があるのですが、一番最後のほうに「高校でがんばっていること」とか「先生にほめられたこと」があったら書いてくださいという項目があります。そこに書いてくれたものをA君からMさんまで、20何人か挙げてあります。ちょっと先生方、こちらの子どもたちが書いたものを読んでいただいて、クイズなんですけども、中学校時代、この子たちに共通していたことは何でしょうという問題です。ちょっと考えていただいて、お隣同士で相談してみていただけますか。

　今日このあとのワークショップで、ペアでいろいろ活動していただきますので、お隣に誰もいらっしゃらない方は、ペアになるようにお座りいただけるとありがたいのですが。簡単な自己紹介をしながら、いまのクイズの答えを推測してください。もう一度問題を言います。この子たちに、中学校時代共通していたことが二つあります。二つの共通点、中学時代ですね。どんなことでしょうかというのが問題です。さて、よろしいでしょうか。では、どなたかお手を挙げて、推測をお願いします。どうぞ。

〇会場　学力があまり高いほうではなかった。低いほうだった。

　はい、正解ですね。それで両方ともカバーしちゃうのですけれども、そういうことですね。具体的に言うと、この子たちの学年は通知票は絶対評価になっていましたので、何％が5だとか、そういうのがないんですね。この子たちは3年生の2学期、高校に行く書類に付く成績ですけれども、33％に5を付けました。4が23％。合わせて6割ぐらいの生徒が4と5です。それだけの力を持っています。逆に下のほうですね。1の生徒はいなかったので、2の生徒なんです、みんな。中学時代、残念ながら2が付いています。それが一つの共通点です。

　もう一つは、先ほど英検準2級と言いましたが、そんな華やかな記録は何

もない。英検ノンタイトル、受けたことがない。受けても落ちたとか、そういう挫折感のある子どもたちですね。この子たちが高校生でこれだけ伸びているということは、僕らのやっている狛江一中の少人数システムが機能しているのだろうと判断しました。上の方の子たちもうれしいですけども、僕たちは下の子のことが一番うれしかったですね。

では、なぜそれが可能なのかということですけれども、もう10数年前の調査でわかっていたんですけれども、子どもたちが高校に行って、中学校へ帰ってきますよね、制服を見せにとか。そういうときに何を言っているかというと、二つのことです。一つは、「先生、よその中学から来た連中の発音はひどいね」。聞くに堪えない、気持ち悪くなるという人もいますね。ところが本校卒業生はここにもありますように、「発音がうまいと褒められた」。「『帰国子女ですか』と言われたことがある」、「英会話学校に通っていますね」とか、そういう生徒もいますね。まず全体的に発音がよかったということです。

それともう一つは、語彙ですね。よく語彙を知っている、単語を知っている。先生によく言われています。友だち同士でも言われます。「よく単語を知っているね」と。先ほどのAからMの生徒ですけれども、この子たちが進んだ学校は、言ってみれば一番下のほうの学校なんですけども、このレベルの学校に進んだ子たちほど、学年のトップとか、クラスのトップが多いです。ですから、この子たちが高校に行ってトップが取れるというのは、いまの在校生にとってみればすごく救いなわけね。いまは駄目だけれども、がんばってあきらめずに勉強しておけば、3年後の入試のときに力が出るんだと。たとえ入試のときに出なかったとしても、そのあとで伸びるんだというのが実証されていますのでね。

では、その「語彙をよく知っている」と「発音がうまい」と言われているのですけれども、ちょっとここでこの子たちの映像を観ていただこうと思います。

まず最初は、去年の10月に狛江第一中学校は創立60周年を迎えました。60周年記念の合唱コンクールがあったんですけども、無理やり"We Are The World"を歌ったんですね。生徒が、授業でやったら、これで合唱コンクー

ルやりたいと。60周年記念でそんなものは駄目だよと言ったんだけど、密かに密かに黙って、英語科と音楽科で進めていたんですね。バックコーラスは音楽科の選択授業でやっていました。ソロは英語科でやって。point of no return、ここから先に進んでやめることはできない。もし駄目だったら、生徒は絶対に暴動を起こしますね。なぜかと言えば、90名中の65名が参加しているんですね。そのときにようやく、実はこんなことをやりますということで出したら、職員会議は大騒ぎになって、「そんなこと聞いていないよ」と。でも、この生徒の英語のパフォーマンスをちょっと観てください。

3　生徒の映像

1.【平成19年度3年生60名による"We Are the World"】

　これが3年生65名による"We Are The World"です。自分たちでやりたいと、夏休み前にこんなことを密かにやるのでといって。最後にはスティービー・ワンダーになった子が代表なんですけれども、「いいかい、これは先生に言うたらあかんよ」と。掲示物も何もしないで、彼が全部言葉で、練習場所がどこだとかを参加者に伝えました。9月にオーディションをやるから、自分でやりたい歌手を決めておいてください。それでオーディションをやってやりましたね。

　いまのが3年生のクラスなんですけれども、これを親御さんが観に来て大好評でした。先生方からは大不評だったんですけれども。私服で出すなんて何事か、なんてね。いいじゃないですかね。主役は生徒でしょう、60周年。こんなことが中学校でできるようになったんだということです。

　では、この私がいた前任校最後のパフォーマンスビデオになります。3学期の評価を出したあとは、楽しく、その学年で1年間習ったことを使って何かやろうというイベントをやるんですけれども、1年生は紙芝居をやりました。2年生は絵本の読み聞かせをやりました。まず1年生のほうを観ていただきましょうか。1年生は『NEW CROWN』の一番最後にある『不思議の国のアリス』ですね。それを子どもたちにやってもらいました。使った時間は、

内容理解から始めて、ビデオ録りまで5時間です。すべて生徒たちがやっています。内容理解も自分たちで自主的に理解して。私がかかわったのは発音の矯正だけです。では、1年生の映像を観ていただきますか。二つグループが出てきます。一つは教科書どおり。もう一つはルイス・キャロルのオリジナルを入れたグループです。

2.「わくわく授業」学年の3年間のパフォーマンス

　いまの最後のやつがルイス・キャロル版ですね。できそうなグループには、本物はこれだから、この中から使っていいよと言って、あのグループがやりました。1年生です。1年間しか勉強していません。僕は教えていません。発音の矯正だけはやりました。どうでしょうか。英語の音がちゃんとできているかと思います。この学年は僕の学年ではないけれども、私が教員をやっていて、こんな1年生は見たことがないです。発音の面でいうとね。では、2年生をお出しします。

　これは全部やると10分かかりますので。こんな感じで10分間、お話が続きます。これは2年生、いま3年の子たちですね。男子は発音がよくないと言われますが、これはどうでしょうかね。これはいま、この前の第1回英検で準2級に25名が受験した学年です。

3. 大切にしたいこと

　では、映像を観ていただくと終わってしまいそうなので、本題に入りたいと思います。レジュメの2ページを見ていただけますか。私は狛江第一中学校の英語科で大事にしていることをそこに書いておきました。先生方もご存じのことばかりだと思いますが、簡単にいきましょうか。

(1) ゴールを定める

　1番、ゴールを定める。短期、中期、長期ということで、まずは短期の目標です。それから中期、この1年間、最後の、例えば2年生なら2年生の3月にはどういうふうになっていてほしいかというところをまず定めるんです

ね。長期は、高校に上がる前、中学3年で卒業するときにはどんな力をつけておいてほしいか。それから逆算して、じゃあ1年のころにはこれをやろうとか、2年生の1学期にはこんなことを入れようかとか、いろいろ仕組んでいます。先ほど青山学院の木村先生の話をしましたけれども、彼が僕の授業を見にいらっしゃったことがありまして、ずいぶん前ですけれども、「こんなシステマティックにやっていたのか」と言われたんですね。いろいろな教材を見せて、こんなふうにやっていますと説明したんですけれども、いろいろな活動が絡み合って、相互作用を及ぼしながらやっていくのが私の授業なんです。いろいろなことをやっていきますが、すべてはゴールのためなんですね。そこに至るために何をするか。どういう布石を打っておくということをやっていきます。

(2) つながりを大切にする

2番目、つながりを大切にする。これはすごく大事なことかなと思います。去年、私は東京都の教育委員会の新しい事業で、東京教師道場、2年間で1期なんですけれども、その第1期生を僕が指導しました。その第1期生がちょうど教職年数5年から10年ぐらいの先生方で、その先生方にいつも言ってきたことは、つながりを考えてやりましょうねということです。では、何と何のつながりなんでしょう。ペアで相談して、その空欄を埋めていってください。

では、手を挙げなくていいですから、どうぞ言ってみてください。まず何と何のつながりでしょう。いろいろあると思います。

○**会場**　人と人。

人と人、ちょっとあいまいですね。もうちょっと細かく。

○**会場**　もうちょっと具体的に。

はい。何の人でしょう。人というのは、授業中は教師と生徒しかいませんから。教師と生徒ですね。先生と生徒のつながり、もちろんそうですね。それから、生徒同士のつながりを考えてあげる。一般の英会話学校ではないので、生活グループもありますので、英語科は特にいろいろなことができて、

コミュニケーションの一番大事なところを扱う教科ですから、ほかの教科ではできないことができるんですね。本当に教育の根幹に触れる部分が、英語の教科を通してできますよね。それをやらないともったいないなと思うんですね。教師と生徒、生徒と生徒。あとは何でしょう。

○**会場** 教師と教師。

　教師と教師も大事なんだけど、授業中ということで言うと、ちょっと実質的ではないので外しておきましょう。それも大事なことですよね。本校みたいに少人数でやっている場合はね。いまの赤坂中学校も少人数授業でやっています。ほかはいかがでしょうか。

○**会場** 音と文字。

　音と文字か。なるほどね、それも大事ですね。僕が用意したのと違いますけど。あとはどうでしょうか。

○**会場** いまと将来。

　いまと将来も大事ですね。何でも正解ですね。もう気楽になりました、どうぞ。ほかに。子どもたちに言うんですよ。書いたら言ってねと。あなたのひと言が友だちを変えるかもしれない。合っている答えより間違っている答えのほうが、友だちに影響力を及ぼすんですね。あいつが発言した、それだけで影響力を及ぼすこともあるし、あいつはこんなことを考えているんだ、すごいな。テストは大したことないけど、勉強はできないと思っていたけど、あいつはこんなことを考えているんだ、すごいなと。ほかにどうでしょうか。どうぞ。

○**会場** いままでに学習した単元と、いま扱っている単元。

　ビンゴ。前時と本時ですね。僕は正解を言いませんからね。私が考えたものは言いませんから。授業もそうです。ヒントは教えるけど、答えは教えないですね。とりあえず何か言って、それに近いことだったら、そこから答えが出てくるかもしれないけど、何も言わなかったら、もう知りません、と。そういう不親切な授業をやっています。

○**会場** 言葉と言葉のつながりがあると思います。

　そういうつながりもありますね。それはちょっと、まあ。大切にすること、

ということで何か。

○**会場**　教材と指導法。

　教師らしい発想ですね。それもありかもしれませんね。一つだけ言いましょう。授業と家庭学習。これをつなげておかないと、絶対に力はつかないですね。とくに狛江一中みたいな、まじめに週3時間しかやっていない学校は。ちなみにいま赤坂中は、週4時間あります。

　いいですか、なければ次に行きますよ。カッコが埋まっていないと気にならないですか。今日は時間があまりないので、またあとで考えてください。

(3) 生徒の視点で (from students' perspective)

　3番目、生徒の視点で考えてみましょうということで、この教材は生徒にとって楽しいのかなとか、力がついている、充実しているのかな。そういうことをすぐに僕らは考えなくちゃいけないと思います。最近もうやっていませんけれども、40代半ばまで、教材をつくったら、それを学期ごとに、学期の最後に生徒に評価させたんですね。この教材はどうでしたか、楽しかったですか、ためになりましたかと。一番いいのは、楽しくてためになった、ですね。そういう回答があった教材は次のために残す、使う。ためになったけどあまり楽しくなかったというのであれば、これもよしとしよう、もう少しいいものを、楽しい部分を増やしていこうと。楽しかったけど力つかなかった。これはあまりないんですね。そういうのはどんどん捨てていきますね。二つの軸、X軸とY軸で、楽しさと実力がついたかで、アンケートをとっていました。

　先生は真面目でなければならないと思うんですね。市販のものを使うのは簡単ですけれども、目の前の子たちがそれに全部フィットするかどうかわかりませんので、子どもたちに合ったものをつくらなければいけないですね。そのためには、子どもたちの考えていること、興味関心をつかんでおかないといけないですね。アンケートを採ることも大事です。それから、新しい教材をつくって、すぐ反応を知りたかったら、授業で使ったあとで、今日はどうだった？、わかった？、楽しかった？と。「先生、楽しかったよ」という

言葉が返ってくると、こちらもやったなと。じゃあ、どこが楽しかったのと、もう一歩突っ込んで聞いてみる。難しかったと言ったって、どこが難しかったか。この部分が、こっちは先生、よかったよとか。そういう日々の、授業外の休み時間とか、そういうときの対応が大きいですね。そういうのを蓄積しておくんですね。

(4) 教育環境の改善

　4番目の教室環境の改善について言いますと、英語教室は不可欠です。狛江一中に赴任してから、僕は強引に英語の教室を三つ確保しました。トップダウンです。職員会議で提案して、校長に相談して、この三つは使わせてもらうと。はじめ大反対が起きたんです。これで先生方が楽になる。何が楽になるかというと、3年の担任になると、やっぱり進路のことがありますよね。ところが、さっきもお話ししたように、英語の成績は5が3割以上、4を合わせれば、6割の生徒が4と5を取っている。これは有利ですね。だって、私立高校の推薦入試は、3教科が何点以上、5教科が何点以上、9教科が何点以上でしょう。生徒はたくさんいますよね。そうすると、1教科で学校が変わっていくんですね。そういうのを以前の学校でもやっていますので、自信を持って、校長さん、頼むよ、こういう部屋が欲しいんだよと。英語のために部屋がなくては駄目なんだということで。

　いろいろなもの、もちろんオーディオ機器、オーディオ、ビジュアルもありますし、あと生徒のレファレンスも結構買ったんですね。言葉が使われている場面ごとに使える辞書だとか、2千語レベルで書かれている辞書、簡単なものとか、いろいろなものがあります。そういうものも北研のホームページに載っていると思いますので、探して見てください。あとはロングマンの英英辞典ね。一番簡単なやつとか。あとはオックスフォードのピクチャー・ディクショナリーとか、ああいうものなんかも非常に参考になるので、子どもたちが自分で使えるようなものを置いています。

　それから、先輩の作品。特にライティングの。アンネ・フランクを読んだ感想文とか、作文のたぐいですね。映画を観た感想文とか。同じものを見せ

て、感想文書けるかというと、厳しいですよね。まずその感想文を子どもたちにばーっと回して、先輩はこんなことを書いたよと読ませて、いいところはパクるんですね。英作文はパクりですからね。いいところをパクって、あとは自分のオリジナルで書いてごらんと言ってね。

(5) 実績を上げるために

　データを残す（数字だけがデータではない）、分析をする（何のために？　という視点を忘れずに）、次の手だてを考える、が次の三つです。

　5番目、実績を上げるためにとありますけれども、実績を上げようとして何かしていたわけじゃなくて、日々やっていた結果が残ったんですけども、私の授業はデータ授業なんですね。データを必ず残しておきます。データはいろいろなものがあります。もちろん英検の成績とか、日ごろの中間、期末を分析するのは当たり前。それ以外に、数字じゃなくて言葉もたくさん集めなくては、いろいろなものをですね。そういうのをいっぱい集めています。それを分析するんですけども、何のためにそういうデータを集めるの、なぜ分析するのか。それがないと、単にマニアックになってしまうので、このために分析する、このためにやっているんだという視点を持っています。いろいろなデータがあります。ちょっと今日は全部お見せできませんけども。

(6) 研修会に参加する

　6番目、研修会に参加する。ただし、やみくもに参加しない（テーマを持って参加する）ことが大切です。今日も先生方は研修会に参加されていますが、研修会に行って、ああよかったな、授業に行くとうまくいかない。これは私のやり方が悪いからだ。はたして本当でしょうか。もしかしたらそういう部分もあるかもしれませんが、違う部分もあるかもしれませんね。なぜ研修会に行くのか。意味ないじゃない。そんなことはないですね。自分で何かテーマを持って行かなければいけないと思うんですね。

　自分の実践の正当性を実証するため、理論的支柱を求める、英語教師のネットワークを作る、アンテナを高く張る、も第6案目に入ります。

僕は英語教員になろうと思って教員になったのではなくて、バレーボールがやりたくて教員になっているんですね。20代のころはバレーボールばかりやっていて、英語の教員ではなかったですね。英語はもう何もしないで。バレーボールに益子直美っていますよね。彼女が中学生のときに、私のライバルチームに彼女がいたんですね。あれを何とか抑えさせたくてね。そんなことばかり考えていましたね。でも、無理ですね。平均身長160センチのうちのチーム、ブロックなんて関係ないですね。益子直美はブロックの上からアタックラインに落とすんですからね。そんなこんなで、益子直美のアタックにやられた日はすぐに献血車に走りまして血を抜いてから、生徒に「しょうがないね」と言ったりして。余計な話ですみません。

　研修会に行くようになって、こんなことやるのか。だんだんやっていくうちに自分のレベルも上がっていきますから、目的が変わってきたんですね。自分のやっていることはこれでいいのか。それの確証を持てずに、あの先生はこうやっていた、あの先生はこうやっていた、じゃあ自分の方法でいいんだ。軌道修正のために研修会に参加するようなところがありました。もちろんそこでの先生方のネットワークはとても大事で、いろいろな情報がもらえますし。

(7) 英語力を上げる

　7番目、英語力を上げるとあります。実はこの下にいろいろと項目が書いてありますが、今回あえて削りました。先生方、英語教員の研修会って、先ほどの開会の理事長さんの話にもありましたけども、英語が一番、立教でも熱心だという話ですね。どこに行ってもそうなんですね。公立学校でもそうです。なぜなんでしょう。はい、答えなさい。なぜ英語の研修会が盛んなんでしょう。英語の教材がいっぱい売れそうですよ。DVDだとか何かね。いっぱい売れそうです。なぜでしょう。この前もNHKから「わくわく授業」をDVD化して出したいと言ってね。それは英語だけなんです。ほかの教科は売れないから。何なんでしょう。はい、どなたか、勇気ある方。

○**会場**　みんな英語ができるようになりたいから。

そうですね。不安感なんですね。まず指導が不安である。もう一つは、英語を使ってやらなきゃいけないという部分がある。いまALTなんかもいっぱいいますので、いまの学校はALT常駐ですからね。この2カ月間、ALTと戦ってきました。僕の英語力でALTを打ち負かすのが目標ですから。あなたはそう考えているけど、違うでしょうって。2時間半ぐらい、4月の終わりぐらいにやって、向こうもぶち切れますよ。私もぶち切れて、いいから"Watch my lesson!"と言ってね。しばらく後ろで見ていたら、「わかった、なるほど」という話でした。

英語力を上げる、この質問はいろいろなところでたくさんもらいますけども、TOIEC〇百点ならいいですかとか、英検何級を持っていればいいですかと。その前に、授業で使う英語は非常に特殊な英語ですよね。まずそこだけはきちんとできるようにしておこうかなと思うんですよね。例えばteacher talk。teacher talkは前もって準備できますよね。指導案ができて、ここでこう言おう。書いてやればいいですよね。準備すればいいです。誰でもできますね。いまはいろいろとたくさん、teacher talkに関する本が出ていますから、そこから持ってきて、自分が知らない表現を使えばいいですね。都の中央研の研究部も、先ほど紹介しましたホームページにも、teacher talk、いろいろな場面で使える数百の例文が載っています。そういうものを見ていただければね。それで英語の授業をやってみたらどうかなと思うんですね。

では、ここでちょっと休憩をとりまして、ちょっといまから問題用紙をお渡ししますので、それでは休憩にならないか。一応配っておきますので、カムバックしたら内容に戻りましょう。英語力を上げる、のテーマのなかのものです。いま配られたのは、今週の水曜日の授業です。明日から期末テストだという授業で、2年生、ちょうど試験範囲が終わって1時間空いたので、これをやってみようかというのでやった授業です。配った面を見てください。裏面は見ないようにしてください。

1時間の授業でふだんどれだけ試験勉強をやっているかというのがよくわかる活動です。いま2枚配っていますが、ページ番号で言うと1ページと2ペー

ジというところが上になっていますか。ほかは見ていませんね。いいですね。1ページ、2ページをちょっとご覧ください。これは昨日打ったんですけども、これが試験範囲に出てくる new words になっています。これを彼らがどれだけ理解しているかをチェックします。ペアで勝負しましょう。私がいまから定義を言いますから、その単語がどれか、この中から選んでください。生徒は実際は教科書を見て、私が発音しますけれども。早く言えた人が勝ちです。あったらハイと言いましょう。では行きますよ。行きましょう。

This is the opposite word of short".

どんどん行きます。

You have only one. It gives out heat and light. "the sun"

どんどん行きますよ。

This word is similar to the word "stay".

If you see the sun, the weather is "mmmm".

You do this action with a pair of scissors.

I usually come to school by train, but today I "mmmm" by bike.

This is similar to house, the word house is a building itself but this means people inside, as well.

最後です。いいですか、最後行きますよ。

After you do a lot of things in a short time, you become like this.

　では、勝った人。お互いを傷つけない思いやりがいいですね。実は裏側に答えが書いてあるんです。答えというか、私が言った発言を。裏開いてください。先生方、一つか二つでいいですから、この定義を英語で書いてみてください。何でもいいです、一つ選んでください。はい、どうぞ。いま私が言った以外の単語を選んで definition を書いてみてください。中学2年生でわかる語彙で。中学2年生が対象ですから、中学生がわかるような語彙とか expression で。べつにこれは先生方の学力を問うつもりではありません。ALT に頼んで definition を書いてくれと言うと、やたら難しい語を使ってやたら難しい表現を使ってやるんですよね。ネイティブだからといって、それができるとは限らない。だから、われわれが必要な英語力というのは、特に

授業の場合では、このレベルでいいわけですよね。裏側を見てください。私が何と書いたか。北原は、水曜日の授業は何も準備していません。その場で思いついたことをぱっと言っただけです。それを昨日慌てて書きおこした、私が言ったことを思い出して書いたものですので。水曜日、impromptu で言った内容を、たぶん語の使い方とかいろいろ間違えたりしていると思いますが。もちろん、どうしてもこの語を使わなければいけないというのがあります。例えば opposite というのを教えておかないと。反対。それがわかれば。あと similar とかね。そのへんのことを教えておけば、だいたい3年生の表現を使ってもなんとなく生徒は理解できます。接続詞を使っても理解できると思いますね。授業のなかで、前準備なしで、その場でこれをぽろっと言えればいいんじゃないのと。もちろんそれだけでは勉強しておかないとと思うんですけど、授業で使うということであれば、こちらのほうが大事かなと。生徒の知っている表現をなるべく使って、生徒の知っている表現というのを、われわれがどれだけ把握しているかですね。自分がインプットした語彙をどれだけ覚えているかというのがわかると思います。いまのは実験でした。

4. 採点するだけがテストではない

　そういうわけで、レジュメのほうに戻っていただいて。テストを改善しよう。テストの大切さですけれども、今日はテストの改善がテーマではないですが、おとといテストが終わって、昨日、分析まで全部終わりました。テストをやったらその日のうちに採点をして、例えば次の日授業があったら、次の日に返す。私は英語教員になってから自慢できることは何もないですけど、1個だけ自慢できるとすれば、テストは次の授業で必ず返しています。

　生徒が問題用紙を忘れたら、駄目だ、先生はいつも次の日に返しているでしょうと言ってね。徹夜しても何しても、意地ですね。それも、採点だけではなくて、分析も全部行います。度数分布も出します。それから、解説も書きます、講評も書きます。前回よりも上がった生徒の名前を点数が上がったごとに文字を大きくして、3点上がったらこのぐらい大きくして、5点上がったらこのぐらい、10点上がったらこの大きな字で、ポイントを大きくして、

20点上がったらこんなに大きくして。子どもはうれしいですよね。「お母さん、こんなに上がった」って。それだけ見せて、本体見せないという。30点も上がったよと。それは10点から40点まで上がれば30点上がったことになるもんね。そこまでやって子どもらに返すんです。だから、徹夜もします。でも、それが子どもたちを思うことだと思います。僕だったら早くしてほしいな。「先生、僕どうだったの、何点取れた」ってよく聞かれますよね。ちょっと待っていて、今やっているからね、来週返すよ。これだと「何だよ」となりますね。

5. 分析なくては意味なし

　分析をします。必要によっては、例えばライティング部分に関してはコピーをとっておきます。とっておいて、友だちはこんなことを書いたよと、子どもに回すこともある。それから、その下の部分を見せることもあります。私が、こんな表現はなんで書けたんだって、その子を呼んで、どうしてこの表現が書けたのと言ったら、「辞書にありました」って言うんですね。意外とそれが多いですね。誰かに教わったのかと思うと、塾の先生とか親というのはほとんど少ないですね。彼らは自分で見つけてきた言葉を結構出していますね。

6. 生徒が「よしやろう！」と思うようなテストを

　その次、生徒の自学力をつける。自分で勉強する力をつけさせたいなと思うんですね。特に週3時間ではもう、これをなくしては駄目でしょうというのは三つあると思うんですね。一つは、子どもたちの自学の力をつけてあげること。授業と家庭学習をつなげてあげる。3月だったかな、長崎の先生が授業を見に来られて、ふっと言った言葉なんです。「北原先生の授業って宿題の前振りなんだ」と。宿題と授業が完璧に一緒になっている。宿題のためにあるという感じです。家庭学習のための前振りが授業なんですね。授業は週3時間しかしていないです。子どもたちは週何時間勉強していると思いますか。宿題、ワークブックをやったり、音読の宿題もあります。音読も全員が最低25回は読みますから。1ページですよ。そういうのも含めると週3時間では済まないです。学校の授業よりも家庭学習の時間のほうが多いんです

よ。塾に行っている生徒なんかもっと多いですね。そのへんをうまくつなげてあげないといけないですね。それが自学力。

7. 生徒の自学力をつけるために

もう1個は、ペア学習です。30何人いるクラスでは、先生1人では絶対に無理ですので、ペアで共に伸びていく。これが効きますね。英語の苦手な子がいつも benefit されているかというとそうじゃなくて、英語の得意な子もこれによって benefit されるんですね。これは本当です。

もう一つは、徹底的に大量にやるということですね。量をこなす。インテンシブに授業をやる。授業をやって、生徒があくびしたり寝ている授業は駄目ですね。生徒は何もしていないですから、僕の授業ですと寝ていないですよ。寝る暇ないですから。だから、どの学年も、子どもたちが聞いているかしゃべっているか、書いているか読んでいるか、考えているか。この五つを必ずやっています。3時間しかないので、そうやってやるしかありません。

8. 3つのキーワードを常に生徒に

実は、三つのキーワードをいつも言っています。"share your knowledge" というのは、英語の得意な子たちに言っています。自分だけで持っていないで、みんなにシェアしてよと。あとで単語のゲームをやりますけれども、単語をシェアしてよと。知っている子が一人でもいたら、みんなに教える。"learn from your friends"、先生から学ぶだけじゃなくて、友だちから学ぶんだよということです。"Contribute to the class"、授業をやるのは先生じゃない、みんなだよ。みんなでやっていきましょう、授業に貢献してよということですね。

9. ライティング・ノート

授業でペアワークをやったら、しゃべったセリフで覚えているものを家に帰ってノートに書く。早い子はその場で書く。ペアワークが早く終わって、自分の席に戻る生徒がいますね。そうすると、その生徒たちはライティング・

ノートを開いて、いま言った言葉を書く。いまの中学3年生は、2年間、3月末までで2,200文になりました。数書くのは大変ですよ。最初のころはミスがいっぱいあります。でも、1,000を超えるとそのミスがどんどん減っていきます。いままわっているのがそのライティング・ノートですね。

10. ボキャブラリー・ノート

　もう一つまわっているのが、ボキャブラリー・ノートといって、2年生になったら毎時間1回、単語の定義を、あるトピックを言って、そのトピックにまつわる単語を書いてごらんといって書かせているんですね。これもあとで見せますけれども、それを毎回やっているのがボキャブラリー・ノートです。それがまわっていると思います。

11. 自分だけのこだわりを持とう

　こだわりを持ってくださいと。自分の好きなこと、なぜ英語の先生になったんですか。何か好きなことがあったんでしょう。得意な分野がね。映画が好きとか、歌が好きとか。そっちのほうで勝負したらいいと思うんですね。自分が一番好きな部分で勝負したら、授業をつくっていったらいいなと思っています。

12. ペア学習を取り入れよう

　教師一人で教えるのは無理

　どうやってペアを作る？

　成績に反映させる

　ペア学習は公立だから、男女共学ですけれども、ペアを組んでいく。英語得意、苦手。それをペアで組んでやっています。ポイントは、評価にかかわることですね。きっとやっても、失敗したらパートナーのせいではなく、両方のせいになる。英語の苦手な子どもでも、なぜ練習しておかなかったのと。練習しておけばいい。もし相手が止まったときにimpromptuで言い逃れができたら、おまえは評価A$^+$だよと。それこそ本物の英語だよと言うんです

ね。ですから、評価は一緒なんです。一つのフォームをスキットでやった場合は、A君とB君の評価は同じなんです。ペアで採点します。そうすると、一所懸命やりますね。おまえのせいで失敗したとも言わなくなる。

13. 大量に、何度も (語い指導例)

キーワードは「適当」(Word Definition Game)

1度で完璧より、「だいたい」を何回も

では、ちょっと、一つ二つやってみましょう。単語を書いてみる。vocabulary building をやってみましょうか。ペアではなく個人でやりましょう。いつも、毎時間やっています。2年生になって、毎時間。一番最初はそのなかの animals とか sports だとか、一番簡単ですよね。いまから時間をとって。animals では先生方をあまりにもバカにしていますから、もっと難しいタイトルにしましょうか。先生方ですから。something about winter。一つか二つ、単語をどんどん書いてください。ペアでなくて個人です。先生のご自分の実力でいいです。中学生に限定する必要はありません。ご自分の実力でやってください。

Count how many words you have just written. Please raise your hand. Under 5 ？、いないですね。6 ？、7 ？、8 ？、9 ？、10 ？、11 ？、12 ？、great。13 ？、excellent。14 ？、15 ？、fantastic。16 ？。では、14、そちらの方どうぞ、言ってください。時間がないから早くやってください。はい、どうぞ。

○会場　(早口で言おうとする)

なんでいまこんなことをやっていますか。Your friends are listening to you. They want to hear you. So, please slow down.

○会場　white、snow、ice、cold、Xmas。

That's all?

○会場　Santa Clause。

Santa Clause, OK.

○会場　scarf。

scarf ?, how many ?

○会場　scarves。

　複数形で答えるときは「スカーブス」、ちゃんとSを付けて言いましょう。Sを付けるときはちゃんと付ける。定冠詞を付けるときには付ける。こういうことをしなくちゃですね。Any others? どんどん手を挙げていいですから。

○会場　sleigh。

　sleigh。That's all right、こんなところで終わりですね。これをみんなにシェアをする。いま書いたでしょう。それを家に帰ってちゃんと書くのが、さっき見たボキャブラリー・ノート。こういう言葉って出てこないですよ。生活用語というのは。よくこれは質問があるから言っちゃうけども、綴りがわからないときはどうするんですか。どうでもいいじゃん、そんなの。これは綴りを書かなきゃいけないですか、sleigh なんて。しゃべれればいいでしょう。聞いてわかればいいでしょう。しゃべればいい、書けるところまでいく必要はないです。ということで、綴りはどうでもいいという部分をつくってあげる。これは発想の転換です。何でもこなさなきゃいけないと思っている先生は大変ですね。綴りを覚えなくちゃいけないと思った生徒も大変。こんなのいいよって。試験にも出ないし、聞いてわかればいいですね。言えればいい。そのレベルで抑えてあげておこうかなと思います。これが vocabulary building です。毎回トピックを変えてやっています。20から30ぐらいあるんですけど、2回、3回やっていくと、どんどん語いが増えていきますね。

　時間も時間なので、最後かな。new words の導入といきましょうか、語彙指導をちゃんとやるということですね。授業でやっているみたいにやりますので、私の生徒になってください。Ok, new words。

○会場　（沈黙）

　先生方、たぶん自分ではそうやっていないですね。いつもこうやっていませんか。Everybody, new words. Please read after me. "eat"．

○会場　eat,

　eat.

○会場　eat.

　こうやっていませんか。まず教師が必ず発音している。そんなことをした

ら、子どもたちはいつまでたっても自分で読もうとしないです。まずは、読んでごらん、自分の力でと。はい、どうぞ。まず1回目が終わりました。2回目。2回目は見本を見せます。3回目いきます。いま緑線を引いていますね。赤丸は綴りを覚えてほしい語なんです。テストでこれを出すかもしれないよ。もし eat が書けなかったら減点よという対象です。こちらの custom なんていうのは、試験に出さないから書けなくてもいい。自由作文でもしこの単語を書きたいときには、これで綴りミスしても減点しません。だから、もう授業で書ける語を押さえると。635個を選定しました。これはさっき言った中英研のホームページに載っています。これだけは綴りを覚えましょうという。あとは読んでわかればいいです。そうやって時間を軽減してやるんです。その分をどこに持っていくか。その分を音読に持っていきます。一番重要なのは音読です。音読が大事なのはなぜかというと、頭のなかに英語の回路をつくることなんですね。耳からいっぱい入れればいいですよ、子どもみたいに。これが日本という国じゃなくて、家の中でも外でも英語が聞ける環境であればいいですけども、うちへ帰ったら全部まわりは日本語。英語を聞くためにはわざわざテレビつけたり、CD 買ったりしなきゃいけないという環境だと、赤ん坊が言葉を言うようには覚えませんから。それを自分の声で自分の頭にインプットするんですね。正しい音調で。正しい音調で読める。発音をきちんとしてあげて、それを自分の声で自分の頭にインプットするということなんですね。だから発音が大事なんです。いい加減な発音とかイントネーションでいくらやっても駄目なんですね。生きないんです。リスニングも使えないし、非常に使えないです。

　では、今度、緑の線は何かというと、これは主にこの語はこういうふうに読むよと。eat の「ea」はだいたい「イー」と読むんだけど、ほかに「ea」を「イー」と読む単語。meat、neat、heat、seat、treat。sweet、really? はい、終わりね。途切れたら終わりなんです。いま、このクラスは六つ出ました。隣のクラスは11個出たよ。どっちが得ですか。そういうことですよね。そこでもう一回語彙がリサイクルされるわけですよね。だから、みんなでやるというのはそういうことなんです。では、次に行きましょう。

○**会場**　ate。

　これは「e」で終わっているときは、すぐ前は名前と同じように、「a」は「エイ」ですね。はい、どうぞ。

　Tape、date、mate、chase、face 私の耳に届いたことしか言っていませんからね。fake、sane、pike？

○**会場**　違った（笑）。

　はい、ここで終わりです。ここで逆転現象が起きますね。英語が得意な子じゃない子がこんな単語を知っていた。ああ、それあったんだ、出てこなかったと。さっきのやつもそうだけれども、さっきの vocabulary building でも、自分で考えた単語が発表語彙ですね。自分ですぐ使える語彙。それで、そういうのがあったというのは、境界線から下ですね。実際に productive vocabulary という。その狭間にあるやつで、なるべくその下に、氷山の下にあるやつを上に出してあげたいというのが、この授業でやっていることなんですね。なるべくたくさん覚えさせてあげたい。

　では、3年生になると飽きちゃうので、ペアでやりますよ。今度は協力してペアで勝負です。ペアが competitor ではなくて、ペアごとの勝負です。では、いまから問題を出します。「ow」を「アウ」と読む単語を四つ言って立ちなさい、どうぞ。協力してやるんですよ。これは中学生には難しいですね。教員にはちょうどいいかもしれません。四つ言えたペアは立ってください。四つでいいんですよ。たった四つですよ。まだ出てこないですか。ちょっと待って、四つですよ。たった四つですよ。マジ。中学生の語でなくていいですよ。自分の持っている語彙を全部出してください。はい、いいですよ。一番早かったペアはこの新座中高のペア。いま何をしていましたか。立ったあと。

○**会場**　他にないか話し合っていた。

　偉いですね。先生方の生徒はそんなことをしますか。四つ終わったら立ちなさいと言ったら、どうしますか。

○**会場**　別の話をしています。

　別の話をしていますよね。「今日終わったらどうする」とか、「あとでメールちょうだい」とか、関係ない話をしますよね。こういうペアってどういう

ペアですか。クラスの中で。優秀なペアですよね。こういうペアはあそばせちゃいけないんですよね。さっき言ったような、どの場面を切っても、何かしておかなきゃいけない。その終わったペアは、次に終わったペアと勝負すればいい。自分たちが知らなかった「ow」を探してみなさいと言われたらどうでしょうね。一番遅いペアが立ち上がるまでにいろいろなことができますよ。あるいは、書かせるんですね。できるペアを遊ばせない。いままでの日本の教育は、できる子たちを結構スポイルしてきたんですね。塾に行っていればいいんだよ、塾行っているからいいじゃん、とかね。先生方は良心的ですから、本当にできない子たちをなんとかしてあげようというので、スタンダードに持っていこうと努力してきたんだけど、それがいま批判されているでしょう。これで日本が駄目になっている、上の子が駄目にされている。こうやっていったら、上の子も伸びますよね。準2級にばんばん通ったのは、そういう裏があります。

　次行きましょう。今度は初めて意味の問題をやっていきますね。まず簡単なところから。eat, Gesture please。これでもう意味はいいですね。意味をわかっているからいいですね。eat。eat YAKISOBA, eat BANANAS, eat fast, OK。eat much。eat at the restaurant。こうやってコミュニケーションをとる。eat だけ教えても使えないのね。せいぜい eat lunch ぐらいしか言えない。eat at the restaurant、eat late という言い方が出てこないです。これをやっていかないと。そういうものも含めて、使い方を。tree, OK. What kind of tree do you have in mind?

　cherry tree、palm tree、chestnut tree、Xmas tree。こんなのは教科書で絶対に出てこないんです。ここで、全員がこの単語を覚えなくていい。chestnut tree なんてべつに覚えなくていい。でも、あの木って英語で何て言うんだっけな、ああそうか、こうやって言えばいいんだと。一人でも二人でも覚えれば、その子にとって残る。歩留まりの問題ですね。いろいろな子がいろいろな興味を持っているから。すべての生徒にすっと入っていくことはあまりないです。努力しなくても覚えちゃう。 cherry。cherry blossom、cherry pie。どんどんいきましょう。under what。under water、under the tree。people。

People under the cherry tree、キーワードはお花見です。

　今度はスペリングに行きましょうか。書けた人と手を挙げさせます。そうすると、どの単語が生徒にとって覚えにくいかわかるね。あの子は書けているなとか。先生、これはさっき、赤丸は綴りを覚えると言ったけど、これは赤丸が付いていないから書かせなくてもいいんじゃないですかと言いたいでしょう？。違うんですよ。赤丸の単語と、発音と綴りが一致しているものは書きましょうねと。発音をきちんとしていたら、綴りを書かせる。「ou」は「アウ」と読むのだから、「ラウ」といったら lou だな。「アウ」となったときは「ou」だなと。こういうのを書かせるんですね。

　こんな感じで語彙指導をやったらどうですかね。慣れれば結構スピーディに、5分ぐらいでできます。このようにやっていると、力がつく。うちの生徒たちには、単語を家で勉強する禁止令。単語練習を家でしないということを言っています。そんなことをやっているのだったら、文章を書いたり言ったりしなさいよと。単語なんてものは書いて覚えるものじゃないんだよと。学校で発音できたら書けるようになるのだから、学校来て覚えちゃいましょうと。確かに1年生は厳しいですよね。1年生全部赤丸で、基本語彙ばかりですから、赤丸の単語がずっと並んでいるけれど、2、3年になると難しい単語が出てきますね。そんなのはどうでもいいから、赤丸語だけと言ったら、授業中に全部覚えられるんですね。3年生、基礎コースの子でも。

　それが実際に試験で書けるかどうかは別ですけれども、そのように何度も何度もやっていって、最後、入試のときに書ければいいだろうと。でも、本当にそうですね。綴りを書けなきゃいけないですか。単語テストをやっているけど、入試で単語を書くところはありますか。自由作文のときにありますよね。でも、あれは単語の綴りを間違えたら、全部バツですか。違うでしょう。部分点をくれます。都立高校の場合は部分点が出ますよね。そうすると、英検はどうですか。単語を書きますか。書かないでしょう、そうでしょう。だから、英検取るのも、高校入試でも綴りを書くことはあまり重要じゃないんですよね。なのに先生も生徒も、語彙というと単語を書かせるんですね。単語テストをやると、不規則な語ばかり出すとか、そういうのはフェアではな

いですね。

　では、5時10分になりましたので、ここで一度終わらせていただきますけれども、よろしいですか。今日はいろいろな、こんなことをやってほしいというリクエストがあったんですけども、英語の歌をやってほしい。一番やりたかったですね、英語の歌。自分が楽しいですから。今日は最初なのでオーソドックスな話をしました。あとでQ＆Aがあると思いますので、ここで。ありがとうございます。

　＊本稿は、2008年6月28日に立教学院にて行った講演資料を基に加筆・修正したものです。

第2章　実践と理論2

2　中高一貫の指導と評価を見直す

久保野　雅史
(筑波大学附属駒場中・高等学校　当時)

今週の授業から（新聞記事を題材にして重要な英語の語法を学ぶ）

　自己紹介代わりに、今週の授業プリント（下の資料1）をお配りしますので、生徒になったつもりで考えてみてください。高校1年生の授業です。

〈否定文と and/or〉
A. and/or のうち正しい方を補いなさい。
　1．I like tennis （　　） baseball.
　2．I don't like tennis （　　） baseball.
　3．When （　　） where did you meet her ?
　4．I cannot remember when （　　） where I met her.
　5．We cannot simply answer "yes" （　　） "no." (p.9, l.10)
　6．Parrots don't need to push buttons （　　） use sign language (p.28, l.15-6)
　7．The astronauts can't live without oxygen （　　） power.
B. 下線部の意味を考えてみよう。
　8．British people sometimes annoy continental nations by failing to support them, or even to understand them, in time of need.
　9．..., without requiring the introduction of either notion—conspiracy or criminal association —...
　（国連国際組織犯罪防止条約・立法ガイド）

　なぜこんなことをやったかといいますと、購読している東京新聞の6月15日の記事を見てぎょっとしたからです。それは共謀罪導入をめぐる記事

です。このプリントでは、「否定文では or を使い、and は使わない。」ということを整理してあります。

　生徒には、まずこれを配る前に、"What sports do you like?" と質問する。そうすると、"I like tennis." と答えますよね。"Any other sports?" と言うと、"Baseball." と答えます。"So, you like tennis and baseball, right?"、これは分かりますね。ところで、両方嫌いな人もいるわけです。言ってごらんと言うと、"I don't like tennis and baseball." と出てきてしまうのですね。And でいいかと聞くと、いや、or だと言うわけです。なぜかというと、「そう習ったから」と答えます。そうかと言ってプリントを配る。では、これをみんなで言ってみようと言う。

　1番は、"I like tennis and baseball." で、2番は "I don't like tennis or baseball." ですね。ここで当然、「なんで」と言う生徒が出てきます。なぜだろうといったときに生徒に言った言葉が、"So, you don't like tennis or baseball." "So, you don't like tennis and you don't like baseball." です。集合の「ド・モルガンの法則」そのままです。英語やその他のヨーロッパ系の言語の否定語と and, or の使い方を記号化しているだけですから、これは記号論理学の一種ですね。それの易しいものを中学生で教えているわけです。

　では3番は。会場；"When and where did you meet us?"

　はい、これについては、and も OK だというネイティブスピーカーも何人かいるのですけれども、ほとんどは or だと言います。

　5番、6番は今年の高校1年生の教科書にあったものです。5番は、We cannot simply answer "yes" or "no." だし、6番は "Parrots don't need push buttons or use sign language."

　7番。これは『アポロ13』という映画のノベライズ版から取ったのですが、以前、副教材で使っていたものです。"Astronauts can't live without oxygen or power." 酸素と電力がなくなったら、宇宙飛行士は生きていけない。事故があったのですね。Bの8は、ちょうどいま『UNICORN』という教科書では湖水地方の話が出ていて、私はイギリスが大好きで何度も行ったことがあるものですから、いろいろな資料を見せたりしながら話をしました。その発展

で、イギリス人というのはこういう人たちだよ、という文章を読ませていたのですが、その中の一説です。"British people sometimes annoy continental nations by failing to support them or even understand them." ということで、fail to は、「〜しない、できない」という意味です。どういうことかというと、必要なときに支援しないとか、理解さえ示そうとしないと。つまり両方しないということですね。"fail to support them and fail to understand them." なのですね。このように否定をくり返す or になるというのがよく分かるわけです。

外務省の条約文書翻訳への疑問

　そうすると9番はどうなるか。これは先ほどの新聞の記事から引っ張ったのですが、最後の方にこういうところがあるのです。"without requiring the introduction of either notion—conspiracy or criminal association." 単語がすごく分かりにくいのですが、conspiracy というのは陰謀の企て、つまりここで言うと共謀ということになるし、criminal association というのは犯罪結社、アルカイダとか、そういうものを想定している。そういう話をして、いまの流れでこれはどういう意味になると思うかと問うと、生徒は分かりますね。

　平たく言い換えれば、"You don't need to introduce either conspiracy or criminal association." ということですが、当然、conspiracy も criminal association も導入する必要はないというように英語としては読めるはずなのです。

　ところが、新聞に掲載された外務省の仮訳では、「共謀または犯罪の結社の概念のいずれかについては、その概念の導入を求めなくとも、組織的な犯罪集団に対する効果的な措置を取ることを可能とするものである」と翻訳されている。あらら、と。本当に英語が分かっていない高校生のような訳ですけれども、either が「いずれか」なのでしょうね。こうやってしまうと、場合によっては、どちらかは必ず導入しなければならないと読めるじゃないですか。ところが、英語がちゃんと分かる人が示した訳を見ると、やはり、ともに導入することは要求していない。どちらも導入しなくていいということになる。こんなことがまかり通っているのか。ひょっとすると露見したのは

これだけで、ほかにもいろいろあるのかもしれませんね。

だから、やはり言葉をちゃんと理解できないと大変だという例として、また否定の or の例として、先日、新聞で見つけたので、ピッタリじゃないかと思ったので、急きょ、こういうことをやってみたというのが、最近の例です。

"I don't like math and science." でも良いという考え方

やはり高校生というのは、視点がかなり大人になってきていますから、こういう不思議な面白さというのは彼らをすごく引きつけることだと思います。だけど、これだけをやっていると、やはり英語そのものが使えるようになるような練習の場面ではなくなってしまうわけですね。

一方、中学生というのはまだまだこういう理屈には食いついてきません。もっと単純に楽しい。にぎやかで面白いとか、そういうことに食いついてきます。それをいかに上手に軟着陸していくか。それがポイントなのかなと思っています。

いまの右側に縮小してあるのは、NHK は今年から『レベルアップ英文法』という番組をやっているのですが、その本です。

私はその Q & A コーナーを担当していて、and, or の話が頭に引っかかっていたのは、こういう質問が来ていたからなんです。"I don't like math or science." とあるが、なぜ and では駄目なのかと。実は and でもいい場合もあります。math and science で一つの概念ととらえた場合です。bread and butter ほどではないですが、さっき and でもまれに使うと言ったのはそういうときで、二つの単語をそれぞれ別の概念と考えれば or なのです。ここまでは直感的に使いこなせても、なかなか説明できない場合が多いのでしょうけれども、or, and は否定文では多分そのように使われているのだろうと思います。

中高一貫について

ここに来る前に、立教中高の歴史を調べてきました。立教では、中高一貫が一つのテーマなのだそうですが、私に白羽の矢が立ったのは、中高一貫、

男子校に勤めている教員ということが大きかったと思います。つまり、先生方とほぼ同じような環境にいる教員ということですね。たぶん先生方の悩みを共有できて、それに対する解決策を持っているかもしれないという期待があったのかなと想像します。最初に申しあげておきますと、私の憶測ですが、中高一貫であっても、新座と池袋が直面した問題は違うのではないかと思うのですね。それはなぜかと言いますと、池袋の場合には、中学校があったところに高校を持ってきました。新座の場合には、高校があったところに中学校をぶら下げるわけですね。ということはそれまで高校の先生だった人が中学校を教えるわけでしょう。そのあと教員の半分を入れ替えることはまずないわけで、公立のように異動があるわけではないですから。

　一方、池袋では、中学校の先生だった人が高校を教える。この両者は、直面するものが全然違うのですね。私は中学校の教員上がりではなくてもともと高校の教員なので、高校の教員が中学生を教えるときのとまどいだとか、やってしまいがちな失敗というのはいくつも想像がつきます。また、うちの連れ合いは中学校の教員のエキスパートとしてずっとやってきているのですが、たまに併設の筑波大附属高校にも教えに行きます。やはり中学の教員が高校を教えるときに分からないことがいくつもあって、私に聞いてくることもあります。それを考えているだけでも、ずいぶん違うのだろうなと思います。中高一貫のありかたを、どうすればいいかと考える場合、どちらから見るかによって、けっこう悩みが違うのではないかなと思っています。

　『レベルアップ英文法』という番組をつくっている太田洋さんという人は、この1年ちょっと前まで東京学芸大附属世田谷中学にいた人ですが、この先生もやはり高校のことは分からないです。自分が高校生だったころ以外、高校生と接点がないのですね。私がこの番組づくりを手伝っているのはそういうところで、たとえばSVOCという文型を中学3年生でやります。make me silent とか call him Dick というのしか中学校では出てこないのです。これが高校ではずいぶん発展していって、この文型がちゃんと分かることというのは、高校英語のかなり大きな部分を割くわけです。そこが分詞になったり、不定詞になったり、原形であったり。いわゆるネクサスという構文ですね。

OCというところに文が埋め込まれている。でも、中学校だけ教えていると、これがどうやって発展するかという文法事項の、どこが高校につながって、ここは意外とつながらないということが見えないですね。それがよく分かりました。

高校教師から中学校教師へ

　私がいた高校というのは、神奈川県立の英語科の高校でした。いまでこそ英語科の学校はいくつかありますが、1960年代半ばにそういうものはほとんどありませんでした。港横浜で、実際に英語を使って仕事をする、働く人を養成しようという学校だったのです。当然、生徒は英語が大好きです。英語が1週間に10時間ありました。そのぶん理数は弱かったですけどね。そういう学校に4年間勤めていた私が筑波大附属駒場に移りました。前の学校では9割が女の子です。今度移ったところは100パーセント男子です。小学校時代は女の子がいて抑圧されていたのが、男子だけになり、もうのびのびしているんですね。きゃっきゃ、きゃっきゃと本当に幼稚です。

　そういう子たちを教えることになって、まず教科書を開けてみました。当時は『CROWN』を使っていましたが、Lesson1のSection1、"Your hat?" "Yes, my hat."、これですよ。うそ、えっ、5分で終わっちゃうじゃない、どうすれば良いのか、と思いました。

　高校時代の私の授業では、進度管理と説明を上手にすることが自分にとってのいい授業だったんですね。しかし、進度管理も何もないですよね。これをそのままやったら1学期で教科書が終わってしまうじゃないか、5分で終わっちゃうじゃないかと思いました。そこで、最初のころに私が何をしていたかというと、もうエンターテイメントですよ。意味もなく歌を歌わせる。わけが分からないけど、何しろゲームは受ける。そうやって賑やかに、賑やかに、なんとか50分逃げ切るということばかり考えていた。ようやく50分ぶんのネタができたぞといって、10分刻みぐらいに何か面白そうなことをやって、生徒が飽きて騒がないようにするわけです。

立ち止まって考えたこと……卓球の指導者からの示唆

　ところが、ずっとそれをやっていくと、生徒が飽きてきます。こちらもどんどん刺激を上げていかないと、生徒は「またそのゲームかよ」という感じになってくるので、疲れてきました。その時にふと、生徒たちは意外と、教科書の中身がちゃんと身についていないのではないか、と思ったのです。「やさしいから大丈夫だよね、分かるよね」と言ってさらっと済ませていたことが、意外に身についていないというのが分かったのです。

　その時に私が強い影響を受けたのが、実は英語の先生ではなく、卓球の指導者でした。私は若いころ非常に熱心に卓球の指導をしていましたから、それこそ関東大会に行きたいと思っていて、1学期などはほとんど土日もなく、練習試合をしていました。その時、ある強い学校に合同練習を申し込んだのです。きっと僕が知らないようなすごい練習があるのだろうな、と思って行ったのです。ところが、そんなものは何もないです。ただ、生徒が練習時間にきちんと集まるし、体操服ではなく、きちんとユニフォームを着てくる。シューズのかかとを踏んでいるような子はいない。それで練習も、決められたことをきちんとこなすんですよ。たとえば、サーブは長く打っては駄目だというのは卓球をやったことのある方はお分かりですが、ワンバウンドで出てしまうサーブはみんなたたかれるのです。台上で2バウンドするぐらいなのが打たれないのです。台の真ん中に短く打てば打ち返されない。私の学校でも、それを言っているのだけれども、徹底が甘いのです。「駄目だな」とか言いながら、徹底させようとしていなかった。その学校では、百発百中、生徒がそれをできるまで徹底させているんです。そのときにかなりショックを受けました。

　そのあと、その先生と飲んだときに「やらなければいけないことは決まっているので、それをいかに飽きさせずにきちんとやるかだよ」と言われました。「でも先生、こういう練習ってつまらなくて飽きませんか」と言った時、私に見せてくれたのが、『全国への道』というプリントです。中学1年生の入学時に配っているものです。中3の夏に全国大会に行くには、いま何をしなければならないか。全国大会で優勝するには、関東大会を上位で抜けないと

シードはもらえない。関東を上位で抜けるには関東大会のシードをもらわなければいけない。ということは、都大会で優勝しなければ絶対に無理、区大会でも優勝しなければならない。そのためには、シードを落としたら負けなのですね。どんなに強いチームでも、シードを新人戦で落とすと、春の大会はシード下に入りますから、下手をすると負けてしまうおそれがある。ということは、1年生の今からやらなければいけないことが逆算して見えてくるのです。「上手な先輩は、こういうことができるから上手なんだよ」ということをきちんと生徒に分かるようにする。ただ怖いからやらせるのではないのです。生徒は、このシンプルで単純な練習が、何のために役に立つのかがちゃんと分かっているのです。これだなと思いました。

授業のやり方が変わる

　それから、私の授業のやり方は大きく変わったと思います。つまりそれまでは、大学や高校のときに言われたように、「教科書を教えるのではない、教科書で教えるのだ」ということを曲解して、教科書を軽視して、視聴覚機器をたくさん持っていって、プリントをたくさん配るのが熱心ないい先生、いい授業だと思っていたのです。けれども、本当は教員の力とは、他に何もなくても、教科書だけで、生徒が飽きずに50分間、練習をして力がつく授業ができることなのではないかな、と考えるようになったのです。そのためにはどういうことが必要なのか考えると、英語の研究会に行っても、学ぶ視点が違ってきました。派手な活動などについて、これを表面上パクってやろうとかいうのではなくて、この先生がなぜこういうことができるのだろう、その手前に何をやっているのだろうということを考えるようになりました。

　そういうことで、実際の様子をご覧にいれたほうが分かりやすいと思いますので、生徒の様子を見ていただきましょう。中学3年生のライティングを持っていたときに、卒業間際に「英語で話す筑駒Q＆A」という冊子をつくったことがあるんです。Q＆A形式で、来年高校1年生に入ってくる子たちに、学校の中身を説明してあげる冊子をつくろう、それを卒業制作にしよう、といって、1人1個、質問と答えを書いてきて、それをまとめて冊子にしました。

どうせ冊子にするのだったら、それをみんなの前で発表しようよと。そのうち、できがいいものは高校1年生に、先輩はこんなふうに英語を話すよと聞かせてあげるからと、発表させたものです。この子は、英語科の部屋に来て発表している様子です。ご覧ください。
　このビデオは、単純に、「よく顔の似た先生がいるんですよ」というだけの話なのですが、ほのぼのとしたいい話だなと思って、私は好きなのです。これは高3ですね。では、高1にしましょうか。高校1年生で教科書にスピルバーグのインタビューが出ていたのです。それにインスパイアされまして、有名人架空インタビューというロールプレイをやらせました。2人組になって、誰でもいいから好きな有名人を決めて、プロファイリングして、インタビューアーとスターに扮してみんなの前で発表するというものです。基本的には「調べて」「書いて」「覚えて」という発想なので、厳密に言うと話しているというよりは、プリペアド・スピーチと同じような活動なのですが、私は高校生にはこういう発想が必要なのではないかなと思います。有名人架空インタビュー、高校1年生、3学期最後です。こういう活動をすると、読みますね。書きますし、それを練習します。

教材調べは英語で
　こういう活動を行うためには何をやっているかというと、英語のサイトを調べて、それを参考にしてプロファイルするわけですね。日本語で調べると、それをまた英語にするのがなかなか大変なので、自分もそうですし、生徒にも勧めています。私が教材の背景知識を英語で話そうと考えて準備のために調べるのは、易しく書いてある英語の百科事典ですね。それを見ると、なるほどこういうことか、これいただきと、自分の英語も磨かれていきますし、日本語で調べてしまうと、英語で何と言おうかなと、私の英語の力では歯が立たないものも多いので、直接英語で調べています。ですから、こういう活動のために準備することが、いろいろな勉強を引き起こすわけです。

授業設計と音読の狙い

　結論から言いますと、高校の英語Ⅰ、英語Ⅱも中学と同様で、聞く、話す、読む、書くをバランスよく教えるのが目標になっている教科書ですね。聞く、読む、書くは筆記試験でも測れますが、話すは測れません。ですから、これは話させるしかないわけです。でも、単に話させるだけだと面白くないので、1学期に一度ぐらい、みんなが知恵を絞って取り組めるようなイベント的なものを、年度初めに3つ考えるというのが私の目標なのです。3つできないこともありますが、最低でも学年末に一つは考えるのです。これができるようにするためにはどうすればいいかなと考えるのです。それが授業設計になります。

　では、こういうものをやるにはどうするかというと、書けなければいけない。書けたとしても、生徒がそれを棒読みしたりしたら、全然通じません。ではどうするかというと、教科書をきちんと意味が伝わるように音読させ、それを暗唱させるということなのです。自分が書いたテキストか、教科書のようなお仕着せのテキストかの違いだけであるだけで、メモを見ながら中身を思い出してぱっと言語化して話すという活動内容は同じだと思うんです。キーワードだけを見て、ぱっと見て再現する。これは、あとで先生方にも体験していただこうと思っています。

保護者に目標を示す

　次に、中2の様子をビデオで見てみましょうか。10年以上前ですが、中2の3学期のものです。

　今日ご覧にいれている子どもたちに、帰国子女は一人もいません、小学校時代に英語を習った子もいません。みんな中学校から一所懸命勉強した。なかには塾に行っている子もいますけれども、小学校時代の特別な経験もなければ、海外の経験もないです。でも、一所懸命やればこのくらい上手になるのですね。なぜそういう子だけ選んでいるかというと、これは保護者会で見せるものなんです。実は昨日、高校1年生の保護者会がありました。私はその学年を今年から持ったので、親は「どんな先生なんだろう。この先生で大

丈夫かしら」と思っているわけです。そういうときに親の前で、「大丈夫ですよ」と言うだけですとインパクトが弱いなと思います。そこで、自分が今まで持った生徒は、高校3年生の時、高2では、そして高1でどんな様子かというものをビデオで見せて、しっかりやればこのくらいの力がつきますからねということを親に示すようにしています。そうすれば、なるほど、うちの子も頑張ればこのくらいできるようになるのかと思うじゃないですか。

　これは部活動で言えば、「あの先生についていけば関東大会に行けるかもしれない」、この先生は何年前に関東大会に行った、都大会で優勝したという実績を示しているということなんです。私は、怖いし、怒るしと言われているんですよね。細かい、うるさいとかね。でも、遊んでいてできるようになるわけがありません。厳しく練習しないとできるようになるわけないですよ。時間は限られているのですから。そこは腹をくくってちゃんとやるかどうかだということを、生徒とこちらが約束するかどうかです。

「使える英語」を目指して──中1、中3でやることの一例

　中1の1学期ですが、この段階では、まだ綴り字はなかなか正確に読めません。でも、聞いてきちんと再生することはできます。ですから、ここでやったのは、カタカナ語を英語らしく言うことです。昔の『基礎英語』、今年、復活しましたが、木村松雄さんが数年前にやっていたときの中1です。日本人がカタカナとして知っている単語をひたすら英語らしく言わせる活動です。生徒が手元に持っているのはカタカナのリストです。それを通じるかどうか私が聞いて、マル、バツと付けているのです。ご覧ください。

　これは中学3年生の授業中です。先ほどシンプルに、教科書中心にと申しあげましたね。私の授業では、授業の冒頭に前時にやったページの暗唱発表をします。家で練習してきたもの。それが終わると今日の新しいところに入って、説明は、授業が始まって35分ぐらいで終えます。あとの15分は音読練習、発音練習、暗唱練習に割くのです。あとは家でちゃんとやっておいてね、次の日に発表してもらうよという流れです。

　生徒にとっては、教科書の中身を理解するのは造作もないかもしれません。

だけど、その英語をちゃんと正確に言えるかといったら、練習しないととても言えない。ですから、生徒によく言うのですけれども、「理解できた」というのは入り口なんです。そこから始まるわけで、そこから練習して分かったことが使えるようになる。それで初めて英語が技能として身につくわけです。

　本当は言葉というのは、使いながら覚えるのが一番いいわけです。われわれが母語を習得したのもそうです。でも、日本に住んでいると、普通は英語を実際に使う機会がありません。そこで参考にするのは、スイミングスクール。家にプールがある人はあまりいません。どんなに風呂が広くても、風呂では泳げません。だけれども、スイミングスクールに行くことによって泳げるようになるのです。

　卓球もそうです。家に卓球台は置けません。でも、そうなったときに、家でできる練習とは何かなと考えたんです。筋トレにしろ、素振りにしろ。たぶん英語の授業というのは、これに近いイメージだなと思っているんです。授業中に、最大15分間練習させたところで、練習量としては少ないですよね。ですから、練習としてはこれは不十分だということを、お互いが十分に理解しておく。では、何のための練習か。練習方法が身につくための練習なんです。

　うちの卓球部は、部員が40人もいるのに、中高で台が3台しかありません。たった3台ですよ。クロスで入っても12人しか入れないです。半分以上の生徒は球を拾っているか、外で走っているんです。そうなったときに、こちらが何を考えるかというと、台に入っていないときにやれる練習で上手にできることはないかということです。

　英語もこれに似ているような気がするんです。だから、生徒が家に帰ったときに、ちゃんと無駄なく、短い時間で上手に練習できて、授業でやったことが身について、堂々と発表できる。そういう練習の仕方を身につけさせてあげることが、中学校の最初のころにすごく大事なことです。

復習のさせ方──授業の中に取り込む方法

　生徒というのは、口で言っただけでは駄目です。最初のころは、復習の仕

方をシステム化してプリントで配ればいいと考えて、生徒に、「机の前に貼っておけよ、このとおりにやるんだぞ」と言ったのですが、言ったからってやるわけがないですよね。今どうしているかというと、中学1年生のときに、たとえば10分でできる復習プログラムの場合には、授業の後半10分をその練習に当てるのです。「はい、ではこれから復習の練習をします」と言って、最初のころは黒板に張っておいて、はいステップ1、今日やった教科書を開いて黙読する、と。そして、意味が不確かだと思ったところに印をつけて、教科書の巻末のグロッサリを調べて、ああそうだったかと確認し、その単語の意味を考えながら何回も読み、そのあと意味がちゃんと分かるかどうかを再確認し、もう一回読んだら、音読をする。すらすらと音読ができて、授業中に発表できるという自信がついたら止めていい。中1の最初はこれだけです。こんなものは10分もかかりません。このように、復習を授業中にやらせるのです。それを見て回るわけです。4、5時間これをやれば、もうこちらが何も言わなくても、はい、ステップ1、ステップ2と言うと、生徒は練習が頭に入っていますから、一つの流れになって練習していけるようになります。ほら、10分かからないよね、もう大丈夫ね。では、もう次から家でやってよというふうにするのです。そのときに10分の時間を割かれますけれども、このほうが結果は早いのです。だいたいの子はできるようになります。

　私は、ほとんどそういう当たり前のことしかやっていないです。私はすごいアイデアマンなわけでもないし、面白おかしいアクティビティを思いつく方でもなくて、ただ順番に物事を詰めて考えるほうなのです。これだとこうなる、ではこうしてみようということを、順番に工夫していった結果です。

復習から発表へ

　そういうかたちで練習してきてもらったことを、授業で発表させるわけです。急に発表しろというと、上手くいきませんから、前時の最後にやった音読、暗唱練習をさっと流して、はい誰々というふうにやります。前時にやったことを軽くトレースしているからこれだけ早くできるので、前時はこんなにすんなりいくわけではありません。

毎時間の最初に、こういうようなことを数人に発表させるのです。手を挙げて発表し、発表した人は次の人を当てていいのです。観点別評価というのは、私立はやらなくていいのかどうか分かりませんが、私の学校ではやらなくてはいけないのです。「関心・意欲・態度」なんて、そんなもの分かるかというものをやらなきゃいけないのですね。うなずいたからといって関心があるわけではないし、そっぽを向いていたって意欲はあるかもしれないわけですから。評価は、このような生徒の具体的な学習の結果によってでしかつけないと生徒にも親にも言ってあるのです。ここで練習して手を挙げて発表したらそれを１点ずつ加算していくからと。それが高かったらA、なかったらCとなると言ってあるので、みんな必死に手を挙げてきます。こういうのは大好きなんですね。一所懸命練習をして発表しています。
　中３の最後の学期は、テキストもそこそこ複雑になってきて、こんな感じです。
　こういうふうに積み上げていけば、written text を相手に分かるように伝えるということに何の支障もないので、書ければ終わりです。

アドリブで話すための課題設定

　では、アドリブでしゃべらせることはないのかというと、あります。例えば、これも中３で、これは違う年度ですが、１学期の学期末にやった道案内です。設定はつぎのようになっています。
　〈君が、駅でばったり外人講師の先生に会った。君はこれから部活で、乗る予定の電車は１分後に発車する。その先生はなぜか君の家に家庭訪問に行くとのこと。だから、１分以内に家への道筋を説明する〉というものです。
　持っていていい物は、駅から家までの地図だけ。当然、その前に説明のための原稿も書いているのだけれども、授業の最初５分間練習させたあと、私はそれを回収してしまいますから、生徒は持っていないのです。この授業を担当される外人講師の先生には、覚えなくてもいい、最後に家まで着いたらOKと言って下さいとお願いしておきます。そして、何か関連する質問をぶつけてくださいとも御願いしておきます。生徒は、それにはアドリブで答え

なくてはいけません。この第2関門まで突破できて、初めて合格というものです。その様子をビデオで記録しました。さあ、そのぶっつけ質問をどうかわしたか、そこを聞いてください。

"What floor?"と聞かれたのですから、形としてきれいに呼応するには、"We live on the third floor."なのかもしれませんが、とっさに詰まったのですね。それでどうしたかというと、"My room number is 306."と言って、そうだ、うちのマンションはプッシュボタンを押さないと入れないというので、"So, at the entrance, you have to push the room number."と言えたわけですね。ここで英語が崩れないように鍛えておくことが大事です。アドリブになったら急に、「ええっと、entrance … 306 … push」となっては、どうしようもないわけです。

文法の口頭練習の必要性

では、このためには何をするかというと、やはり文法の口頭練習の徹底なのですね。私の授業は文法を軽視しているわけでは全然なくて、重視しているほうだと思っているのです。ただ、自分が受けた英語教育とは文法練習のさせ方が違うのではないかなと思います。

厳しくても上達する道を

繰り返しになりますが、教師が、「生徒は分かっている」と推定するだけで終わっていると駄目なのです。もしできていないなと思ったら、この手順でやれば意外と無理なくできるのではないかと思います。教師は、やたら難しいことを教えたがるのですね。ただ、よく考えてみると、難しいことで煙に巻くのは大学生の家庭教師でもできるのです。本当に教えるのが上手な人というのは、シンプルなことで飽きさせない人だと思います。自分はそうありたいと思っています。

ずいぶん昔に西武の監督をしておられた広岡達朗さんや、最近、西武の監督していた伊原春樹さんなどがおっしゃっていますが、「当たり前のことを当たり前にやる」ことが大切なのだと思います。英語を身につけようと思っ

て、全然努力をしないでできた人もいらっしゃるかも知れないけれども、われわれは人より努力する割りにはなかなか身につかない。まだまだ駄目だなと思うことも多いのです。大人の、英語の教師になるような者が一所懸命努力しても、未だ道半ばと思っているわけです。ですから、生徒も中途半端な気持ちでやっていても身につかないです。だから、楽しいこと、やってみたいことをするというのは、それはそれですごく大事ですが、そこからあと、やはり中学生ぐらいになったときに、「いいか、おまえら。やらなきゃいけないことがたくさんあって、日本のこの環境で外国語を身につけようと思ったら、半端な気持ちじゃ駄目で、しっかり勉強しないと駄目に決まっているじゃないか」というところを、腹をくくらせる必要があると思います。腹をくくったあと、英語が使えるようになった、実際にニュースを見たら少し分かったというような喜びにつながるような授業をしていけばよいと考えています。「厳しくても面白いと思うよ」と言うと、「そんなこと思うのは先生だけだ」と生徒に言われるんです。そう言われながらも、生徒だって本当は面白いと思っていると信じているのですが。

学校という場の使命

　ご自身が生徒だったときのことを考えてください。たとえば卓球部に入っていたとして、練習は遊んでいて楽しい。温泉ピンポンみたいなことをして。でも、試合で勝てない部活と、厳しいかもしれないけれども、やっていることは理にかなっていて、めきめき上達すると分かっていたら、前向きな子どもって、厳しくてもちゃんと上達できる方を選ぶと思うんです。学校ってそういう場だと思うんです。だから、理想の学びの場というのは、こちらがプロとして、「鍛えて伸ばしてあげるからこっちへ来いよ」という姿勢をもち、生徒も「お願いします、鍛えてください」という関係をいかに培っているかということだと思います。集団を相手にしているわけですから。個々に教えているのとは違うわけで、ある部分、我慢してもらわないといけないところもあるでしょう。集団で学ぶということは、これはある意味で日本の良さだと思っているので、それを最大限に生かしていきたいと思っています。です

から、私は、行儀についてもうるさいと思います。授業中にひじをつくと怒りますから。

中1で大事にしていること

いまお配りしたのは、本校の中1で大事にしていることをまとめたものです(資料3)。これはパーマーのオーラルメソッドの考え方を参考にしているわけですが、まず、英語を聞いて分かる。聞いた英語にYesでもNoでもいいし、首のうなずきでもいいし、ジェスチャーでも、まず分かって、その分かったことを単語で返せる。その英語がしゃべれるようになる。文字で追いかけて分かる、書けるようになる。そういう当たり前のことですね

『英語科の学習』

本校を卒業した大学生は「帰国生徒ではないのに英語の発音がきれいだ。他の学校の卒業生よりも、聞いたり話したりすることが得意だ。」と、よく言われています。これは、英語をコミュニケーションの手段として使う力が身についているからです。世の中でよく批判されるように「中学高校と6年間勉強しても、簡単な会話すら出来ない。」などということにはなりません。本校で英語を学ぶと、どうしてこのような力がつくのでしょうか?

1 何を目指すのか?

授業の目標は、最初に書いたように「コミュニケーション能力」を育てることです。英語を使って「聞く」「話す」「読む」「書く」能力(これを四技能と呼びます)を、バランス良く伸ばすことを目指しています。中学校では、四技能の中でも特に「聞く」「話す」能力を重視します。言葉の本質は音声だからです。皆さんが日本語を身につけた時のことを思い出してみましょう。

　①聞いたことが分かる。→②分かったことが自分で言える。
　→③文字を見て内容が分かる。→④分かった内容を文字で表現できる。

のような順番で身につけてきたのです。耳で聞いても理解できないような難しい話は、日本語であっても書くことなどはできませんね。

外国語も基本的には同じで、原則として①→②→③→④の順番で身につけていくことになります。ですから、中学校では「聞く」「話す」を重点的に行う

のです。

2 授業はどのような方法で進めるのか？

「授業中に先生は日本語を一切使わない。」とか「英語をすべて日本語に翻訳する。」だとかいうように極端な授業は行いません。学年や授業内容に最も適した授業方法を、臨機応変に使い分けて授業を進めていきます。そのために、中学１年から高校３年までの「６年間を見通した授業目標」（これをシラバスと呼びます）を具体的に作ってあります。その目標の達成に向けて、英語教員一人一人が工夫を凝らして授業を組み立てていくことになります。

3 進み方のスピードは速いのか？

一部の中高一貫校では、高校１年生の内容を中学３年生で学ぶような「前倒し」が行われているようですが、英語科の授業では「前倒し」は行いません。そんな必要はありませんし、時間的な余裕もありません。中学１年生では、英語の基本が身につくように「ゆっくり、ていねいに」授業を進めていくことが大切だからです。ここでいう基本とは、正しい発音ができること、単語のつづりと発音の規則性を身につけること、などです。そのために「頭で理解」できたことが「身体に身につく」まで、徹底的に発音・音読練習をします。文字の書き方もアルファベットの大文字から始めて小文字の書き方まで、時間をかけてていねいに練習します。

4 授業内容は？　１週間の時間数は？

国の規則（学習指導要領）に従って、英語の時間数は「週に３時間」ですが、各学年の「選択授業」時間の一部を英語に割り当てていますから、実質的には、１年のうちほとんどの期間は「週に４時間」英語の授業が行われていることになります。授業時間数は決して多くはありませんが、内容の充実度では他の学校に負けません。「量より質が大切だ」と考えています。

それでは１週間の授業内容を、四技能の点から見てみることにしましょう。

　①教科書を使った基本学習（２時間）
　②　　　　　〃　　　　発展学習（１時間）←外国人と日本人教員が二人で担当
　③LL教室での応用的学習（１時間）

①では、四技能の基本をすべてカバーします。①の基礎をもとに、②では「話す」力を鍛え、③では「聞く」力を鍛えます。さらにくわしく説明してみましょう。①では、教科書をていねいに扱って、完璧に身につくことを目指し

ます。ここでは、難しい副教材は使いません。やさしいことがキチンとできることが、応用・発展の基礎となるからです。スポーツで、走り込みや筋トレが大切なのと同じです。

②では、①で身につけた基本を発展させて、英語を実際に使う練習をします。話せるようになるには、話す練習が必要です。そこで、外国人の先生の話す英語を聞いたり、外国人の先生に向かって話したりするというコミュニケーション活動を通して、実践的な能力を身につけていきます。この時間は日本人の教員もいますが、通訳をしたりはしません。分からなければ、やさしくかみ砕いた英語で説明を加えます。

③では、海外の出版社が作った教材を使って、聞き取り（リスニング）の練習を行います。このような練習のためにはLL教室は最適です。一人一人の机にカセットテープレコーダが付いていますから、モデルとなる発音を録音して家に持ち帰り、自分のペースでしっかりと復習することもできます。

5　どのように評価するのか？

「四技能をバランス良く身につけ」てもらおうと思っていますから、評価もそれに対応した工夫をしています。学期末考査などの筆記テストでは「聞く」「読む」「書く」力や、単語や文法の知識しか測れません。そこで、先ほどの①③の授業などで「話す」力のテストを行います。一人一人が面接を受けたり、全員の前で発表したりするようすをビデオに録画して評価します。例えば、自己紹介、スピーチ、英語劇などの活動を実際に行ってもらい、それを評価の対象とします。

以上のような授業を6年間受けて卒業すれば、冒頭の先輩達のような力が身につきます。もちろん、小学校で英語を学習している必要はまったくありません。

ゴールを定め提示する

　実は私は中1の1学期末に20秒自己紹介というのをやっているのですが、前に出てみんなに、"Hello, My name is KUBONO MASASHI. I live in BUNKYO-KU. I like playing the piano, I like …."とかね。この程度だって20秒ぐらいになるわけですから、自己紹介を簡単にするというのが1学期のゴールなんです。こういうゴールを決めると授業が変わってきませんか。問題ばかり解い

ていて、生徒が黙々とやっているような授業を繰り返していたら、絶対にできるようにならない。だったら、あれができるようにするにはどうしようと、絶えず逆算するかたちで自分の授業を見直すようにする。だから、最低でも学年末。それから下ろしていって学期末に大きく課題を置くと、授業の見通しが変わってくる。今日の授業が明日の何につながって、明日が学期末にどうつながるかという意識が不可欠です。

　リーディングやリスニングのように受け身的、受信的なものというのは、なかなか目標を出しにくいものです。マテリアルの難易度とか、分量だとか、そういう範囲だけのことになりがちですよね。でも、特に「話したこと」というのは表に出ますし、努力したことがかなりはっきりと、仲間にも分かるから、すごくいい。だから、おおざっぱに言うと、「スピーキング」という目標を掲げるだけでもいいんですよ。筆記で測れないスピーキングを、学期末にプレゼンさせるよ、面接するよ。そのために授業で練習するよというわけで、授業設計が全く変わってくる。

「言えること」と「書けること」の学年差

　授業中に音読や暗唱練習をしていると、あるとき急にうまくなってくる子って出てくるんです。私は見ていて、ずっと努力していて、徐々にうまくなるというより、あるときふっと上手になる。まわりの生徒が、「おまえ、どうしたの。英語苦手だったのに。」などと言っているわけです。私が、「復習というものはちゃんとやってみるものですね」、なんて言うと、「ちょっとやばいな」という生徒の声が出る。自分より点が低くて英語はできないと思った子が、どう考えてもうまいんです。それであせるんです。「ペーパードライバーというのが英語にもありましてね」と、生徒たちに話をしたりします。

　中1の1学期だと20秒自己紹介ができても、「はい、ではいまの原稿を書いてごらん」と言っても書けない。中1は原稿を持たないのです。これとこれを言おうと思うとそのまま覚えられます。ところが中3ぐらいになると、しっかりと書いて練習するようになるので、スキルの依存関係が大きく変わってきます。中学1年生は、言えるけれども書けない。だから、先ず言え

るようにして、それを追いかけて書けるようにしていく。言えることが大きくて、書けることはそれより小さいのですが、学年が上がっていけば上がるほど、それが相互に補うようになる。このあたりの見極めをしていく必要があるのですね。だんだん変わっていくと思います。

予習は不要

　授業のとらえ方については、練習を身につけさせる場だということは申しあげました。基本的に私は中学校でも高校でも、予習は不要だと思っています。復習が大事だと思っています。これについては、自分の高校時代に忌まわしい予習体験があります。私は中学校時代、英語が大好きだったんです。ただ、塾も行っていなかったし、単語は巻末のリストについていますから、辞書も引かなかった。高校に入ったら、辞書を買わなければいけないけど、何を買っていいか分からないので、母の『コンサイス』を借りた。『コンサイス』みたいに例文のない辞書なんか、いまの高校生は誰も使わないでしょうね。親もそういう意識がなかったから貸してくれました。1ページ目を見る。昔の高校の教科書は新語が10数個出ていましたね。まじめにラインマーカーで塗っていきましたが、まったく分からなかった。めまいがしましたね。とりあえず単語帳というのをつくらなければいけないらしいということで、買ってきてやりましたが、語意の発見ができない。頭から見ていって、いくつも意味がある。いいや、とりあえず1個目を書いておこう。それをつぎはぎするのですから、何のことか意味が分からない。

　授業は、予習の答え合わせみたいなんですよ。「はい、読め」、「はい、解いて。違う」とね。予習してきた子はすらすら言うけど、予習すらできなかった子はちんぷんかんぷん。好きだった英語が大嫌いになった覚えがあります。

　私がどうしたかというと、どうしようかな、困ったと思っていたときに、たまたま親戚の家に行ったらおじが持っていた、旺文社の易しい文法の本があった。それを夏休みになんとなく読んだら、仮定法も含めて、文法の概略が分かったんですね。もともと文法は大好きだったものですから、またそれでやる気になりました。

意味が分かったら声に出して読む

　予習をしてこいと言われても、どうやって予習していいか分からない。生徒は1ページ予習するのに2時間かかる。この2時間は苦痛ですよ。まず単語を調べるという時点では、語句の意味も発音も分かっていない。次、辞書を引きながら訳を書きますが、この訳というのは、「予習していないわけではありません」というアリバイ作りに過ぎません。生徒に言うのは、翻訳というのはプロが飯を食う仕事なので、君たちには要らない。そんな時間はないし、君らではそんな能力はないのだから、読んで意味が分かったら、その英語を声に出して読んでみればいい。これは僕が高校時代、高3のときに、厳しいけれど尊敬できる恩師に会って、その先生が言ったことです。読んで意味が分かったら、それを自分がこう言えば通じるはずだなと考えながら声に出して読んでみる。そういう予習をしろとおっしゃったんですね。だから、それだったら、意味が分かって読めるようになった英語を書いてみよう、が当たり前。だから、復習のところで、訳をどうしてもというのだったら、「今日分かったところを、訳を見ながら教科書を再生してごらん、分からないところは教科書を見てもいいから」、というような条件で書かせるのだったら、まだ意味があるかもしれません。しかし、長い時間かけて予習をさせても、いやになるだけで、英語そのものはちっとも身につかないかもしれない。

辞書の引き方の学習

　予習によって、辞書の引き方が少しばかりうまくなるかもしれないけど、そんなの授業中にみんなで共有しながらやればいいじゃないですか。ある単語の意味を調べるために、「なぜそれは過去形なんだろう。なぜ名詞だと思ったのか、なぜ形容詞だと思ったのか。なぜそれを選んだの」ってやっていけば、みんなで共有することができます。いま、電子辞書が流行っていますから、これは大変なことで、辞書が引ける大人には非常に便利ですけど、辞書が引けない子には、一番上の語意を引き写すということを助長しますからね。あと、一覧性が低いので、多義語だったり、基本語のいろいろな意味なんて

ほとんど考えないですよ。だから、やはりいまは余計に辞書の指導が大事だし必要かなと考えています。

鉛筆の持ち方の指導も

　中1のことで、あとは文字ですね。生徒の鉛筆の持ち方が気になりませんか。特に中学校の先生。私はすごく気になります。どのように持つ子が多いかというと、親指人差し指の上にかぶさって、鉛筆が前に倒れる。こっちに鉛筆のお尻の消しゴムが見えるんですよ。ほとんどの生徒が横からノートを覗き込む。だって鉛筆の先が見えないから。

　いま、保健体育の教員と話しているのは、こういう生徒に対して背筋を伸ばせ、姿勢が悪いと言っても、それはしようがない。見えないし書けないからそうなってしまうのだから。背筋をしっかり伸ばして授業を受けさせたかったら、鉛筆の持ち方を直せばいい。うちは上の男の子が小学校4年生で、鉛筆の持ち方が気になっていたので、うちのかみさんがホームページでいろいろ調べて、通販でいろいろ買っては捨て、買っては捨てましたね。いろいろな通販で鉛筆の持ち方補助器具を試してみましたけど、「もちかたくん」が一番よかった。鉛筆にくっつけるやつは駄目です。鉛筆を変えるときにいちいち変えなければいけないから。指にこうやって挟むんです。それで鉛筆を持たせると、鉛筆もちゃんとした持ち方をしていますね。僕らのころと比べると、鉛筆の持ち方みたいなものは親も学校もうるさく言わなくなっているので、持ち方が変ですよね。それで、持ち方なんかいいんだ、個性だという考えがあるかもしれない。だけど、私はその立場に立たない。変な持ち方だって上手な人はいるかもしれない。だけど、学校というのは凡人のレベルを上げるところです。一部の天才は関係ないのです。学校の枠から外れちゃったような人はいいんです。普通の人のレベルを上げるということが大事なんです。

　去年の授業はそうやってうるさくやりましたら、うちのかみさんも英語の教員ですから、家で採点していると、「うん？　この答案の字、きれいね。筑駒の子に見えない、どうしたの」と言うから、「秘密のトレーニングをした

のさ」と言っているわけです。やはりうるさく言って、こうやったらきれいに書けるよ、こうしたらどうだとやっていくと、簡単です。よく、女子はきれいにかけても男子はしようがないといって諦めるんですけども、諦めないほうがいいと思いました。濃くはっきり書かないとバツ。生徒には、濃い色でしっかり書いてくれと言いました。

書き文字のモデル

　書き文字のモデルは、意外と意識していない方が多いんですが、中1の検定教科書で、Century が出てくるのは後半なんです。なぜか。これは書き文字と違うために、生徒にとってはすごく難しいのですね。たとえば小文字の"a"、や"g"は、書き文字とは違います。ましてセリフ (serif) が付いていますから、この飾りもつけていいのかどうかというのを迷います。というと、やはり中1で示すのは、一番書き文字に近いもの、私は Lucida Sans ですね。これは Windows のデフォルトだと出てこないのですけれども、設定でフォントがたくさんあるようにすると出てきます。これが、たぶん書き文字に一番近いんじゃないかと思います。もちろん有料の Sassoon というフォントもありますけれども、あれだと高いですし、ああいうものを買わなくても、生徒がこの感じでいけばだいたい読みやすい字が書けるというフォントで、中学1年のときはプリントを作ります。このあたりも大事なところかなと思っています。

英文和訳の評価の難しさ

　立教の高校生はあまり受験しないでしょうけれども、一つだけ大学受験の話をしておきます。私は、定期試験では下線部訳を出しません。校内模試では出さざるを得ないのですが。下線部訳でなくて理解をはかれる問題を開発しようと思ったので。なぜかというと、つぎのような事情があるからです
　先ず、下の英語を見ないで (1) を見てください。

1　和訳は理解を測るのに適切な方法か？
(1)　どんな状況を想像しますか？
・…ちょっと微笑んで、聞き返すように眉を上げながら近づいていくのに。
・…かすかに微笑んで、もの問いたげに眉毛を上げながら近づくだろう。

（河合塾）

・…かすかに微笑み、いぶかるように眉を上げて近づいて行くのに。

（駿台予備学校）

・…かすかに微笑み、いぶかしげに眉を上げて彼女に近づくだろう。

（旺文社）

(2)　本当の状況は？
He imagined his stammering voice saying dull, awkward things about lessons and the weather and could only imagine her saying conventional things in response. Why didn't she turn and smile and call to him, saying, "Don't you like my company?" If she did he would smile faintly and approach with eyebrows questioningly raised. But she did nothing. She made not even the merest gesture.
（東京大学前期・1999）

raise (one's) eyebrows・to show that you are surprised or that you do not approve of something (OXFORD Wordpower Dictionary)・If something causes you to raise an eyebrow or to raise your eyebrows, it causes you to feel surprised, shocked or disapproving. (Collins COBUILD English Language Dictionary)
〈参考〉
・Taxis are notoriously hard to come by in New York on stormy nights, so I called for a radio-cab. I did this at five-thirty for an eight o'clock pick-up – my wife raised an eyebrow but said nothing.
A Winter's Tale: The Breathing Method (from Different Seasons/ Stephen King)

　どんな状況を想像しますか。生徒に、これはどういう状況かと聞くと、「変質者ですか」、「ストーカーですか」というような反応が返ってくる。でも、この状況は何かというと、これは1999年の東大のものなんですけど。"approach with eyebrows questioningly raised"、ここで問いたかったのはたぶん大学の先生の意識としては、"with ＋ O ＋ C"なのですね。形式は文では

ないが、意味的には文とほとんど変わらない。先ほどの圧縮構文としての名詞構文に近いんですけど、そのネクサス構造が分かるかということ。もう一つのポイントは描出話法なのでしょう。しかし、大学の先生は高校生が"raise eyebrows"という熟語を知らないなんて思っていない。そこで引っかかった。日本人が眉を上げるというと、眉のはじがつり上がるイメージなのでしょうが、眉全体が上がるので、「目を見張る」なんですね。

このようなことからも分かりますように、英語の力を訳で測れるかというと、私は怪しいなと思っているんですよ。分かっていなくても煙に巻けてしまう。何かよく分からないけど、訳の採点で悩むことはありませんか。A君は英語がよく分かるけど日本語がへた。B君は日本語が上手で煙に巻いている。この区別がつかない。

テストづくりについて

では、どのようにテストをするのかというと、中3のテストの現物を持ってきましたのでご覧ください。試験って作るのに悩みますよね。私は、すごく極端に出して失敗したことがあります。新卒のときに初めてテストを作りました。誰も教えてくれない。どうしようと思ってやったことは、実家から高校時代のテストを持ってきました。ワークブックを見て、市販の問題集を見た。その結果、訳が多くなる。そうすると、訳で悩むのですね。いまでも忘れませんが、"early in the afternoon"というくだりがあって、ある子は「午後早く」、ある子は「昼過ぎに」と書いた。隣の数学の先生に、「1つだけ聞いていいですか。これって日本語で普通に言いますか」と聞いたりしました。そこで、すごく嫌がられてしまいました。しようがないから、当時は実家にいましたから、母親に聞きました。「お母さん、お母さん。こういうものって普通、使う？」「使わないな、これは」。「そうだよね」と言いうような感じです。私は一応、英語の免許をもらって先生をやっていますが、うちのおふくろは、日本語の母語話者としての経験が僕よりも20数年あるけれども、単なるおばさんですね。そのおばさんの判定を受け入れて採点しながら、こんなのでいいのかと自問自答しました。「先生、なぜこれでは変なのですか」

「うちのおふくろが変だと言ったから」。そんなのおかしいじゃないですか。そんなのはいやだなと思い、僕は訳は出したくないと思いました。

　それではどうしたらいいか分からなかったので、いろいろなテスティングの本を調べてみました。1980年代半ばというのは、イギリス流の、CLT（Communicative Language Testing）のものが出だしたころで、そういう本を読みました。新卒ですから、すぐに何でも信じてしまうので、そうか、そりゃそうだよねと思い始めました。そこで得たことも取り入れて、次の試験のときに、「ここまで試験範囲ね」と言いながら、長文問題は全部、未習のものにしました。抗議文を付けてクラス委員が職員室に乗り込んできましたね。「なぜ生徒をだましたのか」。いや、だましたのではなくて、こういう本があって、ここに書いてあるだろうと言っても、聞きはしないですね。「先生のばか。数学をやればよかった。もう英語なんか勉強しない」と。

　そこではたと思ったんです。「もう勉強しない」って困りますよね。そうか、試験って勉強させるという働きもあるなと思ったんです。それ以降私は折衷主義で、やってくればできる問題、英語が読めたり書けたりすればできる問題が半分。その半分かどうかの案配は生徒によって変える。つまり、試験というのはあまり厳密に測定を追求すると、限りなく実力テストになる。確かに実力テストだと測定はできるかもしれないけど、その結果何が起きるかというと、生徒は勉強しない。実力テストなんて勉強のしようがないと。そうすると、相変わらずできないなということにしかならない。だって、勉強してこないのだから、力は伸びないでしょう。

　だから、テストというのはある意味見え見えで、たとえばテスト範囲の脚注の熟語は全部でいくつあるか知っているか。25個。そこから出すよと言うと、生徒はその25個を一所懸命覚えます。その中で何割か歩留まりがあったら、英語の力は伸びますよね。だから、私は、今、半分はそのやり方で、出すところは限定します。「この本文から前置詞の穴埋め問題を出しますから、前置詞をじっくり覚えてきて、そうしたら英語の力がつくよ。」などと言うと、一所懸命覚えてきますから解ける。気持ちもいいし、英語も少しは伸びる。たぶんこれがいいだろうと思っています。

ただ、残りの半分は、実は学校ではこれが一番大事なことなのだけれども、勉強させ、復習させるために仕掛けをする、ということがあるのではないかと思っています。

さて先ほどの中3の試験問題をご覧ください。

A【聴解①】高校生の Alice Jones が大学入学のために面接試験を受けています。テープを聞きながらメモを取り、設問に対する答えを a～c から選びなさい。テープは2回流れます。(1×5=5)

【メモ】
・Alice の所属クラブは？　　　・ボランティア活動は？
・彼女の演奏楽器は？　　　　　・大学の志望理由は？
・スポーツは？　　　　　　　　・専攻希望は？

B【聴解②】テープを聞いて（　　　）に適切な語句を補いなさい。テープは2回流れます。(2×5=10)

1. < Lesson 9 Who Is Your Hero? >
 Jane: What's your name?
 Michael: Michael Morgan.
 J: Which school do you go to and (　　　　)?
 M: I'm a senior at Barbizon High.

2. < Lesson 10 Minor-League Baseball >
   Major league baseball is always on TV, but minor-league games are never broadcast. This is (　　　) to an American baseball game.

3. < Lesson 11 Guess Who's Talking >
   Since I'm good-looking and also sing, I (　　　　) after my carrer as a runner is over.

4. < Lesson 12 The Great Outdoors >
   This is one of (　　　　). First, you swim more than 1 kilometer, and then you bicycle more than 100 kilometers.

5. < Lesson 13 Growing Up Non-White in America >
   I began studying Asian-American history and found out that (　　　　) to American culture

Aはディクテーションで、これは本当に聞く力があるかどうかを聞いています。Bは授業で扱ったところのディクテーションです。こういう問題を出すよと言うと、「先生、スクリプトを全部覚えたらできちゃうよ」と言う生徒がいます。「覚えたら力がつくよ」と答えます。LLの授業でテープもとっていますから、一所懸命テープを聴いてスクリプトを覚えるくらい声に出していたら、点が取れるだけではなくて、力がつくと思うんです。そういう問題もあっていいと思います。

C 【語彙①】1〜5の外来語の綴りを書きなさい。(1×5=5)

1. レジャー　2. リズム　3. ダース　4. テーマ　5. バレーボール

D 【語彙②】1〜5で定義された名詞をa〜fから選びなさい。 (1×5=5)

1. a group of people and animals that travel together, eg across a desert

2. the imaginary line around the earth at an equal distance from the North and South Poles

3. a sudden violent movement of the earth's surface

4. a weapon for shooting arrows

5. a writing sign for a number

a. audience　　　　b.　bow　　　c.　caravan

d. earthquake　　　e.　equator　　f.　figure

E 【語彙③】適切な接頭辞を付加して」否定の意味を表す語にしなさい。(1×5=5)

1. happy　2. honest　　　3. legal　4. possible　　　5. regular

F 【語彙④】(　　　) 内の語に適切な接尾辞を付加して、1〜5の定義文を完成しなさい。(1×5=5)

1. (free) is the right to express any political or religious opinion.

2. A (kind) is a helpful or considerate act.

3. A (lie) is someone who tells lies.

4. A (visit) is someone who is visiting a person or place.

5. A (neighbor) is one of the parts of a town where people live.

G 【語彙⑤】(①〜⑤) に、適切な単語を適切な形で補いなさい。(1 × 5=5)

　The Olympic Games began in Olympia, in Greece, in 776 B.C. (B.C. means before the birth of Christ). They took (①) from time to time until A.D. 393. Then they stopped. At first they (②) only one day and there was only one race. Later there were more races and other contests and the games (②) several days. People all over Greece took (③).

　In 1894 a Frenchman, Baron de Coubertin, (④) of starting the Games again and two years later the first modern Olympic Games took (①) in Greece at the place of the first Games. Many countries took (③). The Greeks did not do very well but they won a very long race called the Marathon.

　Since then the Games have taken (①) in many different countries, (⑤) four years, except during the two World Wars.

　C、D、E、Fというのは、みんな語彙ですね。Gも既習のテキストの中の語彙です。ですから、長文というか、パッセージを与えているからといって、必ずしも読解じゃないと思います。すでに読んであることだから。

J【文法③】(①〜③)　内の語句を適切な順序に並べ替えなさい。(2 × 3=6)

　Sometimes people find the shape of an animal or plant inside a rock. The animal or plant died thousands of years ago but its shape is still there inside the rock. We can see (① alive / it / it / like / looked / was / what / when).

　This is called a 'fossil'. The word 'fossil' means 'something dug up'. Some people spend (② all / fossils / for / digging / lives / their) because they want to find out more about the animals, fishes and plants that lives many years ago.

When the plants or animals died, they first fell to the bottom of the water. Mud soon covered them up. The mud became hard and took the shape of the animal, fish or plant. Later the water dried up and the mud became rock. Thousands of years later someone carefully dug out (③ like / on / see / the fossil / the one / this page /you).

「始祖鳥の化石の写真」は略

K【文法④】次の文章を読んで、(①〜⑤)の動詞を適切な形・態・時制等に変えなさい。( )内は最大で2語までとする。　(1×5=5)

We are the world, we are the children.　We are the ones who make a brighter day,　So let's start giving …

Forty-five of the greatest singers in American popular music were recording the song, "We Are the World."

Quincy Jones was conducting. Michael Jackson, Lionel Richie, Stevie Wonder, and other famous stars were singing with the same wish (① help) the starving people in Africa.

At the entrance to the studio there was a sign, "Please check your ego at the door!" In the studio there was a sense of fellowship which filled everyone with energy. "It's a kind of energy that really can change the world," said Stevie Wonder.

They started to record the song at 10: 00 p.m. that night. They (② work) together for ten hours, until 8: 00 a.m. the next morning.

Let us (③ realize) that a change can only come,　When we stand together as one.

The pop stars (④ sing) their hearts out. They did not receive any money for their work on this record. All the money (⑤ send) to Africa to save people from starving.

We are all a part of God's great big family,　And the truth, you know,　Love is all we need.

L【読解①】①〜⑦の段落を適切な順序に並べて文章を完成しなさい。(5)

On a beautiful afternoon in April, 1912, the Titanic started on its first journey, from England to America. It was scheduled to arrive in New York in seven days.

① All the people had to leave the ship quickly. The women and children were the first to get into the lifeboats. But one woman was left behind. She came up to the side of the ship and shouted, "Oh, please, please make room for me. My children are down there in that boat. I must go with them!"

② Late that night a man watching for icebergs saw a very big one near the ship. He shouted, "Iceberg ahead!" But it was too late. The ship hit the iceberg and began to sink slowly into the sea.

③ On the fifth day it got colder and colder. There were some icebergs around the Titanic. Icebergs are dangerous to ships. Only a part of an iceberg shows above the water, and most of it is under the water.

④ Suddenly a young woman sitting near the poor children stood up and said, "I'll go back to the ship. I'm not married. I don't have any children."

⑤ The Titanic was one of the biggest ships ever built. About 2,200 people were on this ship. Everything in it was new and clean. Everyone was enjoying the journey.

⑥ There was no time to lose. The young woman went back to the ship, and the children's mother got into the lifeboat. Soon after that, the Titanic went down under the water.

⑦ "There's no more room here," someone in the boat shouted back. Her little son and daughter heard her and began to cry, "Mother! Mother!" No one knew what to do.

The young woman's name was Miss Evans. She was going home to Boston. No more is known about her. That night about 1,500 people lost their lives. Miss Evans was one of them.

Jもやったテキストなので、これは関係詞などが入っている語順の並び替えです。Kも既習。これは私が大事にしている問題です。特に中学校ではこういうことが起きがちなんですけど、受け身をやると、受け身の作り方の問題ばかり出すのですね。ところが、次の学期のテストでは受け身が出ないんですよ。こういうことが多い。形式操作はできるけれど、受け身を適切なところで運用するということはできない。ですから、私がいつもやるのは、このように文章で動詞を原形に落としておいて、完了かもしれない、不定詞かもしれない、動名詞かもしれない。いままでやった動詞のレパートリーは徐々に増えていたんですが、高校だったら仮定法かもしれません。前後から判断して、一番適切な形にする。だから、①だと名詞の後ろですけど、"same wish to help"となりますし、2番は流れからいって、進行形よりも worked になるし、3は realize そのままだし、4は過去形でしょうね。最後は"All the money was sent to Africa …"ですから、was sent になりますね。こういう判断をさせる問題を必ず一題入れます。パターン・プラクティスでストラクチャのマニュピレーションができるようになったあと、そのレザボアの中から、適切に瞬時にものを選べる力が必要だと言っておきながら、あれはできなかったわけですね。それをテストでやっている。

　Lは、全体の流れが読めれば並べ替えられる。これは自分で文章を書き下ろすと大変ですから、ほかの教科書から採るとか、昔の教科書から採るとかしています。教科書はよくコントロールされていますから、これをやるのが一番いいです。これは昔の教科書から借用しています。Fの問題は、流れからいってどの文が入りますかという問で、このときはダミーはないですね。今だったらダミーを入れて、選択肢を6つぐらい出します。そうしないと依存関係が強くなってしまって、1個掛け違うと全部駄目になってしまうからです。4つできたら5つできたのと同じということになってしまう。本当は一つのブランクに4つ選択肢があるのが一番いいのですけれども、そこまで作れないので、ダミーを用意しています。

　もうお気づきだと思いますが、こういう問題の作り方は、センテンスレベルでは皆さんよくやっていることです。良い文章を見つければ、読解問題は

けっこう簡単に2つぐらいは作れます。論理的に流れがはっきりしていて、段落の区切りが明確なものは整序問題にすればいいし、文と文のつながりがはっきりしていて、この次は絶対にこの言い方でないとまずなかろう、という文章だったら、選択肢問題にするということです。

ハロルド・パーマーの著作から

では、レジュメです。「はじめに」、「入門から「ことば」として」とありますが、これは、ハロルド・パーマーの、"The Practice of English"の中から引用いたしました。なぜ「1929？」と書いたかというと、1929年に日本語版が出ていて、それより前に英語版があったのですが、それが私にもよく分からなかったので、詳しい方がいたらあとで教えていただきたいのです。これはもう絶版になってしまいましたけれども、『英語教授法辞典』(開拓社)という本に英語版が出ていたので、そこから採りました。

---

0 はじめに

(1) 入門期から「ことば」として

English should be presented to our pupils from the very outset as nothing other than a means of communication. Let them at the very start realize that a foreign language is, in its essence, not a collection of rules, formulas and symbols, but something as natural and as simple as their mother tongue. (Palmer 1929?)

この文で強調されていることは、最初であっても、たった一文であっても、一語であっても、意味のあるやりとりはできる。たとえば、よくやることですけれども、こういうものですね。私が"My pen."と言ったら、貴方にとっては、"Yes, your pen."だし、私が他の人のペンをもって"My pen."といえば"No, my pen"ですね。このように、my, yours 1語だけだって意味のあるやりとりができるんですね。my, yoursだけだって、この組み合わせで瞬時に応答するのは意外と骨なんです。このあたりはうちのかみさんが達人なので、興味がある方は、筑波大附属中学をぜひ見に来てください。

(2) 言語教育と言語学——実践者としての矜恃を

> People who are involved in some practical activity such as teaching languages, translation, or building bridges should probably keep an eye on what's happening in the sciences. But they probably shouldn't take it too seriously because the capacity to carry out practical activities without much conscious awareness of what you're doing is usually far more advanced than scientific knowledge. （中略） The proper conclusion, I think, is this: Use your common sense and use your experience and don't listen too much to the scientist, unless you find that what they say is really of practical value and of assistance in understanding the problems you face, as sometimes it truly is. (Chomsky, 1988: 180-2)

　もう一つ、(2)(資料10) は、学生時代に嫌になるほど読んだノーム・チョムスキーですね。チョムスキーの文章は難解ですが、この Managua Lecture というのは非常に分かりやすいので有名です。これは講義録を起こしたものです。私は何が好きかというと、学者の言うことは話半分、現場にいる者としての矜恃を持てとチョムスキーが言ってくれているところです。ちょっとそこを味わいながら読んでみてください。私は大好きです。

　元気づけられますね。省略したところには、次のような下りがあります。力学が発展したのは何世紀か忘れましたが、18世紀か19世紀、その物理学が解明する前に、ローマの人たちは堅牢な建築をつくったじゃないか。科学というのは、そのように勘と経験を頼りに複合的な努力によって「もの」や「こと」をなしてきた人たちの事例の中から客観的に記述できるものを追いかけているに過ぎない。だから、学者よりも、実践しているあなたたちの方がある意味で進んでいるのです。学者が何を言ったって、あまり信じる必要はないじゃないと。これは、生成文法は言語教育にどれだけ役に立ってきたかという質問に対して、チョムスキーが「役に立たない」と答えるくだりなんですね。

ブームの問題点

> (3)「王様は裸」かも知れない―「怪しげだ」と思う直感を大切に
>
> ・英語力の土台が形成されていない生徒に「とにかく教科書を暗唱しなさい」と指示するのは、いささか乱暴なのではないか？（久保野りえ 2003a）
>
> ・音読していても何も考えていない。（久保野りえ 2003b）

「王様は裸」かもしれないというのは、ブームに安易に乗ることへの警告を鳴らそうとしている意図です。最近、音読がブームですよね。あと、和訳先渡しというのもブームなんですよ。私は和訳先渡しは自分の趣味ではないのでやらないんですが、あるとき授業を見学に来た先生が、「久保野先生は訳を先に渡さないんですか」と。「渡さないですよ」と言ったら、軽蔑したような目で見られてしまいました。それで逆に、「先生は、なんで渡すんですか。本当に渡す必要なんてありますか」と聞き返しました。その先生は中学の先生でした。中学生は読ませてやればいいですよね。和訳を渡さなければいけないなんて、何を考えているんだと思いました。結局ね、流行りだからですよ。みんながやっているから、やらないと不安なんです。いま、音読もそうですよね。猫も杓子も音読なんですけど、意味の分からないものを読ませてどうなるのか。母語だったら素読のように、言っているうちに意味があとからついてくるというのがあるかもしれないけれども、私は外国語はそうではないと思って、意味がしっかり分かったものを声に出すことによって身につけることができると思っています。これは、うちの連れ合いが雑誌に書いたことですけど、非常にいいことだなと思って引用しました。力がないのに鑑賞しろと言っても無理じゃないですか。また、20回音読してくださいとか言うけど、そのときって生徒は頭が空っぽで何も考えていないかもしれない。それではしようがないということです。

意味と音声

先生方は教室でモデル・リーディングをなさったり、生徒の前で英語を話したりしますよね。そのモデルとしての音というのは、何が必要なのか。例

6 意味が音声に反映しているか？

(1) どこに強勢を置くべきか？

①中学1年生レベルの対話

　　John: I like baseball.　What sports do you like?

　　Mary: I like table tennis.

②中学2年生の教科書 (1)　健は、夏休みにアメリカへホームステイに行き、サマースクールに通いました。以下は、ホームステイのガイドブックの一部です。どんなアドバイスが書いてあるだろうか？

Communication is important.　You have to speak English.　But you don't have to speak perfect English.

③中学2年生の教科書 (2)

I was not taught about Japan, but now children are taught about it at school.

④中学3年生の教科書

Mark: When was braille invented?

Ms. Green: In 1829.　It was invented by a Frenchman Louis Braille.

Mark: So it's called braille.

Ms. Green: That's right.

⑤高校1年生の教科書

In the picture on the left, a woman is preparing a meal. On the right, two women are eating dinner. What are the differences between the kitchen and the dining room in the pictures and those in your house?

文はジョンとメアリーの対話です。これ、やっていただけますか。中1レベルですね。ジョンの What sports do you like? はどこを強く言うべきなのでしょう。これは異論も当然ありうるんですよ。いや、俺はこう言うとか。だけど、

実際に何人かのネイティブスピーカーにもチェックしてみましたし、理屈から言っても、you が強くなければおかしいのですね。当然、sports も強く読むんですよ。でも、やはり you を若干強く読まないと、How about you? みたいにならないじゃないですか。やはり「きみは？」と言っているときにはyou を強く言いたくなるような気持ちがある。

　2番目はどうでしょうか。これはあるところで、若い英語の先生の研究授業にあったものです。これは中2の教科書です。健は夏休み、アメリカへホームステイに行き、サマースクールに通いました。以下はホームステイのガイドブックの一部です。どんなアドバイスが書いてあるだろうか。設定は分かりましたね。ホームステイのガイドブックです。さあ、下線部をどう読めばいいのかということで、下線部に意識を置いて、意味をよく考えて読んでみてください。

　私の聞いたその先生は、非常に早口な先生でしたが、"But you don't have to speak perfect English."とおっしゃったんです。聞いていて、えっと思ったんです。何か意味が変じゃないか。

　中学校の教科書というのは分量が少ないから、逆に行間をしっかり読み込まないといけないので、"Communication is important."というのは、一般論を言っているというよりは、こんなことだと思うんです。"You have to communicate with your host family, but they don't understand Japanese. So, you have to speak English.　But do not be afraid of making mistakes. Your English doesn't have to be perfect."こう言う意味ならば perfect を強く読むよなという感覚を生徒に育てる。やはりこの意味だったらここを強くゆっくり言いたいよねとか、そうやらないと言葉にならないじゃないのという感じですね。

　これは私が自分自身を戒めていたのですが、最初に CD を聴かない。CDだって、中には「うん、これでいいのかな？」というのがありますからね。まず自分で教科書を読んで、このように言うのではないかなと考えて聞いてみてください。一致していたら、「よしよし」と思えばいいし、違ったら、「そうかな、よし調べてみよう」と何人かの外国人に聞いたりとか。

　⑤のところですが、これは今年の高1の教科書です。さっきと同じで、

昔の日本の台所の写真が出ています。"What is the difference between the kitchen and the dinning room in the pictures and those in your house." とあります。those in your house となると、やはりこれときみの家はどう違うかということだから、やはり your が強いかなと思って聞いたら、やっぱり強く言っていて、やったと思うわけです。やはりわれわれがモデルを示すというときには、教科書準拠のCDは自然だけれども、逆に自然すぎて気がつかないことがあるので、より極端に、強く言うところはうんと強くして、生徒に真似られるようにしたいなと思っています。

文の構造理解と読み方　どこで区切るべきか

　その次の9ページです。and というのは難物なんですね。こういうものを読ませてみると、構造がつかめているか、いないかがすぐ分かります。

(2) どこで区切るべきか？

①中学2年生レベルのリスニング教材

　Now, look at the woman's black and white dress, black pantyhose, and white shoes.

②中学3年生レベルの説明文

The Olympic Games began in Olympia, in Greece, in 776 B.C. At first they lasted only one day and there was only one race.　Later there were more races and other contests and the games lasted several days. People all over Greece took part.

③高校2年生の教科書

　• All the fruit is the same in size and color, and it looks very nice.

　• Supermarkets use too much paper and plastic for wrapping goods. (The paper comes from trees and the plastic from oil, and both are important resources.)

④戦前の中等学校教科書

a) A bird can fly / up in the air.

b) A bird can fly up / in the air.

(3) 教師の範読からの自立

　この（引用者注：モデルの後に続いて音読する）音読練習法では，生徒は常にテープや教師のモデルを真似ることになる。これが問題である。このやり方を続けていると，生徒はモデルがないと自力では読めないという，非常に困った習慣を身につけてしまう。（中略）

　要は生徒自身にどう読むかを考えさせることである。いつもモデルを先に与えるのではなくて、どこで区切って，どこに強勢をおき，どんな抑揚をつけるかを、生徒自身に研究させるのである。自力で正しく音読できるようになるためには，このような指導を中学校 2 年生あたりから少しずつ積み重ねていくことが必要である。（土屋 2000）

　and は何をつないでいるか。それがちゃんと分かれば、オリンピックの起源を書いた説明文、Olympic games もきちんとと読めますね。lasted only one day and there was only one race、そのあとです。高校生はともすると平板に読みます。どこで意味が切れているのかと聞くと、「分かりません」。分かっていないからちゃんと読めない。それはもう当然ですよね。問題なのは、意味の区切れは contest のあとですよと分かっているのに、音にできない場合です。こういうときには、bread and butter, rock and roll と同じように、単語と単語をつなぐときには弱く／n／と発音する。一方、文と文をつないでいるときにはフルストップがあって、大文字で始まるぐらいのつもりで強くはっきり言うと、聞いていて分かりやすいよという。その方が、聞いている人は何と何がつながっているか分かるじゃない、じゃあ、この教科書のここはどうなるかな、と言ってやってみると、よく分かる。これは高 2 の教科書なんですけど、非常に面白いでしょう。こういうところに気をつけてみると、実は生徒というのは、構造把握で間違いがあるんです。どことどこが並列になっているか、意外と分からない。音にさせてみるといろいろなことが分かります。

最後の例は、戦前の中学校の教科書なんだそうです。現物は見ていません。これは『英語の研究と教授』という雑誌がありまして、復刻版を読んだのですが、当時の高等師範学校の先生が実習生の授業を見て注意しているものです。

　"A bird can fly / up in the air" というのと、"A bird can fly up / in the air" というのでは意味が違うはずだが、きみは分かってやったか、そこは意味が違うんじゃないかと、このあたりを生徒に考えさせなければなりません。学年が上がっていって中2ぐらいからは、生徒に易しめの教材を初見で読ませます。中2の2学期だったら、中1の1学期ぐらいの、他社の教科書の教材を選ぶ、文法も語彙も易しいから、何のアシストもしなくてもぱっと読めますよね。その意味は分かりましたか、じゃあどう読むか読んでごらんと。そこをそう読みますか。ほかの人はどう、どこか違っているよね。どうするんだっけ。主語の前に場所の語句があるから、そこで切ったほうがいいとか、ここは上げるとか下げるとか、出てくるんです。

無意識に英語が出てくることを目標に

　最初は頭で考えながらだけれども、練習していくと、それが瞬間的にできるようになる。なんとなくやっていては、なんとなくできるようにならないんじゃないかなと思います。目標は意味を考えたら、無意識に英語が口に出てくる状態です。そのためには、なんとなくやっているよりも、たぶんまずしっかりと構造を理解し、意味を考え、練習することによって瞬間的に身体が動くようになるのではないか。これはスポーツも同じで、卓球のフォアハンドなんていうのは、最初は足の置き方から、バックスイングの仕方から、全部、型を教えるわけですよ。振っているんだけれども、そのうちに球が来たらとっさにぱっとバックスイングに入れるようになりますよね。なんとなく打たせていたらできるようになるわけではないですね。それはすごい数を打たせていたら、なんとなくできるようになるかもしれない。でも、そんな時間はないですね。だったら、しっかりと頭で理解する。説明は短時間で終える。いい説明というのは短いのです。短くて分かるのが一番いいのです。分かったことをしっかり練習させる。その練習の方針として、いろいろある

かもしれない。ただ、私自身としては、現状では理解したテキストを音読したり、キーワードを使って暗唱したりというのが、一番身につくのにいい手なのではないかなと思います。つまり、頭で分かったことが身体に染みこむまで練習させるのが良いのではないか。

朗読から暗誦へ

では、最後に、一番後ろにある1枚をちぎってください。お待たせしました。先生方が生徒になる番です。

My Profile /Steven Spielberg

< Step 1: Read Aloud >　When I was a young boy, I had the same fears that most kids have. My childhood was full of scary experiences. When I was twelve, I became the family photographer and dramatized everything. My first real movie was a movie of model trains crashing into each other.

One day in the summer of 1965, 1 took a studio tour of Universal Pictures. I had a chance to talk with the head editor and told him about my interest in making movies. The editor gave me a pass to enter the studio lot. The next day I showed him some of my movies. He liked my movies, but he could not write me any more passes. So the next morning I put on a business suit and walked through the studio gate. Every day that summer I visited the studio and talked with people there. I was seventeen years old at that time.

< Step 2:Read and Look Up >

When I was a young boy,
I had the same fears that most kids have.
My childhood was full of scary experiences.
When I was twelve,
I became the family photographer and dramatized everything.
My first real movie was a movie of model trains
crashing into each other.

第2章　実践と理論2　133

One day in the summer of 1965,
I took a studio tour of Universal Pictures.
I had a chance to talk with the head editor
and told him about my interest in making movies.
The editor gave me a pass to enter the studio lot.
The next day I showed him some of my movies.
He liked my movies,
but he could not write me any more passes.
So the next morning I put on a business suit
and walked through the studio gate.
Every day that summer I visited the studio
and talked with people there.
I was seventeen years old at that time.

< Step 3: Recitation Test > Next Week!
young,　fears　kids.Childhood　scarytwelve, family　dramatizedfirst
　　　model　crashingsummer　1965,　studiotourhead editor
　　　interestpass　lotnext day　my moviesliked,　not writenext morning
　　　business suit　gateEveryday　visited　talkedseventeen

< Step 4: Writing >
Look at the keywords on the board, and reproduce the summary.

Class　　No.　　Name

　Step1と書いてあるところを山折りしてください。Step4をわざと天地逆に刷ってあります。生徒の手に渡るときには、実はB5版の裏表で刷られているものを渡します。これは先ほど生徒がしていたスピルバーグのインタビューのサマリーです。これを黙読していただけますか。第1段落から見ていきましょう。生徒にどのようにこの話を持っていくかというと、まずはちゃんと読んで理解したかどうかの意味確認をします。全部訳すようなことは当

然しませんが、たとえば高校生にとって難しいストラクチャ、は、"My first movie was a movie of motor train crashing into each other."ですよね。この構文というのは、意味が分かっても意外に使いこなせないのです。このあたりを覚えさせるのですが、ちゃんと意味が分かったという前提です。何しろ発音練習や音読練習というのは、意味が分からないものはさせない。これが大切です。では、皆さん1回だけ生徒になったつもりで、軽く音読しましょう。私のあとについてください。（音読）

　さて、「では先生方、1分後にこれを暗唱してもらいます。見ちゃ駄目ですよ。みんなの前に出てね」と言ったら…。いやですよね。何がいやかというと、中身、つまり、コンテンツを覚えられないんじゃないかと思ってしまう。生徒にも、これを一足飛びに暗記しろというと、そういう不安が起きる。若いころ、やらせたこともあるんですよ。無理やりやれと言ったらやりましたけど、天井を見ながら、ばあっと息継ぎもしない。つまり、忘れるのが怖いから、意味も何も考えず、とりあえずはき出しちゃう。このやり方は駄目だと思いました。そうしたら、ある先生が言った。「久保野さん、そういうのはきっかけを与えてあげればいいんだよ。」「どうするんですか。」「センテンスの最初の文を板書しておけば良いんだよ。」When, I, My, When, I, my…とありますよね。最初なんていうのは、前置詞・冠詞のようなものが来るわけですから、多くは機能語でしょう。それじゃあコンテンツを思い出すトリガーにはならないわけですよ。

　ということで、結論としては、ここに貼ってあるような、コンテンツを思い出すようなキーワードを見ながら再生するということに落ち着きました。これに慣れておけば、実際に英語で自分が書いた原稿の場合にも、手元にこのようなカードを用意してそれを見ながら顔を上げて話せる。

　これは一足飛びにはいかないんですよ。だって、読み上げをいくらやっても、読み上げているときというのは、目は文字を追っていますよね。これを何回もやっても、はい暗唱と言ったら、けっこうきついでしょう。だったらというのでやったのがStep 2です。こういうプリントを作ってあげるだけで、目の迷いは解消できるのですね。左手の親指を行頭に置く。絶えず親指のと

ころをさっと見て、ずらしていけばいい。口に出す時には必ず顔を上げる。これは、上手なアナウンサーと同じやり方です。先生は音読のモデルはしないんです。文字を見てそれをぱっと声にする。

朗読の実習

　では、先生方、やり方は覚えたと思います。やってみましょう。私の目線を見ていてください。まず、キーワードを見ます。ただし、見ているときには言わない。顔を上げて語りかけるっていうのが、基本なんです。じゃあ、やってみますね。【read and look up 実演】

　このようにすれば、しゃべっていることにだいぶ近寄るじゃないですか。生徒には、「黙読して、頭を上げてみんなに語りかけるようにすると、話すことに一歩寄るね」と話しています。

　キーワードも、あまり多いとごちゃごちゃするので、一応単文あたり一語というふうにしています。無理だったら、最初は前置詞と冠詞だけを消去したものでもいいんです。徐々に慣れていくに従って、機能語的な単語を抜いていくようにする。キーワードを残すために減らしていけばいいんです。最終的には、こうなります。

　じゃあ、ちょっと皆さん、私のあとについてやってくださいね。手元は見ないでください。どの学校にも卒業式の式次第をつくるような拡大プリンターってありませんか。私は事務室にあるものをしょっちゅう使うんです。だって、全クラスの同じ板書をするのは時間がもったいないし、大体これを作って持って行って、ぱっと張るんですよ。

　はい、じゃあ、私のあとにどうぞ。初めてやるときには、「先生、できるのかよ」って生徒は思っていますから、やってみせるんですね。当然、ここでつまずくと、ばかにされますから一生懸命に練習をして、何も見ないでもできるように。

　一つのポイントは、私に続いたあとでもう1回自力でやってというのを入れておくことです。先生のあとのまねだけでやっていて、急に一人でやるのはつらいんですけど、ここもワンクッションかませてあげると、楽になります。

こういうかたちで暗唱させ、「これを次の時間に発表してもらうからね」っていうのが、家庭学習の課題なんです。というと、家庭学習の質が変わりますよね。問題を解いてくるというパターンから、これを見て家で一生懸命練習するというのが、家庭学習になるわけです。

　教師はともすると、「声を出せよ」とか何とか言うんですけど、言うだけで生徒がやるのだったら苦労しないんですね。だから、言うだけではやらないという前提で、どうやったらやるようになるかっていうふうに仕掛けをつくっていかなければいけないんじゃないかと思っています。

　上手な子は、授業時間の短い練習のなかでできるんですよ。「はい、誰かできる人」って言ったら、得意な子は手を挙げます。そういう子は、どんどん伸ばして、「じゃあ、おまえやってくれ」と。さっとやってきます。「うまいなあ。じゃあ、皆も、これぐらい目指して家でやってきてね。次、発表してもらうよ」って、みんなに練習してきてもらって、発表と。

　そのあともおまけが付いていて、さっき配った1と4の裏返しになっているのがありますね。それを出させて、「はい、じゃあ、こっち出して」と言って、いまの状態で練習。発表だけだと練習してこない生徒がいるかもしれないし、全員練習させるのです。「はい、じゃあ、キーワードを見て、ここにいま言った英語を書きます」。いま暗唱したはずの英語。書き終わったら、「はい、じゃあ、自己採点」と言うと、反転しながら見るんです。

　これは私のアイデアだけじゃなくて、ELEC同友会のライティング部長の松井さんに教えてもらったんです。こうやってやると、生徒は無理やりでも一文を覚えないと自己採点できません。

　こういうふうにやるんだぞと百ぺん言うよりも、こういうふうにしてあげれば、生徒はやらざるを得ません。彼らは「しつこい」とか、「生徒を信用していない」とか言うんです。しかし、やはり教科書なんて易しいよと思っている生徒でも、それが身につくように、しっかりと練習するというモードになっていくんじゃないかなと思います。

　最後に、せっかくキーボードを用意してくださったので、ジョンレノンの「イマジン」を歌って、終わりにしょうと思います。

英語の教員って、芸は身を助けると思うんですよ。私は子どものころにピアノを習っていて、バンドをやっていたということが、どれだけ授業のなかで助けになっているか分かりません。しょっちゅう、キーボードを持って行って歌を歌ったりします。

　この「イマジン」という歌は、皆さんご存じのようですけど、意外と歌いにくいんです。乗せ方が難しい。ジョン・レノンって、メロディーの乗せ方にすごく癖があるんです。じゃあ、記憶を頼りに、皆さん歌ってみてくださいね。意外と乗りにくいです。"Imagine there's no heaven it's easy if you try no hell below us above us only sky"、いまのところだって、ずいぶん言いにくいでしょう。

　生徒に英語の歌を歌わせるときって、一気にメロディーに乗せるっていうのは、至難の業なので、最初はメロディーはつけずにリズムだけを意識してラップのように言わせます。"above us only sky"とか、"no hell below us"とか、"it's easy if you try"とか、そのようにやらないと、メロディーなんかとても乗れません。まずは拍に乗せて、まず乗ってみる。そうじゃないと、2番目なんか"Imagine there's no countries it isn't hard to do nothing to kill or die for and no religion too"、すごく難しいでしょう。

　このところは、"Imagine there's no countries it isn't hard to do nothing to kill or die for and no religion too"、生徒に私はどう言うかというと、"re"は前にくっつける。"an nore ligion too"のつもりで読むと、リズムが出るのね、なんて言って、組みを変えちゃうと、意外と乗れますね。

　これはよくやる手なんですよ。生徒は、"I'm Kate."というのはうまく言えます。"I'm Kate, repeat."と言えば、"I'm Kate."。ところが、"I'm Amanda."と言うと、途端に声が出ない。何が難しいかというと、たとえば一語で"Amanda"というのは言えても、それを全体のリズムで言うとうまくいかない。そういうときは単純で、「あい間、万田」のように区切りを変えたリズムでいきましょう。「あい間、万田」、英語の"I'm Amanda."ができた。こんなものなんです。

　せっかく母語を持っているわけだから、母語をうまく活用してリズム感を

見つけさせて、あとはちょっと音を磨くっていうやつですね。意外と発音も上手になるんじゃないかなと思います。

　我々も道半ばでなかなかうまくいかないんですけども、教員自身がたぶんそうやって、ちょっとでも自分の英語を上達させようと思って日々、この単語はこうやって言ってみよう、この文はこうやって言ったらうまく言えるかなあなんて、努力をしていることの一部を生徒に伝えてあげれば、「あっ、これはこうやったらうまくいくよ」「ああ、上手にできたね。じゃあ、やってごらん」なんて言ったら、どんどん生徒は上手になっていくような気がします。

＊本稿は、2006年6月24日に立教学院にて行った講演資料を基に加筆・修正したものです。

第2章 実践と理論 3

3 生涯英語のすすめ
―― For Lifelong English プロジェクト発信型英語プログラム

鈴木　佑治
(慶應義塾大学教授　当時)

はじめに

　先生方どうも、今日はお招きいただき光栄に存じております。

　私が在籍する慶應義塾大学の湘南藤沢キャンパス (以後SFCと記す) の創設は1990年で、今年 (2007年) で17年目です。私はSFCに移る前、慶應義塾大学の経済学部で1978年から1989年まで英語を教えていました。1978年以前はアメリカに10年ぐらいおりました。慶應大学経済学部も、今ではかなり改革しているようですが、当時はそうでもなくて、いろいろな理想を持って日本に帰ってきたのはいいのですが、自分が理想としたことができませんでした。私が慶應の学部生時代に受けた英語教育とまったく同じで、和文英訳や英文和訳中心でした。英語講読と英作文と称する2種類の授業を1週間に原則6コマ、時には7、8コマ教えることになりました。一般教養の語学の先生は、専門教育のことは考えず、1、2年生の語学を教えるだけでいい、研究は時間を見つけて一人でする、という雰囲気が漂っていました。私も、研究は研究、教育は教育と分けて考えるようにしました。そうすると楽なものです。3日やったらやめられません。1週間に1コマ90分の授業を6コマ教えればいいですから、2日で終わってしまうわけですね。日本の大学で教えるのは初めてでとにかく驚きました。これは本当に楽な商売だという驚きです。10年もアメリカにいると、大学用の薄っぺらな語学の教科書など30分もあれば1冊読めます。ぎっしりと活字が詰まった英語の雑誌などは1時間もあれば全部読んでしまうのですから。その時分は東急電鉄の東横線沿線に住んでいましたが、電車に乗っている間に10分もあればその日に教えるコマ数

のものが全部読めてしまうわけですね。それを訳してあげればフル・ペイを貰えるのですから、楽な商売に違いありません。

　それではいけないと思いましてね。学生諸君は、大学に入るとすぐに遊んでしまうので、とにかく次の目標としてTOEFLか何か取りなさい。経済学部の卒業生は会社に行ったら、何人かは選ばれてアメリカのビジネス・スクールに送られるから、そのときにはTOEFL600点取れないと駄目だよ。せっかく選ばれたのに、ビジネス・スクールに入れなくて恥をかいた人をたくさん見てきたよ。ビジネス・スクールはGMAT、ロー・スクールではLSAT、それ以外の専攻ではでもGREも取らなければならないし、これからはいろいろやることはあるよ、などなど色々説教めいたことを言いました。それでも、そのなかで何人かついてきましたね。

　当時「経済学部の3S」というのが学生の間にささやかれていました。私も鈴木でSですが、私以外にもSで始まる先生方が何人かおりましたので、新米の私がその中に入っていたかどうか定かではありません。でも私も厳しくて「エグイ」教員であったことには間違いありません。夏休みにはHornbyの英語で書かれた英文法書（400ページ位）を全部読ませて、それについて9月に試験したりしたので本当に嫌がられました。それでも、分かってくれた人がいて、アメリカやイギリスのトップ10のビジネス・スクールなどに送りました。30人以上送ったと思います。

　でも、ついてきた人はごく一部の人たちですから、改革とは言えません。一種のフラストレーションのはけ口でしかありません。全ての学生が平等に恩恵をこうむってこそ改革と言えます。

　SFCに移籍したのが1990年のことでした。その1年前の1989年から準備委員会に参加したので、SFC創設メンバーの一人ということになります。SFCの理念は「問題発見と解決」でした。今ではすっかり定着しましたが、当時は耳慣れない言葉でした。もう一つは、初代学部長の加藤寛先生が言われた「未来からの留学生」という言葉でした。われわれの預かっている学生はこれから20年後、30年後の世界で活躍する人たちで、未来から来た留学生ということです。

さて、SFCの話に入る前にもう少し私の経歴を紹介いたします。私は日本では、学士課程と修士課程を卒業しました。英米文学専攻でした。とにかく、英米文学が好きで、アメリカに行く前に、英米文学の作品だけでも原書で200冊ぐらい読みました。訳読です。修士課程を終えるや1968年にアメリカに渡りましたが、当初は一言の英語もしゃべれず大恥をかいたものです。まだ人種差別もあり反日感情も残っていた厳しい状況に加えて、大学院の英文科の敷居が高くて、日本人の留学生をあまり受け入れていませんでした。年配の先生方はご存じかもしれません。ほかの専門領域はいざしらず外国人が英文科に入るのは至難の業でした。それでもう一度学部に入り込もうと思ったのですがそれも駄目でした。もっとも理由はそれだけではありませんでした。

　私の問題というよりは、もう亡くなられたので申し上げますが、日本でお世話になった何人かの英文学者の先生方に英文で推薦文を書いていただいたのですが、なんとその推薦状が原因で落とされてしまったのです。アメリカではrejectされた場合にその理由を聞きに行くと教えてくれます。1968年の5月ごろでしたか、私は南部のある州立大学で留学生用の英語プログラムに居たのですが、一応滑り止めにその大学の英文科にも願書を出しておいたのです。ある日、学科長に呼ばれたので行ってみると、私が落とされた理由を説明してくれたのでした。私の目の前に置かれた3通の推薦状をみると一字一句赤ペンで真っ赤に直されていたのです。「これらの推薦状は英語がめちゃくちゃで何を言おうとしているのか分からない」というのです。あまり有名ではない南部の大学での出来事です。悔しかったですね。でも、その通りだと思いました。同時に、見返してやろうという反骨精神がムラムラと湧きました。

　私は、その日まで、1年ぐらいアメリカに居てすぐ日本に帰り、博士課程に戻って大学の教員・研究者になろうと思っていました。この時点でその計画を変更しました。何とか喰らいついてアメリカのトップ大学院で英語・英文学で博士号を取り、日本に帰って英語教育を変えようと決意しました。1968年、24歳になったばかりでした。お金が無かったのでそれからの4年間は、大学で日本語を教えながら貯金をしました。後の6年間で専攻を言語学、英語学、英語教授法などに変更し、最終的にはジョージタウン大学の大学院

で言語学博士課程を修了し博士号を取り帰ってきました。話は前後しますが、それで先ほどの経済学部への赴任に繋がるのです。

SFC への赴任

　それで、SFC への移籍の話になりいざ授業が始まろうという時点でも、基本的に上で述べた理念に見合うさしたる考えもなかったものですから、どうしたらいいのか、私自身まったく分かりませんでした。「問題の発見と解決」、これを英語の授業でどうしたら実現できるのか、学生が未来からの留学生として実感できるような授業ができるのか、皆目見当がつきませんでした。

　SFC の理念にはもう1点あります。これまでの客観科学への反省と新しい科学方法論の開発です。長い間、客観的な科学方法論の隆盛期が続いてきました。日本は欧米に追いつけ追い越せで、欧米の書物を翻訳し一所懸命勉強してきましたが、一緒に入ってきたのが欧米の客観的な科学方法論です。日本は翻訳学問のメッカです。私の専攻の言語学でも、ノーム・チョムスキーや彼の著名なお弟子さんたちの研究を仕入れて来ては日本語で学生に伝授してきました。ここで、MIT が配信しているオンラインのフィジックスの授業をお見せしましょうか。このように、今、アメリカの有名大学は講義をオンラインで無料配信しています。すなわち、アメリカやヨーロッパに行って仕入れてこなくても、欧米の大学者たちの授業をオンラインで直接聞けるようになったのです。英語ができればわざわざ行く手間はいらないのです。もう一つお見せしましょう、これはカリフォルニア大学バークレーのオンライン授業です。無料で見ることができます。カールトンというカナダの大学では iPod で配信しています。見てみましょう。今の若い人たちは iPod を持っていますね。これを見ながら講義が受けられてしまうのです。どういうことでしょうか。20年後、30年後はどうなっていると思いますか。MIT に行かなくても、チョムスキーのような大家の講義が聞けてしまうのです。それで単位も認めるようなことになったら、日本に居ながらにして外国大学の学位がとれます。カールトン大学ではそうすると断言しているみたいですし、既に、多くの大学院がそうし始めています。将来は、そういう世界が確実にやっ

て来ます。私たちの学生はそういう未来で活躍する留学生なのです。

　私はこれに近いことを、もうすでに10余年も言ってきましたが、その傾向は加速してきました。講義を無料配信する大学は増えています。U.C. バークレーなど、ノーベル賞級の人が配信していますが、ただ、その中に、言語学の先生たちが少ないのが気になります。多くのアメリカの大学や大学院の言語学科が店じまいしているのと連動しているような気がします。先端メディアについていけない学問は淘汰されてしまうかもしれません。

　SFC が始まった時に、まず、コンピュータの導入に驚きました。普通の PC ではなくて、UNIX という容量の大きい専門家用のコンピュータでした。何十年後かはメディアが変わるのだということで導入したようです。今の PC はそれ以上のものになりましたが、当時は、満足にタイプができる人さえあまりいなかった時代です。役所でも書類は全部手書きでしたし、SFC はコンピュータ学校だのと、いろいろ悪口を叩かれましたけれども、それにもめげず、伝達メディアとして導入したのです。以後、どんどん新しいものに入れ替わりました。私も言語学者として、新たなメディアが言語に与える影響を考えながら、それに見合う英語プログラムを考えて実践しなければならないという立場におかれました。

　こんな新メディアを使って単に情報を取り出すだけでは意味がありません、それを使って情報を発信しなければなりません。世界は、受信から発信に移行する方向に流れていました。大学の英語は、初習言語ではなく、入学時に少なくとも6年間の英語学習歴を前提とする既習言語です。abc に毛が生えた授業をやるわけにはいきません。大学の教授や准教授や専任講師に見合う授業内容をやらなければ、予備校や英語専門学校のほうがマシだということになってしまいます。大学の専任教員がする授業として納得してもらい、かつ、その成果を発信しなければなりません。SFC 創設期には学生から厳しい授業評価を受け、それに答えながら発信する英語の授業を押し進めました。

プロジェクト発信型英語プログラム

　さて、話を本日のテーマに戻しましょう。今日は、「生涯英語のすすめ

――For Lifelong English――プロジェクト発信型英語プログラム」ということでお話をさせていただきます。まず、プロジェクトとは何か、世界に発信する英語とは何か、考えましょう。発信するわけですが、やはり、ある程度、オーセンティックな英語をどこかで学ばなければいけませんよね。発信する英語と受信する英語は質的に違います。私たちの母語である日本語もしかり、書くのと読むのとでは能力的に違いがあります。漢字を読めても全部を書けません。受信と発信は違います。こうした本質的な問題から考え直さなければなりません。

　また、大学の4年間とは一体何か、大学教育は、学生が大学に在籍する4年間だけに区切って考えればよいのか。いや、人生の一過程として学校から社会に続く橋渡し的な意味を持つ大切な時期ではなかろうか、英語を生涯lifelongに続ければきっとうまくなるはず、この4年間でそういう流れを作ってあげよう、そんな4年間にしたいと考えました。

　プロジェクトとはその人の人生におけるコミュニケーションの歴史です。メッセージをつくり発信します。何についてメッセージをつくるのでしょうか、答えは各自の関心事です。あることに関心があれば調べます。聞いたり、見たり、5感を使いながら情報を調べて集めます。小さな子どもにとっては今日は誰と何をして遊ぼうか，というのは最大の関心事で一大プロジェクトなのです。あそこにいるといじめられるとか、こうしたら友達ができるとか、色々調べてから遊びます。成長するに従ってプロジェクトの内容も変わってきます。人生というのは日々プロジェクトの連続で、私的なものもあれば公的なものもありまちまちです。携帯電話一つ買うのでさえみんな読んだり聞いたりして調べます。その過程で調べたことを人に話して発信します。人生はコミュニケーションであり、そのコミュニケーションはこのようなミニ・プロジェクトやプロジェクトの連続でしょう。関心のあることを調べたくなるし、発信したくなります。そこに目をつけてプロジェクト発信型英語プログラムを作りました。

　まず、授業をオープンにしました。大学の先生はあまり他の先生の授業を見たり、逆に自分の授業を見せたりしません。私自身もかつてそうでした。

どんな高説を述べても自分の授業をあまり見せたがらない、それでは信用できません。自分の授業を見せて批判を仰ぎながら、一緒に考えながらまい進しようくらいのスタンスが無いと改革は出来ません。まず、授業をオープンにすることからはじめます。関心さえあれば、どなたでも歓迎しオープン・コミュニケーションの場を提供します。

　また、多くの先生が「できる」学生の授業を担当したがります。「できない」学生を見たがらない。帰国子女で、TOEFL 600点とか TOIEC は800点、900点の学生を教えたがります。ほんの一握りの学生です。これらの学生には、外国語としての英語ではなく、second language としての英語が必要になります。一番層の広い底辺の英語が得意でない学生を担当し出来るようにするのでなければ、本当の改革になりません。底辺の底上げをし、中間層を伸ばし、上層部も手当てできるよい英語プログラムを作ろうということになり、私はもう2名の同僚と、英語に自信をもてない100名の学生をあえて選んで担当することにしました。

インターナショナリゼーションと英語

　すこしコミュニケーションについて触れましたが、わたしたちは、言語とは何か、コミュニケーションとは何かをもう一度考えなおし、独自の言語・コミュニケーション論を構築する必要に迫られました。これからの日本社会に必要な英語能力とは何か、発信するとき、プロジェクトするときの英語とは何か、この問いに対してそれなりの答えが無いと学生の成果を評価することはできません。アメリカやイギリスのネイティブ英語の物真似ではない、アジア人のアイデンティティに基づく英語があるはずです。巷に英語帝国論などというなにやら物騒な言葉が飛び交っていますが、われわれはそれとは一線を画します。大切なことですからすこし詳しく説明します。

　私は言語学者です。生物学者は、一つの種が消滅すると心を痛めるでしょう。同じように言語学者は、一つの言語が消滅することを喜びません。非常に悲しみます。言語だけではありません、言語には方言があり方言にはスタイルがあります。方言スタイルも含む言語変種という言葉のほうがよいで

しょう。日本語にもいろいろな方言がありますね。その方言にはいろいろなスタイルがあります。家族同士で話すときの intimate スタイル、そしてちょっと他を気にしながらもリラックスしたカジュアル casual なスタイル、それからカジュアルでいて上下を気にする中、高校生あたりの言説の主流である informal なスタイル、そして社会人として身に付ける改まったフォーマル formal、そして超フォーマルで論文調の frozen なスタイルがあります。これらのスタイルの一つでもなくなると言語学者は憂えるはずです。

　私はつい最近福井県に行きました。福井県で子どもたちの話を聞いていると全部標準語でした。もともとの福井の方言の intimate、casual なスタイルの話し方がほとんどなくなってきてしまったのでしょうか。50代ぐらいの方々の話を聞いている、そういう話し方が残っていました。一つの言語、一つの方言、一つのスタイルがなくなるのは、非常に悲しいことです。これがまず第一点です。

　効果的な英語教育をすればするほど、英語が世界を席巻し、それにともないマイナー言語とその文化が消滅するかもしれません。多くの人たちが恐れていますし、私自身も英語の教員として、効果的な英語教育をしたいと思う反面、言語学者としてのそうしたジレンマを感じています。

　でも、それは英語だけに限ったことではありません。実はフランス語もドイツ語にも同じことが言えるのです。ヨーロッパの主要言語は、植民地時代には宗主国の言語で、みんなそういうことをどこかでやってきた歴史を持っているわけです。フランスの植民地でもそういうことが起きています。アフリカの旧フランス植民地ではフランス語が広まり多くのマイナー言語が消滅しました。フランス語やドイツ語を教えている先生方も、言語学者であればこうしたジレンマを持っていると思います。

　多くのマイナー言語とその変種と文化が消滅しました。大変悲しいことです。こういうことを思いつつ英語教育に携わる姿勢が重要です。

　1980年ごろまでは、国際化 internationalization の時代でした。国と国があって、外国と話すときには、各国のエリートが国の代表として交渉します。ヨーロッパも中世あたりまではラテン語が支配者の言葉でした。中世後期から近

世にかけてフランスが覇権を持ち、イギリスの宮廷ではフランス語が主流になり、フランス語を介してギリシャ語やラテン語がどっと入ってきて古代英語 Old English の構造は破壊されました。フランス語はヨーロッパの支配者のことばでしたが、英語などは島国の言葉で何の影響力もありませんでした。もっとも、正確に言うと、中世から近世においては、ラテン語もフランス語も international 言語ではなく、ヨーロッパ地方の地域共通語であったということです。東アジアでは漢語がその役割を果たしていました。

全世界の国々が介入する internationalization は、おそらく19世紀から20世紀にかけての世界情勢に当てはまります。世界の国々が独立しその権益を守るために交渉しなければいけません。日本の明治維新がその良い例でしょう。それぞれの国を代表するエリートが交渉し国と国のあり方を決めてきました。そこで使われた主要な国際語 international languages は、主として英語とフランス語です。もちろん、国連の公用語にはロシア語と中国語もありますが、主として英語とフランス語ということです。が、実質は英語で、名目上はフランス語ということになるでしょう。しかし、その英語がどういう英語かというと、いわゆるオックスフォード、ケンブリッジ、ロンドンなどのエリートが話す英語、そして BBC などが広めた Received Pronunciation (RP) と言われる英語でした。明治時代から1960年ごろまで、日本の外交官をはじめとするエリートたちは、国際的な交渉で笑われないために、国際社会のエリート英語である Received Pronunciation を一生懸命真似しようとしたわけです。

アメリカでさえも Received Pronunciation に対するコンプレックスがありました。それが1950年代、いや1960年代にもまだ続いていて、RP を話すともてはやされる時代がありました。それをテーマにしたのが "My Fair Lady" などの映画です。Henry Sweet をモデルにした音声学者が、下町に住む女性のコックネイ英語を矯正して RP を話す貴婦人 a fair lady に改造する物語です。日本ではご丁寧にあるスポーツ車の名前にもなりましたが、アメリカでは名前を変えて売り出しました。日本でも、イギリスやイギリスをコピーしたアメリカのジェントルマンの英語の話し方、そしてその作法まで真似をし

たわけです。これが frozen スタイルの English です。おかげでわれわれ日本人は「コピー・キャット」というあだ名までつけられてしまいました。悲しいことに、自己表現をする能力を犠牲にしてまでも欧米のエリートを真似することに精力を注いでしまいました。

　しかし、1990年以降、丁度 SFC が始まった頃、グローバル化が急速に進み、英語はリンガ・フランカとして、グローバル社会のメガ言語になりました。グローバル化というのは、国の障壁がなくなり、地球上の個と個、村と村、町と町が瞬時に結ばれてしまうことです。英語はそのリンガ・フランカになり世界を席巻し始めました。

　このままでは多くの言語が消滅しまうとの恐れから、これ以上英語が蔓延するのを阻止しようという声も当然出てきます。昨今、小学校の英語教育について反論する人たちのなかにもこういう声を上げる人がたくさんいるでしょう。でも、社会言語学を勉強すれば英語だけの問題ではなく多くの言語社会にも起きている現象だということが分かります。たとえば、日本の国語政策は標準語を推奨してきましたが、その結果、日本語の多くの方言とスタイルが消滅しました。それでも一昔前には、casual、intimate、informal の場の変種として方言を、教育や公的な場での言語として標準語を話すという住み分けが定着していました。関西弁のような方言は、とても人なつっこいといわれますが、それは当然のことです。方言話者は、formal な状況では方言からフォーマルな標準語にスイッチします。これをスタイル・シフトといいます。関西弁や他の方言にも formal な言葉づかいはあったのですが、国語政策の結果、formal な場では標準語を話すように教育されたので、フォーマルな方言の話し言葉は方言からは姿を消して、informal、intimate、casual な話し言葉のみが残ったからです。関西弁を含め、方言が人なつっこく聞こえるのはこのためです。ところが最近の地方では、先ほどの福井の例で述べたように、テレビの公共放送が普及したために、フォーマル以外のスタイルの会話でも若者を中心に標準語を使うようになり、方言の使用はなくなりつつあります。英語が他の言語を押しつぶすという恐れと、標準語が他の方言を押しつぶすという恐れは、本質的には変わりません。

このように、英語以外のどの言語でも起きている現象で、考え直す非常によい機会だと思います。

小学校の英語教育の是非を考える時にもう一つ注意したい点があります。公立の小学校の正課として英語を導入すべきかどうかという問題と、小学生が個人的に英語を勉強すべきかどうかという問題を混同しているような気がします。教育現場うんぬんの問題は別として、小学生が個人的にどういう言葉を話し、どういう言葉を勉強しようが個人の自由です。それまでもうんぬんすることは個人に許された表現の自由に抵触します。民主主義では、表現の自由が認められていますから、個人が何語を勉強し、何語を話そうが個人の自由です。

民主主義国家は、司法、立法、行政に関する業務で使用する言語を制定することはできます。国家の言語政策として、例えば、「日本語を国語と制定する」ということはできます。もちろん議会の合意を得て法制化しなければなりません。ちなみに、アメリカ合衆国の憲法は英語を国語として制定していません。英語は、国語どころか公用語 official language としても制定されておらず、社会通念として広く使われているだけなのです。

グローバル化と英語

教科としてどの言葉を教えるか、どの言葉を使って教育すべきか(教育媒体語)、これらは国家レベルの国策の問題ですから、是非も含めて議論することは自由です。しかし、個人が何語を使用し、何語を勉強しようともそれは個人の自由ですから、国が口を出して管理する問題ではありません。この辺のことを区別して考えないと妙なことになります。

M. マクルーハン (McLuhan) は、1960年代に "global village" ということばを使い、現在のグローバル化を予見していました。私たちがメッセージを伝えるために使うメディアそのものがメッセージであると言った人です。彼のすごいところは、メディアの概念を広げて、人が作ったもの全てをメディアとしたことです。人の創造物はすべてメディアであり、そのものがメッセージだと言いました。言葉の代わりに絵を書いたら、その絵自体がメディアで

ありメッセージですが、言葉で伝えるのとはまったく違った内容が伝達されると言った人です。将来は電子による伝達メディアがどんどん発達して、脳の神経が延長したかのように瞬時に地球を回りメッセージを伝えるだろうと予言しました。今はまさにそういう時代になりつつあります。インターネットを利用すると、まるで自分の脳神経が飛び出て延長したかのように、瞬時に地球の裏側のブラジルのあれこれを見聞きできます。ギブソン（Gibson）も同じころに同じようなビジョンを描きました。これこそがまさしくグローバル化です。ですから、よくいわれるアメリカン・スタンダードのグローバル化とか、どこそこスタンダードのグローバル化というのはグローバル化ではなく、internationalization の規格化に過ぎません。グローバル化というのは、国と国の壁を超えて瞬時に繋がるボーダレスの自由空間です。国を通さなくても、村同士、個人同士が簡単に交流するコミュニティーができてしまうのです。今まで国のエリートしかできなかったことが、誰にでもできるわけです。それがマクルーハンが予言した globalization です。国民国家という壁を越えて個々人がつくる社会です。瞬時に出来ては消えるダイナミックな空間です。

　われわれが預かっている小学生、中学生、高校生、大学生は、将来、確実にそういう世界で生きていくことでしょう。そういう世界で仕事をしていきます。地球規模で広がる市場という世界です。良し悪しはさておき、そういう世界は確実にやってきますし既にそうなりつつあります。それは、informal で、非常に casual な市場です。ですから、そこで使われるグローバル言語 global language は、おそらく informal、casual なスタイルを主体にした言語でしょう。

　国際連合が国の集合体であるのに対して、グローバル社会は個々人の集合体です。その共通語として、効率性が高い英語が選ばれました。効率性以外に理由は有りません。とにかくそうなってしまったのです。言語はどちらかというと、プレステージ、名声に流れます。プレステージというと、高級でセレブという意味と結び付けるかもしれませんが、例えばラップ音楽ではアフリカ系アメリカ人の英語がプレステージを持っています。誰かがある状況で使いはじめると、そこに価値がついていきます。そうすると他の人も追従

して使い始めます。こういう言語の変化の流れをドリフト drift と言います。あまり好かれてはいなくても、効率的だということだけでプレステージが上がり、使われるようになることがあります。英語がそうです。アラブ系の人たちが、好き好んでイギリスやアメリカ社会の言語である英語を使っているとは思えません。アラブ系の人たちは、外国との交信に英語を使うはずです。好きだからではなく必要悪として使っていると言うべきでしょう。実際に、英語は多くの集団に、言葉は悪いですが、いわば、必要悪として使用されてきました。多くの地域で話されている各種ピジン英語がそうです。

　私の研究会の卒業生で、東南アジアからアラビア半島まで一人で旅行してまわった人がいます。どこに行っても、言葉が分からない人が集まると、英語になってしまうと言っておりました。ここにいらっしゃる English speaker の先生方には、少しお聞き苦しいでしょうが、好きで英語を話しているのかというとどうもそうではなさそうです。(ちなみに、私自身はアメリカが大好きで英語も大好きです。) 好きではないのに、英語を話す、これはどうも事実のようです。イラン人と日本人が英語で話している。ロシア人と韓国人はどうかというと、やっぱり英語で話している。グローバル社会の言語選択は、このように国や国連などの言語政策が介入できるものではなく、民衆が勝手に行うものなのでしょう。好き嫌いではなく効率のよさがプレステージの決め手となっているようです。民衆のしたたかさを感じざるを得ません。

　そういうことを考えながら、小学校に英語教育を入れるか入れないかということを考えないと時代遅れの議論に終始します。

　学校という制度のなかで英語導入の賛否両論を考えているうちに、世界では確実にグローバル社会が進み、グローバル・メガ言語としての英語を使い始めます。学校抜きで世の中はどんどん動きます。そのうちに、学校の教育というものが入りようのないところに進んでしまい、気がついたら学校だけがとり残されてしまう可能性があります。

グローバル英語とは何か

　グローバル英語は、オーセンティックな英語とは質的に違います。カジュ

アルで参加者個々人の母語の影響を残します。アラブ人はアラブ人、インド人はインド人、中国人は中国人の言語的かつ文化的アイデンティティを丸出しにした英語です。

　中国からの留学生を教えてみると分かります。今から10年前の中国人留学生の中にはabcさえ知らない人も居ました。私も、英語を勉強したことがない留学生にゼロから教えた経験があります。でも、今や中国の英語熱はすごい。1昨年、私は中国の有名大学の英語や日本語の授業を視察しました。受講生はみな真剣です。日本の1960年代のラボ中心型の授業を思い起こさせてくれました。通訳や翻訳の専門家になるためにそれは一生懸命でした。何人かの受講生に英語で話しかけてみたところ英語ですらすらと答えてくれました。外国へ行ったことがあるのかと聞いたところ、一度も無いそうです。「凄い」の一言です。日本語の授業も同じように熱心にやっていました。日本の英語の授業はとてもかなわないでしょう。私が知っている日本のある大学では、日本で英語をやるよりも中国に送って英語の授業をさせるほうが良い、と割り切って中国の大学に英語を勉強させに行かせている大学もあります。しかし、中国の英語教育は1960年代の古典的な方法論で紋切り型でした。日本でも1960年代には、通訳や翻訳の専門家を養成するために、一部の大学や英会話学校でああいう教育をしていました。でも、今は少しお金をためればアメリカかイギリスに行って英語を勉強できます。英語を話す人は巷にはたくさんいますから、英語の通訳、翻訳はそのうち要らなくなるでしょう。いずれにせよ、一部の人はとても素晴らしい英語の使い手になると思います。このように中国の大学では凄い勢いで英語を勉強していましたが、北京の道端で小さな子供が英語で物を売っているのに遭遇しました。典型的な中国英語でしたが、言わんとするところはしっかりと伝わりました。はっきり言って、大学生たちの紋切り型の英語より好感が持てました。

ナイジェリアのピジン英語

　話を本題に戻します。ナイジェリアなどには200の言語があります。ナイジェリアをご存じでしょうか。メジャー・ランゲージ major languages とマ

イナー・ランゲージ minor languages があって、マイナー・ランゲージになると、100人か1,000人ぐらいのスピーカーしかいません。UNESCO が言うように母語を使って教育を受けさせるに越したことはありませんが、200ある言語で教育するということは、それらの言語で教科書を用意し先生を調達するということです。それではこの国の経済は持ちませんし、多言語の奨励が国家の統一に支障をきたすかもしれません。それでメジャー・ランゲージであるハウサ、イボ、ヨルバの3つを公用語にして教育しようということになったのですが、ハウサ、イボ、ヨルバは、その昔、奴隷として売られた側対奴隷を売った側の相克関係にありとても複雑です。宗教もキリスト教、イスラム教穏健派、イスラム教急進派に分かれていて反目の歴史を抱えているようです。ですから、ハウサ語の人がヨルバ語を学ぶなんて考えられませんし、ヨルバ語の人がイボ語を学ぶことも考えられません。今でもすごく混とんとしていて、銃を持っていないと歩けないほど治安は悪い。こんな背景の中で実際に最も頻繁に使われている言葉は、好きでもないイギリス植民地政府が強制した英語なのです。エリートはブリティッシュ・イングリッシュを話しますが、巷ではほとんどの人はピジン・イングリッシュで売り買いをしています。ナイジェリアは、かくしてグローバル・イングリッシュの世界のモデルのような国なのです。好きで英語を話しているのではなく、雑多な言語文化が入り混じり、反目し合いながらもかろうじて共存しているのですから、植民地時代を思い出させる嫌な言語ですが、部族的しがらみがなくて誰もがある程度知っているということで英語を使っています。また、英語はナイジェリアだけではなく他のアフリカの交流にも必要です。要するに、効率的な必要悪としてのプレステージをもつ言葉なのです。ですから、ほとんどの人が、リンガ・フランカとしてのピジン・イングリッシュと現地語の2つを話すバイリンガルです。

　それでは、個々の部族のピジン英語はどうなっているか調べてみると、音韻論的にも、形態論的にも、統語論的にも、意味論的にも、個々の部族語をベースにした英語といってよいでしょう。自分たちが表現したい概念をさす語彙が英語になければ、部族語の語彙をどんどん入れるのです。このように

部族語に英語が入り込むと同時に英語にも部族語が入るのです。今、日本語にもカタカナ英語が入り込んできていますが、同時に、英語にも日本語がどんどん入っています。例を挙げていたら枚挙にいとまがありませんが、たとえば「火鉢」がそうです、日本語からの借用語の hibachi が barbecue pit に取って代わってしまいました。他にも、日本語から英語に入った言葉はたくさんあります。

　すなわち、ナイジェリアのピジン英語は、個々の部族語から語彙・表現を取り入れ、話者の文化をきちんと残しています。話者たちは自分の文化を失いたくないから、母語をきちんと残しながら、母語の発音体系で堂々とピジンを話しています。かつて、ピジンは非常にネガティブな扱いを受けてきましたが、社会言語学者を中心に、そのバイタリティーを尊重し考えなおす機運が高まってきています。このようにナイジェリア・ピジン英語と言っても一つではなく沢山存在していて、それぞれが各部族のアイデンティティを残すサブ変種で多様性に富んでいます。戦後、イギリス統治下から独立した1960年ごろからこのような傾向が顕著になりました。

　私は、グローバル英語とは世界規模のメガ・ピジンと考えます。世界中の参加者の言語文化を尊重し、それぞれの母語を背景に参加しそれぞれの足跡を残します。ネイティブ・イングリッシュもグローバル英語　Global English(es) の一つと考えます。ネイティブのようにできるようになってから、英語を話そうなどと考えるのは時代錯誤です。そんな悠長なことを言っていると後塵を拝することになってしまうでしょう。

　英語の歴史を見ると英語は外来語をどんどん吸収して大きくなった言語であることが分かります。英語の食べ物の名前を考えてください。元々の Old English にはなかったものばかりです。英語古来のものはごく僅かです。現在のアメリカ人やイギリス人が食べている食べ物のうちで、Old English や Middle English にも存在したものはほんの一部で、ほとんどの食べ物の名前は外来語です。英語は外来語を翻訳せずそのままドンドン英語の語彙として入れてきました。spaghetti も Italian noodle なんて訳さずにそのまま取り込みました。英語は、古代英語から近世英語の1000年の間にギリシャ語、ラ

テン語、フランス語から多くの語彙表現を取り入れ、その結果、語彙のみか文法や発音にいたるまで原型をわずかにとどめる程度に破壊され別の姿に進化しました。その過程で外来語に順応する能力を付けてしまったのです。フランス語はその逆の歴史を持つ言語です。フランス語は長い間ヨーロッパに君臨し覇権を持ち、他の言語に対してかなり排他的で孤高を保ちました。ですから、ギリシャ語やラテン語などの超がつく名声言語は受け入れたものの、他の言語からはあまり語彙を受け入れてきませんでした。今でも、外来語の名詞を入れようとすると、女性名詞か男性名詞にするかを考えなければなりません。アカデミー・フランセを中心にフランス語の伝統を頑固なまでに守ってきましたが、その反面、語彙数が増えませんでした。語彙数が増えないと、グローバル社会の多様な概念を表現する語彙を欠くので、グローバル言語としては使えないわけです。それに比べると英語、特に、米語はどんどん入れてきました。その過程でどんな言語も受け入れる構造上の順応性も兼ね備えたのです。古代・中世英語にもフランス語のように名詞の格変化はありましたが、今ではほとんどを失いました。不規則動詞、不規則な名詞の複数形、代名詞などにその名残が残っている程度です。こうした英語の持つ柔軟性がグローバル・メガ言語になりえた理由の一つです。グローバル英語は参加を促す参加型の英語空間なのです。

グローバル・マーケットと英語

　デジタル・テクノロジーで繋がったグローバル市場では、情報交換が頻繁に行われ、有形無形の物事が交換されています。交換される物事は、それぞれの言語・文化に根ざしたものでなければ価値がありません。たとえば、ナイジェリア人がナイジェリア人であることを忘れて英語を話しても駄目です。日本人が日本人であることを、韓国人が韓国人であることを忘れて英語を話しても駄目です。日本人であること、日本語を知っていることが価値を生むのです。そういう空間なのです。

　私の母校である慶応義塾大学には、かつて西脇順三郎先生という高名な英文学者がいました。詩人としても有名です。私が英米文学科に進んだときに

は既に退官されていましたので授業を取ったことはありません。聞くところによると、先生は完ぺきに近いブリティッシュ・イングリッシュを話したそうです。英語で素晴らしい詩も書いたそうです。その時代には、英国の教養人の英語を真似することがよしとされていたようです。教え子には極端な方々もいらしたようで、英語だけではなく、イギリス紳士のように山高帽でコウモリ傘を持って歩いた人も居たとの話も聞きました。あるフランス人がこうした日本人を見て「petit Anglais」と陰口をたたいたという話も聞きました。50年代や60年代まではそれでよかったのでしょう。でも、今は違います。フランス人だけではなく、真似される側のイギリス人やアメリカ人にも揶揄されるかもしれません。大事なことは他の文化を真似るのではなくて、他の文化を理解すると共に自分の文化を相手に伝え理解してもらうことです。自分の価値観を相手に伝え、同時に相手の価値観も学び、お互いに理解しあいながら新たな価値観を築くことではないでしょうか。

　グローバル・マーケットでは、それぞれの人がそれぞれの言語を使って情報を交換していたらとても非効率です。それで中間言語が必要となったのでしょう。その中間言語に英語が選ばれてしまったということです。ここに積極的に参加しなくてはなりません。ではこの中間言語としての英語とはどんなものでしょうか。この問題について、私は同僚と真剣に考え、本や論文を出版し、国内外のいろいろな学会や会合で話をしながら、多くの方々と意見を交換してきました。特に海外の方々から共感を得ており、あまり間違っていないと思っています。

順応力を持つ英語、中間言語としての英語

　グローバル・マーケットにおける文化交換のための中間言語となりつつある英語は、歴史的に見て、外来語の侵入に対して寛容かつ柔軟に対応し続けてきました。米語は特に寛容です。そうでなければ、やっていけない事情があるからです。先ほども言いましたが、食べ物の名前をみれば歴然としています。ほとんどが外来語です。

　グローバル英語もその本質を受け継ぎ、他言語から多くの語彙を導入し

て、グローバル社会の事象を表現できる語彙・表現を備えた言語に成長しました。これは英語が中間言語として言語と言語の橋渡しとして機能し続けた結果と言えるかも知れません。あくまでも中間言語としてであることを忘れてはなりません。私たちは自分たちの母語を忘れてまでも英語を話そうとは思いません、中間言語としての英語で十分なのです。ですから、ある非英語圏の2つの文化が英語で話すとき、最終的にはお互いの言葉を学び合おうという姿勢が必要です。英語はそこに行くまでの中間言語なのです。私たちのプロジェクトに参加した韓国の中学生と日本の中学生は、「英語を中間語として、最終的には韓国語と日本語を教え合い学び合おう。でも、英語もうまくなろう」という姿勢で、お互いの言語と文化交流をしていました。お互いの文化を大事にしながらグローバル中間言語としての英語を使う、それがこれからのグローバル社会に起きつつあると、私は思っています。ですから、英語が参加者の母語に取って代わることはないだろうということです。実際に、そのようなことは起きていません。

慶應のSFCの「プロジェクト発信型英語プログラム」は、「中間言語としての英語」という概念に基づき、1990年以来、プロジェクト発信型の英語プログラムを実践してきました。グローバル・イングリッシュで世界に飛び込み自分たちの文化と価値観をメッセージに盛り込みどんどん発信しようというのがキャッチフレーズです。

コミュニケーションは、発信者と受信者がいなければ成立しません。発信者は受信者に、受信者は発信者になり、コミュニケーションのサイクルが回ります。全体主義国家では、ある一部の人が発信者で、大衆は受信者で、一方通行です。日本のような自由主義、民主主義の国では、自分の意志で発信者にもなり、受信者にもなれます。自分を囲む社会的な状況をみて、自分でメッセージをプロデュースし、好きな伝達メディアを使ってメッセージを飛ばすことができます。あるものは言葉を使って、また言葉以外の伝達メディアで自由なコミュニケーションが許されています。言論の自由というか、表現の自由というか、いずれにせよコミュニケーションの自由が許されています。

インティメート、カジュアルな空間と言語

　グローバル中間言語はとてもカジュアルな空間です。言語の5つのスタイル (intimate, casual, informal, formal, frozen) の内の frozen、formal スタイルは、言語、それも書き言葉に特化された表現スタイルです。書き言葉にならないメッセージを捨てる傾向があります。でも、informal, casual, intimate は話し言葉に特化したスタイルで非言語表現の比率が高くなります。特に intimate や casual なスタイルの話し言葉は、多感覚依存型で言語化されない部分が多くなります。"He is coming." と言わずに "Coming." でも OK なのです。自分も話している相手も目で見て「彼」が来ているのが分かっているからです。主語が落ちたのではなくてビジュアル化されているのです。英語でも intimate, casual, informal な会話にはよく起こる現象です。これに関連してテスト批判を試みてみましょう。

　ある公式テストのヒアリングの問題に次のようなのがありました。ある2人の会話です。1人が "I got a C on sociology 101. What did you get?" それに対してもう1人が "Oh, I got an A." と答えます。そして設問です。"What are they?" 次の選択肢から正解を選ぶよう指示が来ます。1. Teachers 2. Students 3. Drivers 4. Cooks 何かおかしいでしょう。普通の会話だと、この人たちがキャンパスで本やノートを抱えているのが目に映るでしょう。会話を聞かなくても見れば学生だとすぐ分かります。この会話の状況は明らかに informal な状況ですから、ビジュアル情報が相当ものをいうはずです。壁の向こうの話を盗聴している状況でもなければ、こんな会話を聞くだけで What are they? なんてことを聞こうとする状況はあまり思い浮かびません。今は違うでしょうが、1960年代の TOEFL にさえもこんな問題がたくさんあったような気がします。難しくなると生物学の講義なんかを聞かされました。ヒアリングだけで生物学の講義を理解しようなんて無理な話です。普通黒板に書いたり画像を見せたりするでしょう。ちなみに、今では生物の教科書は半分以上写真で占められています。

　おまけに、1問目、2問目、3問目と状況がどんどん変わります。人生経験の浅い若い学生たちがついていけるわけがないです。アメリカの状況を知ら

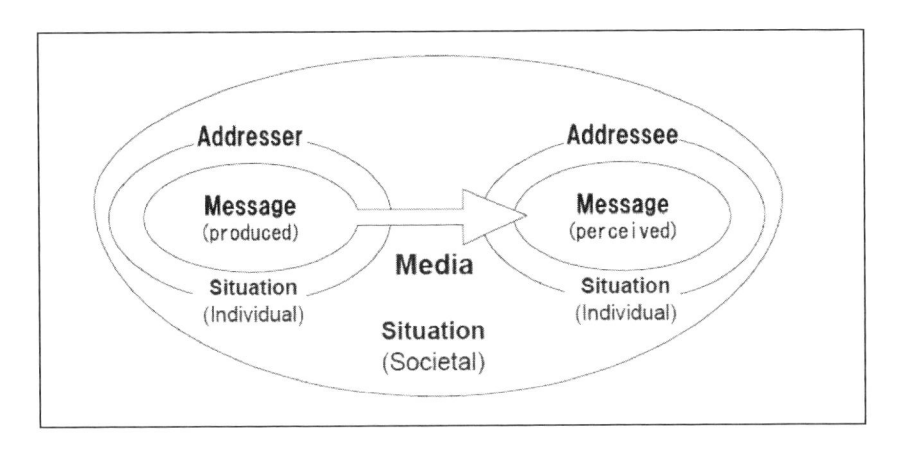

```
┌─────────────────────────────────────────────────┐
│     Addresser              Addressee            │
│    Message      ──────▶   Message               │
│   (produced)              (perceived)           │
│                  Media                          │
│    Situation              Situation             │
│   (Individual)            (Individual)          │
│              Situation                          │
│              (Societal)                         │
└─────────────────────────────────────────────────┘
```

図1　コミュニケーションとは何か (1)

なければついていけません。アメリカの天気予報を聞かされても住んでいなければ分かるわけがありません。アメリカ人だって日本の北陸の冬の天気を英語で言われてもちんぷんかんぷんでしょう。まず、学習者である子どもたちの状況、学生の状況を大事にしてあげなければいけないでしょう。小さな子供たちはまだ自分の身の回りの intimate, casual な状況でコミュニケーションをしています。中高生から大学生でさえもせいぜいインフォーマル・スタイルのコミュニケーションしかできません。コミュニケーションは本当に色々な相 aspects から成るのです。

　発信者も受信者も置かれた状況が微妙に違うので、同じ言葉であっても、発信者が意図したメッセージが受信者によりそのまま伝わるとは限りません。ここで「モダリティー」という概念がキー・コンセプトとして浮かんできます。モダリティーとは、発信者がメッセージを作ったり、受信者がメッセージを理解したりする時に作用する「態度」とか「姿勢」のことです。メッセージには発信者のモダリティーが現れ、受け取ったメッセージの解釈には受信者のモダリティーが作用します。大方、その人の価値観で形成されているといってよいでしょう。人はその置かれた社会的状況の中でモダリティーを形成しますが、個人により状況は異なるので個々のモダリティーも異なります。同じ言葉を使っても意味が違うということが起きます。それはモダリ

ティーの違いによるものなのです。外国語で外国人と話す場合にはこのモダリティーの問題は更に複雑になります。

　日本語を例に考えて見ましょう。「淡白」という言葉があります。「あの人は淡白だ」というのは「良いこと」だと思う人は皆さんの中で何人いらっしゃいますか。何人かいらっしゃいますね。「あの人は淡白だ」というのは、「悪いこと」だと思う方は何人いらっしゃいますか。これも何人かいらっしゃいますね。そうです、モダリティー、価値観によって違ってくるのです。実はこの違いは大きくて私たちはこの違いにこだわって生きています。私と家内の会話で次のようなちょっとした誤解が起きました。私の家内は淡白な味とか淡白な人間が大好きです。私は地方のコテコテ文化で育ちましたのでその逆です。ある日、私は家内にある人が淡白だと言いました。それから数日して同じ人について「だからあの人嫌なんだ」と言った時のことです、家内が、『でもあなたは、「あの人は淡白だ」と言ったじゃない、前に言ったことと違うでしょう』と言うのです。同じ言葉を使っても、生い立ちを含めて状況や価値観によってまったく意味が違うことはいくらでもありますが、モダリティーが成す業なのです。

　ですから、コミュニケーションは絶えず理解を生むとはかぎらないのです。状況が違い、モダリティー、価値観が違うと誤解が生まれ易いのです。誤解を生みやすいことを前提としてコミュニケーションをとる方が相互理解への近道です。友だちを作るというのは、違った状況に生まれた個々人が、共通の体験をして新しい状況を作り、そこから生まれる新しい価値観をもとに互いのモダリティーを調整し共有するようになることではないでしょうか。この過程がコミュニケーションであると思います。これが教室のなかでも起きたら素晴らしい。その仕掛けがプロジェクトなのです。先ほどヒアリング・テストの話に戻ると、見知らぬ世界の状況を前提としたテストは、この意味でも正確にコミュニケーション活動を測ることはできません。

内なるプライマリー・コミュニケーション

　コミュニケーションにはもう一つ大きな相あるいは面があります。今ま

では、人と人、人と動物、人とモノなどの個と個の間のコミュニケーションについて話しました。これを secondary communication と呼ぶとすると、私たち個人の個体のなかでもコミュニケーションが起きています。primary communication です。これは身体、特に、頭の中、脳の中のコミュニケーションです。ニューロンとの関係になりますが、19世紀にブローカ Broca らが言語野を発見して以来、言語については研究がされてきたのですが、コミュニケーションについては非常に遅れています。コミュニケーションの仕組みが分からないと言語障害の治療や、そして幼児教育などあまり分からないのではないかと思います。ニューロンの研究も、コミュニケーションをそっちのけで言語の形態ばかりに力を注ぎすぎてしまっています。

言語は感情とか理性の問題とも切り離して独立して研究しているような気がします。私はここ7, 8年、コミュニケーションの神経学的な基盤を求めてニューロンの勉強をしてきました。ここでいう primary communication の基盤研究です。私たちの身体自体が末梢神経から中枢神経にいたるまで、コミュニケーション活動をしていることが分かります。人と人との secondary communication は身体の中の primary communication が投影されたものであ

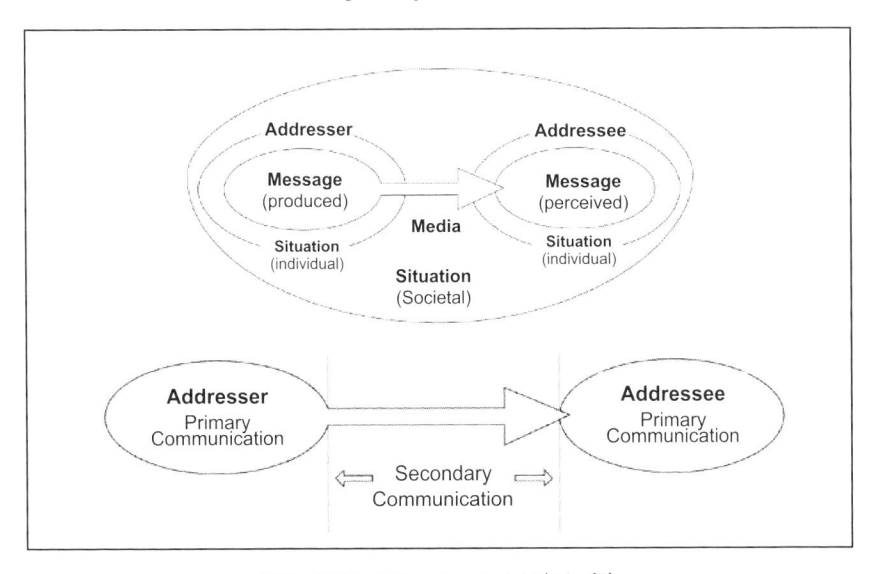

図2　コミュニケーションとは何か (2)

るかもしれません。人と人の間のコミュニケーション・ネットワークは神経のコミュニケーション・ネットワークに酷似しています。詳しいことは最近本を書きましたのでそれを参照していただくとして、ここで大切なのは、人と人のコミュニケーションで使う伝達メディアには、最近のテクノロジーそしてインフラの発展により色々な手段が登場してきました。しかし、マクルーハン的に言うと、そうしたテクノロジーは、頭の中すなわちprimary communicationの伝達メディアの一部が具現化されたものであると言えます。そこで頭の中の伝達メディアを覗いてみましょう。

　頭の中には、少なくとも五感に呼応した5つの伝達メディアがあります。視覚(ビジュアル)、聴覚、味覚、触覚、嗅覚。それ以外に第六感もありますが、人間には言語という伝達メディアがあり、これは確かに大きいのです。こういう諸感覚に直結するメッセージをわれわれは「受容」し「弁別」し「単一様態連合」unimodal associationと「異種様態連合」heteromodal associationを経て、外界からの刺激（メッセージ）を解釈し、それからそれに対して、体のあちこちにこうしろ、ああしろというメッセージを出して行動させるのです。ブローカ野やウエルニッケ野だけではありません、一次視覚野、視覚連合野、一次聴覚野、聴覚連合野、一次感覚野、感覚連合野、前頭前野、1次運動野、運動前野などの大脳だけではなく、小脳、視床、脳幹などの脳の他の部位から、脊髄神経など、すなわち、中枢神経と末梢神経の全てが協働します。

　子供たちは頭の中で、こうした豊かな感覚メッセージを自由に受け自由に造っています。想像力そして創造力といってよいでしょう。今の子どもたちはとても豊かで自由です。でもそれを他に伝えようとすると、学校教科ではひたすら言語のみで伝えることを強制されるので、言語以外の感覚メッセージをどんどんカットすることになってしまうのです。これは子どもにとって、とても不幸な話です。このような強制が続くと、耐え切れずに暴走する子どもが出てくるかもしれません。でも、その子どもたちは実はものすごく想像力と創造力に富んだ子供たちなのです。想像する力があればあるほど、異種様態連合から多感覚の様態のメッセージが生まれ、多感覚な伝達メディアをコラボレーションして、それらのメッセージを表そうとします。岡本太郎氏

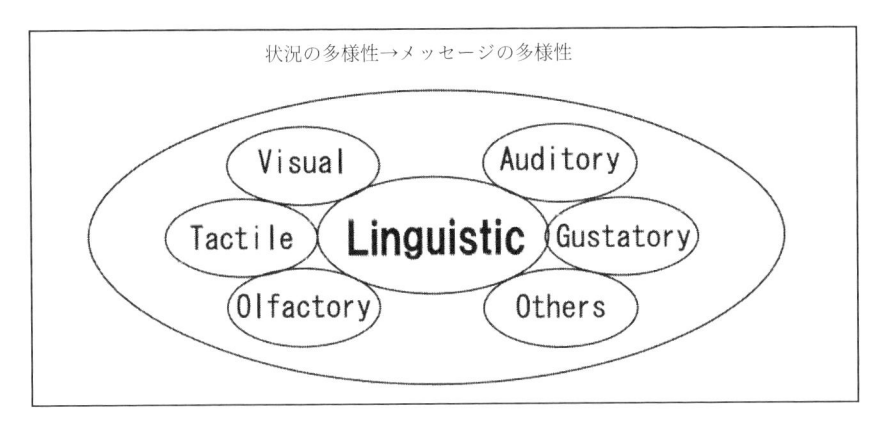

図3 状況の多様性

　などはそんな天才の一人だったのではないでしょうか。いずれにせよ、想像力がある人であればあるほど、こういう多種多様なメッセージに溢れています。それをどう人に伝えるかはまさに想像力と創造力を結集しなければなりません。味をどうして伝えたらいいか一生懸命考えるとユニークなアイディアが生まれます。

　私はとにかく、「言葉だけではない」ということを徹底させています。ある英字新聞の記事で取り上げられた学生たちはTOEFL 400点しかとれなかった人たちでした。でも、英語だけではなく全身を使って自分のメッセージを表現しています。ヒップホップの「turn」についての発表ですが、その英字新聞の記者たちはいろいろな大学の英語の授業を見に行ったとのことですが、彼らの発表が一番インパクトがあり面白かったと思ったからこそ特集号で報道してくれたのでしょう。SFCでももっとレベルの高いクラスの発表も見ましたが、最終的にはこの人たちが一番感動を与えてくれたということだったらしいのです。すなわち彼らは、ヒップホップの「turn」の多様性はどういうものなのか、言葉で表せない微妙な違いを実際に踊りながら体性感覚に訴え、ビジュアルと音の感覚を交えて短時間でプレゼンテーションをしてみせたのです。非常に説得力があり、言語で表現できないコンテンツが、これから重要になりうることを暗示させる見事な発表でした。

```
┌─────────────────────────────────────────────┐
│    メッセージの多様性→伝達メディア（コード）の多様性    │
│                                             │
│       ╭─────────────────────────────╮       │
│      ╱   ⌢⌢⌢        ⌢⌢⌢⌢        ╲      │
│     │  ( Visual )   ( Auditory )    │     │
│     │ ⌢⌢⌢  ┌──────────┐ ⌢⌢⌢⌢     │
│     │(Tactile)│Linguistic│(Gustatory)│     │
│     │ ⌣⌣⌣  └──────────┘ ⌣⌣⌣⌣     │
│     │  (Olfactory)    ( Others )    │     │
│      ╲                               ╱      │
│       ╰─────────────────────────────╯       │
└─────────────────────────────────────────────┘

図4　メッセージの多様性
```

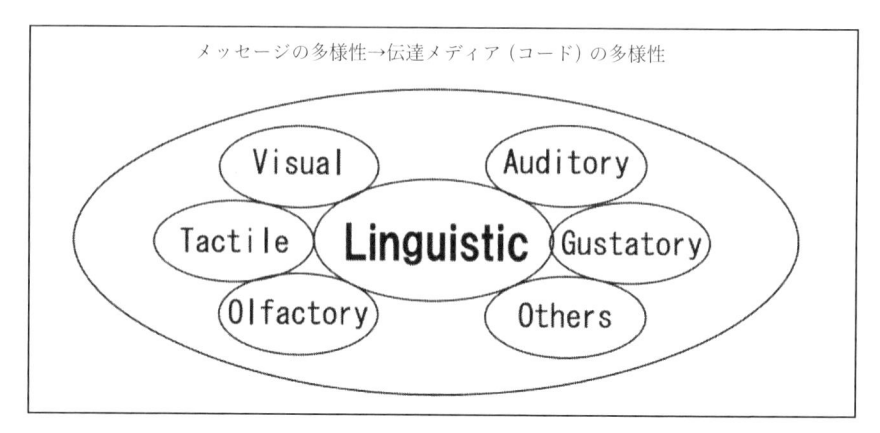

多様化してきた伝達メディア

　メッセージの多様性は伝達メディアの多様性と符合します。伝えたいことをそのまま伝えられる伝達メディア・テクノロジーがあればよいのですが、secondary communication における secondary media は長い間言語に限られてきました。しかし、今では視覚と聴覚が一緒になったビデオカメラなどが安価で買えるようになり、誰でも視覚・聴覚・言語でメッセージを自由に伝えることができるようになりました。私のプロジェクトの学生たちは、携帯電話を使って見たもの聞いたものをその場で自分のウェブに送って載せたりしています。最近、何やら、You-tube などというものも出現しました。写真や動画を取り言葉を交えてそのまま他の人に送って情報を交換しています。こうしたメディアの多様化はこれからますます進むでしょうね。1970年ごろまで個人がそのようなものを持てるとは夢にも思いませんでした。頭に浮かぶメッセージの多様性は、伝達メディア・テクノロジーの多様性を生む原動力です。言語から非言語のメディア・テクノロジーへの流れを止めることはできません。

伝達メディアとしての言語とその体系

　さて、ここで改めて、伝達メディアとしての言語についておさらいしてみ

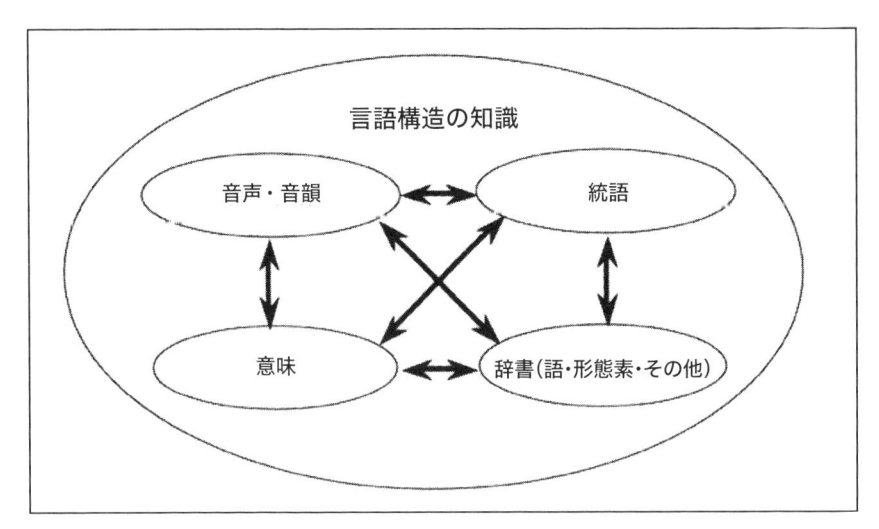

図5 言語の構造

ます。言語は音の体系、語の体系、統語の体系、意味の小体系が作る大きな体系です。これは primary media としての言語の構造ですから頭の中に存在します。そうした言語の体系がコミュニケーションの中で使用されます。それぞれの小体系にはルールがあり、チョムスキーはこれを総称して文法 (grammar)、時には mental grammar と呼んでいます。

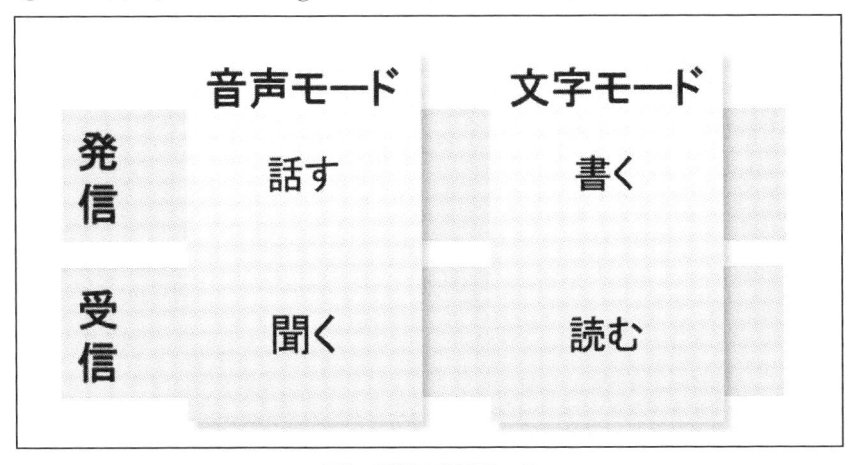

	音声モード	文字モード
発信	話す	書く
受信	聞く	読む

図6 言語の使用モード

子どもは、聞きながら、話し、読み、書きながら、先ほど説明したように受信、発信を繰り返してコミュニケーションをするうちに、言語の体系を自然に習得します。よく4技能4 skills と言われますが、secondary communication で mental grammar を使用する受信と発信のスキルです。音のモードと文字モードがあります。

　このように実際にコミュニケーション活動の一部として使用することで脳に残る言語の体系が、実際に機能する体系です。われわれの母語の体系はこうして自然習得されたものです。英語のみではなく外国語の学習もこうした機能的な流れの中で行われるべきです。ところが、今までの日本の外国語教育はそうではありませんでした。外国語を読んで日本語に訳したりしながら、統語や語彙・表現の解説をしたりして分析型の知識を詰めこもうとしたのです。分析型の知識が残りますが実際のコミュニケーションに機能するスキルではありません。中学生が分析に必要な「名詞」、「動詞」、「3単現」などというメタ言語を覚えさせられてそれだけで終わってしまいます。根底には、重要構文や語句の用法を全部覚えてからでないと実用的な英語をしても意味がないという因習があるのです。学生に語句のリストを配り、ひたすら意味を丸暗記させている授業もあるようです。ちなみに can の項目を見ると、いわゆる助動詞の can の用法、缶詰の can、昔の西部劇時代のトイレを意味する can が一緒にリストされているとのことで、ここまでくるとお笑いです。

　ですから、英語を読むというよりも、むしろ英文を日本語に訳しながら文の構造の分析をするというのが正確です。機能的な文法知識ではないので、聞けないし話せない。私もまさにこんな教育の犠牲者でした。200冊英語の本を訳しながら読んでも、全然聞けず話せず立ち往生したかつての自分を思い出します。機能的な文法でなかったからです。ですから、実際のコミュニケーションを通して聞き、話し、読み、書きを何度も繰り返しながら自然に身につける必要があります。そこでも、状況とスタイルを忘れないことです。母語習得の流れは、intimate なスタイルから casual、informal、formal、frozen の順であることを忘れてはなりません。intimate、casual、informal なスタイルの言葉は文法的にめちゃくちゃだというのは神話です。それぞれみ

な構造と体系をもっています。状況に合うスタイルの話し方ができることこそ本当に言語を知ることです。frozen な英語しか話せない。クイーンズ・イングリッシュを話せば英語の達人だと思うかもしれませんが、そんな英語に固執したら逆にハンディを負うことがあります。明治維新のころに武士の商法というのがありましたね、武士のような物言いでは商売にならず失敗しました。それと似たようなことになってしまいます。場に合う話し方を習得したいものです。

さまざまなプロフェッショナル・スキル

さて、4スキル(聞き、話し、読み、書き)を駆使してすらすらと英語を使えるだけでは不十分です。同時に、プロフェッショナル・スキルを教えなければいけない。リサーチして、ディスカッションして、プレゼンテーションして、ディベートし、そしてネゴシエーションするスキルです。これは言語というよりはコンテンツの問題ですから、言語ができることを前提としませんのでどのレベルでも出来ます。幼稚園児は幼稚園児なりに、小学生は小学生なりに、そして中学生、高校生、大学生、大人と続きます。年をとるにつれてリサーチは深くなることは確かです。例えば、私のクラスの学生の一人は、自動車が好きでリサーチをしながら自動車プロジェクトを立ち上げました。子

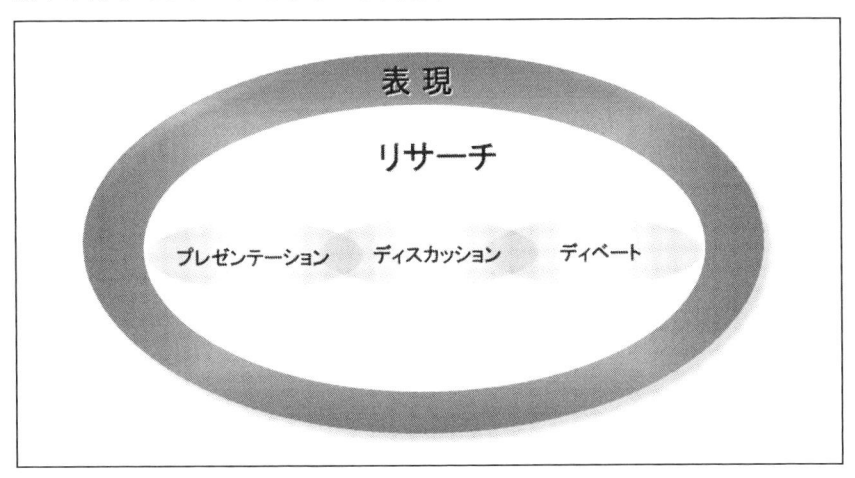

図7　大学における言語使用モードの活用

供のころから車が好きで雑誌を見ては調べていたのです。大学生になって更に調べて英語で発表しました。はじめは英語力不足でたどたどしかった発表も、SFCで電気自動車開発の研究会に入り、時速400キロの電気自動車の開発に参加しました。サスペンションを担当したとのことですが、英語のクラスが終わった後でもリサーチをし、そのうちに、できた車を外国のあちこちの自動車ショーで発表しなければならなくなりました。英語で堂々と発表し、議論し、交渉できるようになったことを報告する手紙を私に寄せてくれました。言語は内容が引っ張ります。英語が出来ても内容が無ければ意味がありません。よって、リサーチは必要なのです。

　すなわち、4つのスキルを通してバランスの取れた言語の体系の知識を身につけることは大切です。　同時に、言語だけではなく非言語の表現形態をうまくコラボレーションさせて、表現する能力をきちんとつけることも必要です。しかし、その前に表現する内容が必要です。内容をめぐり、リサーチ、ディスカッション、プレゼンテーション、ディベートをします。ディベートだけでは喧嘩別れになってしまうので、ネゴシエーションをして意見を調整します。大学生はこれらプロフェッショナル・スキルをさらに磨いて身につけさせなければいけないと思います。大学で洗練したものを習得させるには、大学で始めるのでは手遅れです。高校、中学はもちろんのこと、小学校でも始めるべきです。

コラボレーターとしての教師

　私たちSFCの英語の授業は、「問題発見・解決型」で、知識伝授型ではありません。未知の「知」の探求者です。教員自らそれを実践している人でなければなりません。教員にはいろいろな分野の専門家がいます。例えば、経済についてプロジェクトを組んだ学生がいました。内容が深くなると私には分かりません、当時のSFCでは竹中平蔵先生がいましたので、竹中先生のところに行ってインタビューしました。竹中先生は流暢な英語を話しますから英語でインタビューして録画を持ち帰り、再度聞きながら要点をまとめます。会話もままならない学生たちが、よくできたなと思うのですが、要する

に、自分が抱いた関心事ですから必死になるのですね。火事場のなんとか力というのです。コミュニケーションの原動力は関心です。経済でも自動車でもそれらに関心がある人は、経済や自動車についての情報を集めキチンと発表できるようになります。

　教員の役割はコラボレーターなのです。いろいろな人とコラボレーションして、学生のニーズを満たすファシリテーターというべきでしょうか。オーガナイザー、コーディネーター、ファシリテーターでしょうか。学生のプロジェクトを介して私自身もいろいろな人に会うようになりました。私にできることは、アドバイザーとしての役割を果たすことです。私は野球が好きですが野球選手ではありません。野球プロジェクトの学生には、私が野球を教えてもらいます。それが高じて、今では、私は野球チームに所属して野球をやり始め、今では多くの野球仲間が出来ました。私が始めたのは55、6歳でしたが、今ではバッティング・ケージで130キロ、140キロの球を平気で打つことができるようになりました。動体視力を養い老化の予防になり本当に感謝しています。学生のリサーチに付き合っているうちに本当に関心を持ってしまったのです。私が彼らに教えられるのは、リサーチの仕方とかまとめ方くらいです。

　教室はマーケット・プレイスです。ですから、そこで全部を学び覚えるのではなくて、知は外に、コンテンツは外にありますから、外で獲れたものを見せ合う「場」なのです。英語そのものも教室の外の世界で飛び交っています。インターネットでシカゴにアンケートを送り、あちらの交通状況を調べたりします。そんなことは教室に来る前にあらかじめやっておけばよい。教室で行うのは発表です。ヨーロッパなどに行くとマーケット・プレイスがあって朝市が立ちますね。いろいろなところからいろいろな人がやってきて自慢の産物を並べます。先ほど見せたヒップホップのクラス、あれがまさに私のマーケット・プレイスであるクラス風景です。教室はグローバルなマーケット・プレイスですから、グローバル社会とつながっていなければなりません。ですから、私のクラスは、メルボルン大学でもオックスフォード大学でもマンチェスター大学でも、韓国でも、向こうがお望みであれば、いつでも一緒に

共同発表、共同ディスカッションができるようになっています。私たちがそういうことをしていると聞きつけて、メディアの専門家がいろいろ支援してくれます。非常にありがたいです。17年間このようにしてきて今やっと形が整いつつあります。

SFCの英語教育

図8が今の私たちのSFCの英語です。

このGATEWAYというのは、説明してきた400点以下のプログラムにあたる部分を今はアウトソーシングにお願いしているものです。1990年から1998年まで私ともう2人の同僚が立ち上げて改善に改善を加えて創りあげたプログラムを基にして、何社か競争させた上で、我々のプログラムをもっとも理解したアウトソーシングの会社を選出して、何度も会議を重ねて共同でGATEWAYプログラムとして開発しました。教員訓練、オンライン化、テキスト作成、教授法など数年の時間を費やして築き上げ現在に至っております。

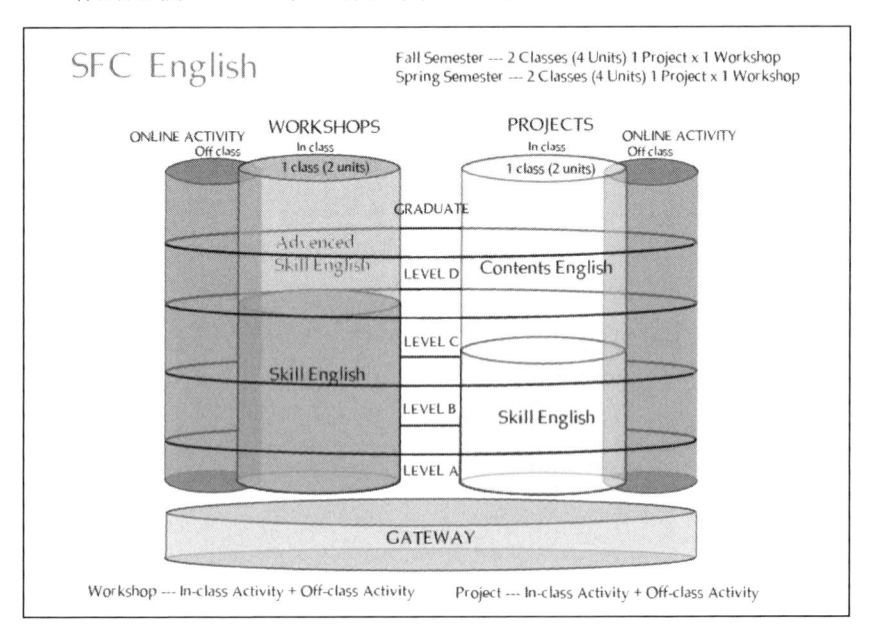

図8　SFC English

ですから、決して、アウトソーシングに丸投げではありません。丸投げは駄目です。ここを強調したい。アウトソーシングを呼びそっちで勝手に考えてくれといったアウトソーシングへの丸投げが横行しているようですが、私たちは相当時間と手間をかけて作り上げたものです。ほぼ毎週共同開発の会議を行い、大学の教育の一環として相応しいかどうか喧々諤々の議論をしてきました。一度は採算があわないと辞退されましたけれども、ここで私が説明しているような理念と成果を分かってくださり協力してくれています。だいたい20コマぐらいです。大変でしたがとてもいいプログラムで、お互いにやってよかったと思っています。このように、GATEWAYは私たちが10年かけて実践したプログラムをベースに共同開発したもので、コラボレーションの産物です、これ自体私たちにとって一大プロジェクトでした。

　私たち、専任教員はプロジェクト・クラスを担当しました。今では、全クラスがオンライン化されていて、私たちの教室は世界中と繋がっており、あるクラスはメルボルン大学と共同プロジェクトをしています。プロジェクト・クラスと平行して、ワークショップ・クラスがあります。ワークショップでは、英語スキルを中心に習得します。4つの言語スキルや文法・ボキャブラリー・発音など、いろいろなワークショップを用意して学生に選択させています。学生は、自分が苦手なスキルを訓練してくれるワークショップを取り、英語力のアップをはかります。プロジェクトをするうちに自分の英語力の欠如に気付くのでワークショップも一所懸命やるようになります。ワークショップも受信型、知識伝授型ではなくコミュニケーション活動をベースにした発信型ワークショップです。プロジェクトは手が掛かり教員の負担が大きいのでわれわれ専任教員が担当して、ワークショップは非常勤の先生方と一部をアウトソーシングにお願いしています。

アウトソーシングとマネジメント

　私が1980年代に在籍していた学部では、専任がやさしい授業を担当し非常勤に難しい授業を担当させていました。私たちがアウトソーシングを入れた時にアウトソーシングに丸投げしているのではないかと批判されたことが

あります。上で説明したとおりに、私たちは10年以上の歳月を費やして作ったプログラムをベースに、アウトソーシングと共同でGATEWAYプログラムを作り上げました。そのためにはアウトソーシングのマネッジメント担当の人たちと会議を重ね、学期ごとに成果発表をしてもらうなどしっかりフォローしています。大変な労力と時間を使ってきました。「丸投げ」は私たちの辞書にはありません。ですから、私はそうした批判者に逆に質問を返しました。皆さんは非常勤の先生方に授業を丸投げしていませんか、と。大体の批判者はこの質問をされると答えることなく退散します。非常勤の先生方は一体何を教えさせているのですか、どんなプログラムの何をお願いしているのですか、非常勤の先生方とどれだけミーティングを開いて授業の内容について語り合いコミットメントしていますか、ほとんどしていないのが現状ではないでしょうか。「いや、彼らも立派な先生ですからお任せしています」と言いますが、それはお任せではなく、それこそ単なる「丸投げ」です。非常勤の先生に50人、60人、100人もの受講者がいるクラスを担当させて、専任が5人か10人の楽なクラスを担当しているなどという話も聞きます。英作文とか英会話など面倒なクラスを非常勤にやらせて、訳読構文型の楽なクラスを専任が担当するなど枚挙にいとまがありません。非常勤の先生方の中には専任の先生たちとの接点がなく顔を見たことがないと言うケースが多々あります。非常勤も一種のアウトソーシングと考えれば、それこそ「丸投げ」ではないでしょうか。

　私たちは、プログラムをきちんと作成し、そのためのマニュアルも作成しています。英語セクションの共同研究室に英語プログラムのマネッジメントを専門にする有期の実務教員を採用し、その人がコーディネーターとしてプログラム全体を監督し、あらゆる問題はその先生に連絡され収集整理をすることにしています。そして英語セクション全体を管轄する教授クラスの世話人の先生が、コーディネーターの先生と毎週小会議を開き、上がってきた問題を議論し対策を練ることにしています。そこで対応できない議題はオンラインでそれ以外の先生に意見を求めて問題を収拾します。それでも対応出来ない問題は英語セクション会議で討論し処理します。世話人は交代制です。

全授業は Web 上で管理できるようになっていますので比較的スムーズに管理されています。コンピュータの専門分野の先生方が TA を送ってくれて、オンライン化の支援をしてくれました。

Contents English

　こうしてマネジメントが動くようになると、私たちは、1, 2年生から3, 4年生の英語プログラムの開発に専念できるようになりました。アカデミック・ライティングもその一つです。プロジェクトの成果をできるだけきちんとした英語でペーパーにして発表させなければなりません。同時に、3, 4年生になると、プロジェクトの内容も専門分野に触れるものでなければなりません。それで英語で専門分野のプロジェクトを行う Contents English という授業を始めました。1999年ごろから、私たちはそれまでの1, 2年のプロジェクト・クラスから、Contents English の立ち上げに専念することになりました。私の専門は言語学ですから、言語学関係の専門プロジェクトを幾つか出しています。私は、かつてアメリカで勉強した統語論や意味論の大家の研究書とか、社会言語学の大家の研究書を読ませて、この人たちが今の学生諸君であったら同じことを言うのであろうかと考えさせています。本だけではなく、MIT とかバークレーの無料配信授業を見させて批判します。例えばチョムスキーが日本人だったら、同じことを言うだろうか。彼は日本語を話せませんし漢字を知りません。だから言語はサウンドだと言って Halle と音韻論を展開したんだよね、でも、日本人だったら違う音韻論を展開したのではないか、僕たちが言葉を話すときに、また、理解するときに、たとえば、「スズキ」といったら「鈴木」という漢字がイメージとして浮かばないか、secondary media であったはずの漢字が脳の primary media に入りこんでいるのではないか、等など色々な脳神経学的かつ遺伝学的な疑問が湧いてきます。専門領域の問題発見です。学生は自分でデータを集めてはかなりユニークなプロジェクトを立ち上げます。ある意味では幼稚な質問かもしれませんが、かなりオリジナルで彼らしかできない成果を出します。

　私も自分の授業を配信していますけれども、ここでしかできない授業を

しないと、MITやバークレーなど、ノーベル賞級の学者を沢山抱えている世界の大学に太刀打ちできません。日本の有名大学がいくら頑張ったって、1500以上もあるアメリカの大学のトップ100以内に入るのは大変です。U.C.バークレーでさえ、バロン社の学部ランキングではトップ50から外れています。次のランクの150校に入っています。日本の大学でU.C.バークレーと肩を並べられる大学が何校あるのでしょうか、私の専門分野の言語学ではおそらく皆無です。

　日本の大学は、アメリカの大学が日本戦略をし始めたときに対抗しなければなりません。アメリカの大学も学生が集まらなくなり始めています。ですから、アメリカの大学は授業を無料配信して勧誘しているのです。大学のコマーシャルですね。単位を与えて学位まで取れるようになり、日本の会社が海外大学の卒業生を雇うようにでもなれば、学生はみんな向こうに行ってしまうでしょう。日米の大学の授業料はほぼ同じになりつつあります。日本の各大学もそろって日本でしかできない教育をして海外に向けてその魅力を発信しないと手遅れになるでしょう。もう既に2007年現在においても、米国の有名大学の一部が日本の高校生をリクルートし始めています。一流大学には留学生が集まるのは周知のとおりです。優秀な留学生の数は大学のランク付けの指標になりますが、海外の優秀な留学生はJapan passingをしていると聞きます。

コミュニケーション・ダイナミクスという基盤

　私たちのSFC Englishのコンセプトは、コミュニケーション・ダイナミクスを基盤にしています。学生の関心事を中心にプロジェクトをします。30人居れば30人が一人ずつ違います。

　関心は多様ですから、メッセージも多様であるということを重視しています。実は、それぞれの学生が自分の発信基地を持ち、マスコミに頼らず、自分で発信していくのだと。表現メディアは多様であることを忘れずに、言語ができなければ、すなわち、英語ができなければ、ほかのメディアで補う。とにかく自分で自分のメッセージに合う伝達方法を考えられたらそれでい

い。言語は1つのメディアに過ぎないから、非言語メディアと言語メディアのコラボレーションが必要であること。今有る英語で参加すればよい。大学に入学するまでに既に6年間もやってきたのだから、同じことをやって英語力が付くはずがない、今もてるその英語で発信しよう。こんなことを強調します。特に、英語にない概念を無理に英語に訳さずにローマ字化してそのまま紹介します。例えば「わび・さび」、これは英語にはなりません。日系人は、「遠慮」という言葉を英語に訳せないと分かるとそのまま enryo という言葉を使っています。wabi-sabi が何かわからなければ、その「わび・さび」の世界を日本に来て体験してもらうしかありません。日本にいるネイティブ・スピーカーの先生方の多くはそんな体験をされていると思います。wabi-sabi はわれわれ文化の大切な価値観、モダリティーです。各文化にこのようにその文化特有の非常に重要な価値観を表す言葉があります。無理に英語に訳せずにそのまま原語で伝達すべきであると思います。グローバル英語は寛容ですからそれを受け入れます。

　グローバル言語であるというのはそういうことです。文法性 grammaticality よりも、理解度 intelligibility、要するに、相互に理解できる範囲かどうかの方が重要なのです。理解できない場合は許容できるまでお互いに調整します。中国人と日本人が英語で話すとします。はじめはお互いの発音を理解できないかもしれませんが、お互いの母語文化を尊重して理解できるまで話し合います。このように intelligibility を優先すれば、こんな日本語訛りでは、こんな中国語訛りでは相手が理解できないだろう、これでは失礼だから、もうちょっと努力して分かるようにしよう、などとお互いに調整し始めます。ここに従来の絶対的な規範ではなく intelligibility を機軸にしたグローバルな基準ができます。そのうちに日本人は l と r の発音が一緒だな、中国人は発音しないなどという情報をお互いが盛り込み理解できるようになります。最初はこれでよいのです。

グローバル・マーケット・オフィスとしての教室
　さて、教室はマーケット・プレイスであることは述べました。世界中の教

室をオンラインでつなげて、グローバルマーケットをつくる。参加者の誰もが発信者であり、受信者でなければいけません。教員も自らコミュニケーターとして参加して、自分の関心事に照らして学生のメッセージから学び、自分の研究に反映させ、それを発信する。英語圏のみならず非英語圏の人たちとメッセージを発信し合う。自らがグローバル社会の発信基地になるのです。これが個と個を結ぶグローバル化です。

そんな発信基地からの作品をいくつか見せましょう。何せ1990年から数えると17年間の多くの学生さんたちの記録ですから枚挙にいとまがありません。まず、今から12年位前の1995年に録画したコンピュータ・グラフィックスに関する発表をお見せします。彼は、人の前に立って発表させずにあらかじめビデオで録画したものを発表しました。全部オリジナルです。彼はこの分野の専門家のようで、ロサンジェルスのグラフィックスの専門家チームに参加して、ペプシコーラの宣伝の制作も手がけたそうです。自分で発音の矯正プログラムをつくって、それに自分の英語をチェックさせました。内容的に非常にクオリティが高く2時間ぐらいの発表です。

この人は、ダニエル・キースという監督の「アル・ジャーノンに花束を」という映画が好きでリサーチをしました。この後で環境情報学部の映画制作の研究会に行きプロモーション・ビデオなどを製作しました。研究会にとどまらず、そのあとの職業に繋がっていくことが素晴らしい。彼女の発表も12、3年前の1995、6年頃に既に今でいうWeb上でビジュアルをうまく使って行ったプレゼンテーションです。

英語は、教室の外にあります。教室はそれを見せ合うところであると言いました。これは1992年のクラスです。このクラスは40人ぐらいの大きなクラスでした。TOEFL300点から400点ぐらいの人たちが集まりました。クラス全体で1970年代を調べて見ようということになり、手分けしてリサーチをすることになりました。そこから先はそれぞれの趣味の世界です。スポーツ好きな人たちは、1970年代の東京六大学野球、キックボクシングなどを調べました。あちこち駆け回って資料を集めました。それだけでもすでに勉強になります。サッカーの資料を借りる時には、著作権についてテレビ局の

人と話して承諾を得なければなりません。資料は日本語でしたから、ただし、成果の発表では英語にしなければなりません。英語は、決してうまいとはいえませんけども、よく聞いていると分かります。1970年ごろのキックボクシングがどういうものか。1970年代、私はアメリカにいましたので、その時の日本の事情はすっぽり抜けていて、毎週の学生の発表から多くのことを学びました。

これは同じクラスのサッカー部の学生の発表です。ヨーロッパのサッカーと南米のサッカーの違いを調べています。1970年以降のワールドカップのヒーローを調べましたが、総合政策専攻ですので、1970年代のヨーロッパと南米の社会的、経済的な違いがサッカーにも現れているという内容でした。ヨーロッパでは組織サッカーが、南米では個人技のサッカーが発展したのは社会経済的な理由があると指摘しました。サッカーを総合政策のテーマとしてリサーチしたのです。ちなみに、1993年の発表です。その翌年の1994年にJリーグが誕生します。Jリーグはどちらのモデルでいったらいいか、彼は見事に政策提言をしています。

これも同じクラスの発表です。この人は1970年代の流行語を20取り上げてその背景をリサーチしました。「黒いピーナッツ」、「モラトリアム」などの流行語を一つ一つ調べていきました。テレビ局などに行って映像資料を探しましたが、膨大な資料です。ロッキード事件の映像の半分は英語ですので、字幕を見ながら理解するまで見たそうです。教員が知識を伝授したのではなく、みな自分が集めたものを自分で目を通して理解し、考えをまとめて発表したこと、これが素晴らしい。この発表は、私たちの夏季研修先であるアメリカの有名大学の大学院の文化人類学科の授業で資料として使われました。すなわちTOEFL400点以下の学生の1970年代の日本についての発表が、そのままアメリカの大学院の授業の資料にもなったのです。まさしく日本からの発信です。

もうひとつ紹介しましょう。この学生はコンピュータ・プロジェクトのメンバーの一人です。日本語でさえ話すことは得意ではありませんでした。静かに黙々とコンピュータに向かって仕事をするといった人でした。彼の問題

発見はとても分かり易いものでした。実は、このような発信型の授業では、リサーチ活動が活発になるにつれて、膨大なリサーチ資料のファイルが私の研究室に並びます。活発な授業をすればするほど使用する紙の量が増えて私の研究室はいっぱいになってしまいます。環境にはよくありません。そんな時に、1992年か1993年頃でしたか、アメリカで MOSAIC というソフトウェアが開発されました。資料は全て電子化されて整理できるのみか成果を電子化して世界中に発信できます。このソフトウェアが1994年になるとホームページになりやがて Web ページに発展するのです。この人はとにかくコンピュータが好きで、1学期目はコンピュータ・ゲームを調べていましたが、2学期目になると、彼は MOSAIC の英語のマニュアルを全部読み、自分のクラス・メイトをコンピュータ室に集めて、今で言うと Web ページの作り方を教えてくれたのです。ですから、私の英語のクラスは既に1994年に今でいう Web 化されたのです。おそらく世界で一番早く Web 化した英語の授業でしょう。それを学生さんたちがクラスのプロジェクトとしてやってくれたのです。この学生を中心にコンピュータ班の学生さんたちがやってくれたのです。後で説明する、lifelong 英語のモデルのオンライン化の礎をコンピュータ班の学生諸君が英語プロジェクトで築いてくれたのです。

　他にもたくさん紹介したい成果があります。これらはプログラム初期の私のクラスのそれもほんの一部です。1年生の1学期か2学期の成果です。私の他の同僚のクラスでも素晴らしいプロジェクトの成果を上げています。2年生、3年生、4年生の専門分野の英語プロジェクトの成果を紹介する時間が無いのは残念です。

　私は、慶應 SFC だけではなく他大学でも同じようなプロジェクト授業を担当しました。あえて、英語が苦手な人たちを集めた授業です。それはそれで素晴らしいプロジェクトでした。慶應のプロジェクトとはまた一味違う素晴らしい成果です。お見せできればいいのですけれども感動的なプロジェクトです。今ここにいる山中司君は、北陸の大学でこういうプロジェクト、プログラム実践をしていますが (2007年当時)、発表会の成果を見るとこれらも素晴らしい。どこでも学生さんたちは英語で発信することに積極的です。

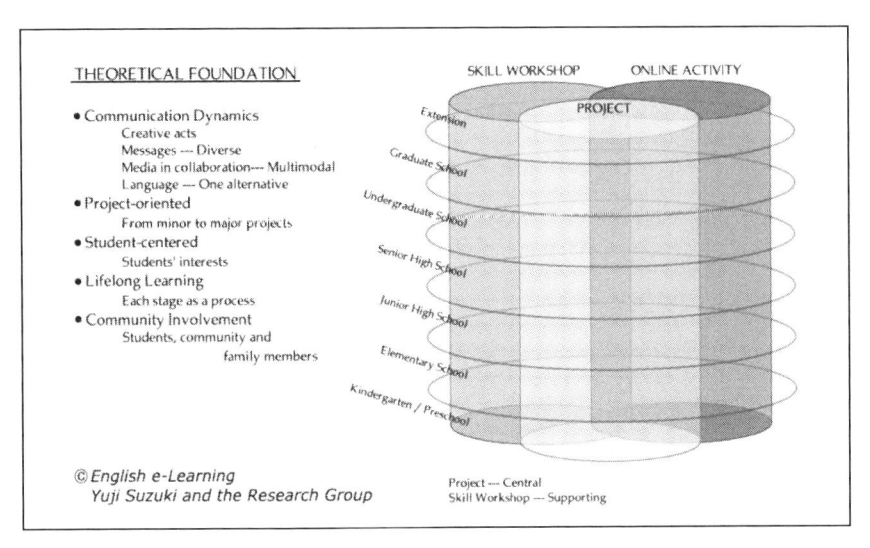

図9 e-language in Action

e-Language in Action

　さて、本日の講演の本題のクライマックスとなります。上で説明したような慶應SFCの英語プログラムにならい、幼児から社会人を対象に lifelong モデルを作り、実践してまいりました。慶應義塾大学大学院政策メディア研究科21世紀COE「次世代メディアと知的社会基盤」の e-learning のセクションの活動の一つとして、文部科学省の資金支援をいただきました。2002年から2006年の5年間です。幼児、小学校、中学校、高等学校、大学、大学院、社会人を対象に、SFC英語プログラムをオンライン、すなわち、次世代メディアを使い、グローバルに展開しようという意気込みで実践しています。e-Language in Action と命名して、世界中の幼児、小学生、中学生がオンラインで言語と文化を交換できる場を創造しました。

　この図のように、全てオンライン化して、プロジェクトとスキル・ワークショップの2つが並び機能的に繋がっています。スキル・ワークショップで英語を身につけます。幼児は幼児なりにできます。私は『えいごであそぼ』というNHKの番組の監修をしていますが(2001～2011年)、やはりマスメディ

アでプロジェクトをするのは大変です。例えば、エリックというキャラクターを幼児たちの居る場所に出すことにより、幼児というのは想像の世界で生きていますから、番組でその風景を見る幼児たちは、自分の家にも来るとかもしれないと思いつつ番組を見ながら発信する準備をするわけです。また、番組は簡単な英語の表現を体で覚えられるように工夫されていますから、よいスキル・ワークショップにもなります。

　残念ながら、発信させるということでは1対大衆というマスメディアには限界があります。それで広島のある幼稚園で発信型の活動を行っています。私の研究室が制作した英語教材『Switch-on』を使い幼児たちが英語を覚えて、面白いプロジェクトを敢行しています。オンライン化も進みスカイプなどを使って画期的な活動です。小学校でもやっていまして、教科書ができてきます。『カタカナ語からはじめる小学校英語』（鈴木佑治著、小学館、2007年）で、小学生が知っているカタカナ英語を英語に直したのを覚えてもらい、それを使ってプロジェクトができるように構成されています。スキル・ワークショップとプロジェクトが一体化されたものです。中学校でも実践してきました。藤沢市の公立中学校です。東桂子先生のクラスとアメリカの中・高等学校の日本語のクラスと言語・文化交流をしています。慶應の一貫校がわれわれのところに来たことが無いのはとても残念です。立教さんや青山さんをはじめ多くの学校と意見を交換してきましたが、非常に残念ですが、慶應の一貫校とはコンタクトがありません。聖書の中で、キリストは「預言者は自分の出身地ではあまり歓迎されない」と述べていますが、私たちは預言者ではありませんが少し寂しいですね。高等学校でもパイロット的な実践をしています。

　発想はすでに説明したとおりです。グローバル英語を媒体に、お互いの言語や文化を教え合い、やがては中間言語を離れ、お互いの言語と文化を学び合おうというものです。ですから、東先生のクラスでは、英語を使い、韓国と交流をしました。お互いに韓国語と日本語を教え合い文化を交換しています。過去4年間で実践例は増えて、英国のマンチェスター大学、オックスフォード大学といろいろなレベルでジョイント・プロジェクトを行いつつあ

ります。

　中学校や高等学校の英語の授業をスキル・ワークショップと位置づけて、総合科目とか、あるいはクラブ活動を使ってプロジェクトをやらせています。これから始まる小学校の英語教育や、中学、高等学校の英語教育で習う英語を使ってプロジェクトができます。今、藤沢市の村岡中学校で、東先生が行っているプログラムはその方向に進んでいると思います。

　小学校のプロジェクトを紹介いたします。SFC の近くの湘南台小学校の 4 年生と 5 年生が実践したプロジェクトです。私の研究室の、当時は学部生であった山中司君たちが支援して、湘南台小学校の子たちは生物の先生が中心になり、生態系プロジェクトを行い英語で成果発表をしました。たった 1、2 カ月で、湘南台地区の生態系について発見したことを、ハワイの子たちにインターネットで発表しました。ハワイのほうの子たちは日本語を勉強していますから、日本語で自分たちのプロジェクトを発表しました。

　かなり前になりますが、新宿の天神小学校では、帰国子女の少年がクラス・メートに英語を教えたりして英語でビデオレターを作りました。これも 1 カ月ぐらいだったようですが、自分たちのリソースをフル活用すれば、先生たちが英語を話せなくてもなんとかなります。おそらくこの少年のお母さんもお父さんも英語を話すでしょう。よろこんでお手伝いいただけると思います。コミュニティーにもたくさん英語ボランティアがいるでしょう。小学校に英語の先生がいない場合はコミュニティーを探せば必ず誰かいます。ここは残念ながら、相手校を見つけてあげられないうちに、担当の非常勤の先生がどこかに転勤してしまったので中止になり立ち消えになっています。年齢が下がれば下がるほど想像する力があり、面白いプロジェクトが出てくる、というのを私たちは、実感しています。

　せっかく小学校でプロジェクトを始めたのに中学校で止まってしまっては何もなりません。藤沢市の公立中学校の東先生の英語プロジェクトは、1 年間キチンとカリキュラムに組み入れて実践しています。高校はとても難しい。大学入試が入ってきますから皆さん時間がとれないのでしょうか。大学入試は読解力・作文そして文法・語彙・表現、それに最近では hearing がありま

すね。プロジェクトをすることは、特に作文、読解力、ヒアリングをアップするには効果的です。大学と大学院については既に説明したようなプロジェクトをオックスフォード大学とかマンチェスター大学とかメルボルン大学と language exchange をしながら共同授業をしています。日本語と英語で30分ずつ話し合います。授業以外でもスカイプを使い意見を交換しています。

　私たちが機材を相手方に貸したり、アドバイスするなどして支援することもあります。単に機材を貸すのではなく、どう授業活動の一部として使うか、私たちの出番が意外と多いのです。こういう意見交換は、教育学、教育工学の実験にもなりますから、私たち大学の教員の間にも共同プロジェクトが芽生えるのです。

　すなわち、プロジェクトというのは学生だけではなくて大学の先生の研究プロジェクトでもあるのです。先生、大学院生、大学生が一緒に英語で研究プロジェクトをする環境が整います。

　皆さん、もしご関心がありましたら、「TOEFL メールマガジン」の連載記事 e-Learning in Action（バックナンバー）と Lifelong English という連載記事をお読みください。ここで紹介した先生方が出ています（http://www.cieej.or.jp/toefl/mailmagazine/index.html）。

小学校テキストの作成

　最後に、先ほど触れた小学校のテキストについてお話します。小学校の英語テキストはあまりないというので書こうかということになりました。グローバル英語の発想に基づいています。小学校4年生と5年生を対象にしています。学校の授業としても、家庭で子どもたちだけで一人でもできるように工夫しました。ベースにしたのは、英語から借入したカタカナ語です。小学生が目にするテレビ番組や雑誌などから、700語くらいのカタカナ語を抜き取りました。子供たちは一つ一つのカタカナ語の元の英語のスペルと発音も習います。発音については CD が付いていますから一人で練習できます。小学生の生活を、家庭と学校に分けて、家庭での歯磨きや買い物などの日常の活動から、社会、歴史、算数などの授業活動をカバーしています。語彙・

表現を学びながら、その語彙・表現に関連したテーマで調べ物をしてその成果を発信します。今回は紙ベースで出版しましたが、将来はオンライン化を考えています。スキル・ワークショップに当たる部分は、カタカナ語を英語にしたものを覚えてダイアログや練習問題などをしながら勉強します。これらのカタカナ語700語ですが、これは英国や米国の小学校低学年の児童たちが覚えなければならない基本単語1000語にすっぽり入ります。向こうの子たちが使う言葉のうち少なくとも700語が日本語でも同じ意味で使われているのです。日本語を保存することは非常に重要ですが、こうしたカタカナ語の幾つかは日本の企業などが作った言葉です。ウオーク・マン（文法的には「ウォーキング・マン」でしょうが）なんて言葉は日本で作った商標がそのまま英語になりました。また、日本の企業は世界進出するために商標を英語にしたり、部品などの名称を示す英語をそのままカタカナ表記化したりせざるを得ません。昔は、和製英語が闊歩しましたが、今では、英語の業界用語がそのまま使われるようになりました。カタカナ英語が良し悪しについての議論はさておき、スペルを英語に戻し、発音を英語に戻せば、同じ意味領域で使われているのでそのまま英語になります。

　ちなみに、スペイン語にもカタカナ現象と似た現象があり、まったく同じ英語の言葉が入っています。スペイン語の場合は複雑で、もともとはラテン語の言葉が英語に入り、その英語がラテン語群の一つであるスペイン語に逆流しているのです。韓国語、中国語、ポルトガル語などカタカナ表記の借入語とほぼ同じ英語を取り入れています。ですからカタカナ語を英語に戻せば世界中の人と簡単なコミュニケーションができます。私たちの研究グループで調べたところ、小学校の6年生でだいたい2000語ぐらいの英単語のポテンシャルを持っています。中学校卒業で3000語です。高校生になったらもっとあります。実は国立大学の入試問題の英文をカタカナで書き直したところ、かなりの単語がすでに日本語化していることが分かりました。特に理系、別けてもコンピュータ系の読み物はそうでないのを探すのが大変です。それでも理系は英語ができないと嘆いているとしたらどこかに問題があります。学生のポテンシャルを引き出しましょう。それをベースに英語で楽しみましょう。

発信です。子どもたち自身の関心事が彼らの創造力を動かします。それに合わせて言葉を使えばいいのです。文法といっても、子供たちは、"I love you"（SVO）、"Go！"（SV）、"I am happy"（SVC）などという基本文形を知っていて、普段から使っています。SVOO、SVOCなんて文型はもともとマイナーな文型ですから、SVC、SVO、SVを知っていれば十分です。実はこれらの3文型も子どもは全部ちゃんと知っています。世界と話すには、先ずは、これで十分じゃないでしょうか。

小学生は親しいintimateな状況で、中学校に行ったら、casual, informalな状況に、それを高校、大学に行ってformalな状況に結びつけてあげればいいのではないでしょうか。こういう意味で幼稚園、小学校、中学校、高校の先生が協力することが大切です。これが本当の一貫教育ではないでしょうか。

筆者は、本講演を行った翌年の2008年に慶應義塾大学を停年で退職し、立命館大学に移籍しました。新設の生命科学部、薬学部、および、2012年開設の生命科学研究科のために、学部・大学院一貫の「プロジェクト発信型英語プログラム」を提案し、実践しております。『グローバル社会を生きるための英語——立命館大学生命科学部・薬学部・生命科学研究科——プロジェクト発信型英語プログラム』（鈴木佑治、創英社三省堂、2012年2月）およびWebサイト（http://www.pep.sk.ritsumei.ac.jp）をご覧ください。Facebook（http://ja-jp.facebook.com/ProjectBasedEnglishProgram）では、学生の発表風景もご覧になれます。また、先に紹介したTOEFLメールマガジンの筆者の連載コラムFor Lifelong Englishにて、その後も引き続き、英語で活躍されている各界の方々と対談して生涯英語のすすめをしております。

＊本稿は、2007年6月30日に立教学院英語科教育研修会にて行った講演資料を基に加筆・修正したものです。

第2章　実践と理論 ④

4　対論・『構造としての言語、実践としての言語』

鈴木佑治・鳥飼玖美子・寺﨑昌男

はじめに

○寺﨑　今、鈴木先生から大変内容の濃い、しかも、話の仕方がまことにダイナミックな講演を聞かせていただきました。アメリカで教授経験のある方はこういう話し方をなさるのかとびっくりして聞いておりました。

　今日は、対論ということにさせていただきました。初めはこういう企画はありませんでした。「フロアから何かご質問はありませんか」で進む予定だったのですが、鳥飼玖美子先生がせっかくおられるのだから対談にしていただきたい、いやむしろ、対論にしたらどうですか、という意見がいろいろ出まして、こういうことになりました。

　皆さんの前でお二人の盟友が対決なさるということになれば面白いのですが、私は英語教育に関しては全くの門外漢ですから、どういうことになるか分かりません。

　よく分かりませんというのは、私のなかに英語教育の方法や内容に関する地図がないのですね。これが素人の証拠でございまして、今うかがったことしか頭にないという弱点があります。ですから、どれくらいうまくいくか、まことに自信はないのですが、どうかよろしくお願いいたします。

　最初に鈴木先生に、先ほどのお話のなかで、もうちょっとここが言いたかったということがあったら、補っていただけないでしょうか。そのあとで鳥飼先生からコメントをいただき、それに鈴木先生からレスポンスがある。そういうことを約20分ぐらいやったあとで、あとはフロアからのご質問で盛り上がればいいなと思っています。

鈴木先生、どうぞ。

1　Lifelong English

○**鈴木**　Lifelong English の lifelong という言葉を少し補足説明いたします。いつでもどこでもどなたでも、ゆりかごから死ぬまで、英語に限らず、どの言語であれ使い続けるという意味です。そこには一貫した理念があり、生涯続けるという意味です。この意味で、幼稚園児には幼稚園児なりの、小学生には小学生、中学生は中学生、高校生は高校生、大学生は大学生なりのかかわり方があると思います。一貫教育ということばは、同じ学校法人の中に小学校とか中学校がありそのまま一貫して教育が受けられるという意味でよく使われています。

　立教も慶應も小学校から大学まで繋がっていて一貫教育の学校法人といえるでしょう。もう一つの一貫というのが、生涯一貫して続く教育という意味で、必ずしも同一組織内という意味ではありません。そのなかにこれを位置付けたいなと考えています。どこの学校に行こうが一貫した理念の下で生涯続けるという意味です。

　幼稚園のことをあまり言えませんでしたが、その意味で幼稚園児の英語を考えてみました。普段の生活で園児の目や耳に入る約400個のカタカナ語を抽出してそれを元の英語に戻します。カタカナ読みで英語を話せという意味ではありません。元の英語の発音とスペルをゲーム感覚で教えるソフトウエアを作り、広島市のある幼稚園で実施したところ、だいたい2週間で約400語を覚えてしまいました。幼稚園児にこうしたポテンシャルがあるのです。非常に楽しくやるので覚えてしまうのでしょう。覚えた英語の言葉を使って、歌を作り、お遊戯や劇をして、園児も先生も楽しくやっていました。何よりも、園児と一緒に、先生たちも保護者たちも英語を習い始めたこと、これが素晴らしい。園児を中心に一緒に何かを学ぶコミュニティができます。

　そういう意味で、例えば小学生であれば小学生を中心に、また、中学生、高校生、大学生であれば、彼らを中心にコミュニティが形成され、そこで一

緒に何かをするという感覚が必要です。誰かが誰かに英語を教え込むというよりも、グローバル英語の空間では、英語は巷に転がっており、そうして出来たコミュニティがそれぞれその空間に参加して英語で何かをする。それを生涯し続けるという意味です。

　ですから、子どもたちに超 formal で frozen な英語を無理やりに教え込むことではありません。子どもたちはまず非常に親密でカジュアルな会話から始めます。人の一生を考えるとそれが一番自然です。そこから始まり、やがて友達ができ、中学校、高等学校、大学、そして社会人となり年を重ねて生涯を送るうちに、何人かは英語で論文を書くようになる人が出てくるでしょう。もっとも、母語の日本語でも論文を書いて生計を立てるような人は人口の5％ぐらいでしょう。ほとんどの人はやや formal な日本語で種々の報告書や手紙を書く程度で生涯を終えると思います。ましてや、英語ということになると、ほとんどの人は informal レベルの英語を話したり書いたりすることができれば十分です。その5％ですが、立教も含めて日本の将来をリードしていく人材を輩出する学校ではそこを目指さなければなりませんが、小学生から論文調の英語を勉強させることではない、と言いたいのです。私も学者になることを目指していたのですが、24才から34才までアメリカにいて、大変な訓練を受けて英語学で博士論文を書きましたが、そこまで10年かかりました。34才から更に学術論文を書き続けて、アメリカの恩師に怒られることなく英語の論文や本が書けるようになるにはもう4、5年掛かりました。ネイティブの編集の手を借りないで英語で論文を書き出版できるようになったのは45才ごろです。そういう立場にいる人たちはそういうところに身をおきますから、最終的には formal な英語をおそらく習得していくのだと思います。それでも一生かかります。

　そこで中学校の英語に目を向けてみましょう。まず教科書です、それが中学生のコミュニケーションのスタイルからかけ離れた状況設定をしています。非常に formal な英語でダイアログが書かれていて、そんな英語で会話をしても不自然な会話になってしまいます。立教の中学生もたぶん外国に行くと思いますが、そこで会う友達はそんな話し方はしないわけですね。そこ

で非常に面食らってしまいます。間違っているというのではありません。教科書の英語が、普通の話し言葉から離れた言葉であって状況に合わないと言いたいのです。中学校と高等学校で6年も英語を勉強したのに会話が出来ない原因の一つです。

　それからもう一つ、私は63歳（2007年講演時）で、出身は静岡県です。私の年代で中学校から高校に進学できた人は、50人のうち10人ぐらいでした。ましてや大学に行けた人はその内の5人です。私よりも成績優秀な人が高校にも行かず日本の高度成長時代を支え今の日本の礎を作りました。そういう能力のある人たちは今や引退していますが、中にはまた勉強したいと言っている方々がいます。そういう方々も含めて生涯学習を考えなければいけない。英語は中学校以来まったくやっていないと言うので、幼児用の教科書を見せたところ孫と一緒にやってみたいと言って非常に喜んでくれました。もちろん大人ですからそれなりのコンテンツが必要です。

　先ほどの生涯教育の話では、そういう大切なことも言い忘れました。

○寺﨑　ありがとうございました。それでは、鳥飼先生にお回ししたいと思いますが、一つだけ私の個人的な感想を申しますと、二番目の息子は慶應大学経済学部の卒業です。先生の先ほどのキャリアをうかがってみると、彼は先生がおやめになってSFCに行かれたあとで、どうやら経済学部の英語を受けたのですね。彼の様子を見ていますと、慶應の経済に行った4年間で英語力が伸びたとはまったく思えませんでしたね。ネイティブの方が教えておられるのだけれども、本人にはちっとも伝わっていない様子で、実に残念でした。先生がもうちょっと経済学部にいて改革をなさったら、息子もよかったのではないかと、残念です。

　それでは、鳥飼先生、お願いします。

○鳥飼　どこから始めたらいいか。まずはお礼を申しあげたいと思います。立教学院でもこのように一貫連携を重視し、小学校から大学、大学院まで、今日は大学院生も来ていますけれども、そこを通して英語教育に何か一貫性を持たせたいということで、この数年来、努力してきているわけです。

　そういうわけで、社会との接点を見据えたお話で、それを生涯教育として

位置付けてご提示いただいたこと、大変勉強になりましたことに、まずお礼を申しあげたいと思います。

　本来ですと、私は何しろ『危うし！ 小学校英語』を書いた人間ですので、ここでいつチャンチャンバラバラと議論が始まるかなと楽しみな方もいらっしゃるかと思うのですけれども、あまりその話しばかりでも。ただ、一点だけ押さえておきたいのは、鈴木先生が最初、パワーポイントの2枚目くらいのスライドでおっしゃっていた、要するに何語を話そうと、それは個人の自由であるので、国家として阻止することはありえない、という点。それはそのとおりだと思います。しかし、今は国家として阻止するどころか、国家として、全国民に英語を話させようと、言語政策が実施されているわけですので、反対派ないしは慎重派の意見というのは、その上意下達の国家政策を問題にしているわけです。その上で、個々の意見には温度差があるのですね。中には、例えば藤原正彦さんのような方もいらっしゃるのですが、個人のレベルで子どもが小さいときから英語学習を始めるということと、全国の公立小学校で必修として教えるということは、議論の前提条件が違うので、そのへんは少し整理しておいたほうが良いと思います。反対する人は、必ずしもナショナリスティックな意味で言っているわけではない。私も英語で仕事をする人間ですので、英語の重要性は痛切に感じていますけれども、現在の公立中学校のあの状態を放っておいて、小学校だけに莫大な予算を投入することの是非とか、条件整備の欠如とか、早く始めればすべて問題が解決するのかなど、英語教育の全体から考えると問題を指摘せざるをえないという思いです。

　それはちょっと置いておきまして、私がうかがいたいのは、SFCの英語教育についてです。ご紹介いただいたプロジェクトは素晴らしいと思います。立教大学でも全学共通英語カリキュラムでは、プレゼンテーションやスピーチ、ディスカッションやディベートなどを導入して1997年からやってきているわけなのですけれども、ずっとやってきて疑問を感じないわけでもない。プレゼンテーションなどに学生たちは喜んで取り組むし、やっていて上手になるのですね。やはり学生たちの若者らしい創意工夫で、あっと驚くような

中身を発表したりして感心します。ただ、それが実際に社会に出たときのコミュニケーション能力につながるかというと、必ずしもすんなりいかない場合がある。たぶんそれは、先生がいみじくもパワーポイントの中でも触れられた、「コンテクスト」ですね。コミュニケーション行為において、言語とコンテクストが抜き差しならぬ関係にある、というのはパースやヤコブソンから始まりハイムズなど最近の言語人類学や、ゴフマンなどのミクロ社会学者による相互行為論でも指摘されていることです。

　文化人類学者のマリノフスキーは、コンテクストには文化的コンテクストと社会的コンテクストの両方があるという説明をしました。そのようなコンテクストのなかでコミュニケーションが行われるとどうなるか。ハイムズは、コンテクストの概念を場面、参加者、目的、メディア、行為者の規範等々の要素の頭文字をとってSPEAKINGと総称するモデルとして提示しました。つまり、コミュニケーションの場がどういうもので、何の為に、どのような相手と相互行為をするのか、というコンテクストを抜きにコミュニケーションは成立しないということ。そこには、文化を含めた人間と人間との関係、社会的な弱者、強者など権力関係もかかわってくるわけですね。

　そういう要素がさまざまに錯綜するがゆえに、言葉を使ってのコミュニケーションというのは非常に難しく、定型表現を教えただけでは済まない面があります。一所懸命に準備して行うプレゼンテーションはうまくできるんだけれども、実際に生身の人間と接した時のコミュニケーションでは、さてどうなるか。思ったほどには、うまくいかない。それは当然なんですね。でも、そこでうまくいかないときに、やっぱり学校で教える英語は使えない、となってしまう。

　ならば、それは授業のなかでどうしたらいいのか。長くなりますから、このへんで先生のご意見をお願いいたします。

○**鈴木**　コンテクストという言葉は、色々な人が使って居ますが、私が先ほど言った状況という言葉は、ローマン・ヤコブソンのコンテクストに近いかもしれません。さて、うまくいくか、いかないかは、あまり問題ではありません、ある目標に向かって進んでいればよいわけでそのプロセスが重要です。

プロセスの中で当然失敗はありますが、成功への一プロセスですから。確かに、プレゼンテーションは難しい。アメリカでもスピーチなどという授業で、もうずいぶん前からやっていましたけれども、先生がテーマ設定をしてリサーチの仕方からディスカッションそしてその答えまでコントロールし過ぎではないでしょうか。先生が答えを持っているようなプロジェクトをしても意味がありません。自分の状況の中で自分の将来を自分で作り出すプロジェクトをして発信する。社会のつくった将来に自分がはまるのではなく、自分の将来は自分で作る、そこを重要なポイントとしてプロジェクト発信型プログラムを作りました。

　そうしなければいけない理由の一つは、マクルーハン的な意味でのメディアの変革です。メディアはメッセージだという意味での伝達メディアがこれだけ変わってくると、当然メッセージも変わってくる。かつてもコンピュータはありましたが個人が持ち歩くには大きすぎたので、メディアを変革させるところまでは行きませんでした。それがどんどん小さくなり、今ではおそらく携帯電話にダウンサイズしてiPodのようなものが定着しつつあります。学校でわれわれ教員たちが考えている紙メディア状況とはまったく違った状況が定着しつつあります。マリノフスキーが言った状況というのは、あくまでも彼が活躍した1900年初頭の状況であり、しかも彼がフィールドワークによる参与観察の手法を使って研究したトロブリアン諸島のそれです。レヴィー＝ストロースなどに影響を与えましたが、マリノフスキーの手法は、彼の弟子であるR. ファースでさえこれらの島の研究にしか当てはまらないとしてか疑問を持ち去っていきました。実は今、たまたま研究会でマリノフスキーを読ませておりますが、疑問を持たせながら読ませています。マリノフスキーが今、慶應SFCの君らだとしたら同じ事を言うのであろうかとか、もう少しさかのぼって記号論の祖ソシュールが今、SFCの君らであったら、どういう記号論を展開するだろうかと考えさせます。私は、これらの学者が何を言ったかについては教えることが出来ますが、学生の状況の中でどう展開されるかについて、それを自分の将来にどのように関連づけて展開していくかについては教えられません。彼らが生涯を通してそういうことを考えて

いくわけで答えがない世界です。

　1993、94年にコンピュータ・ショッピングについてリサーチをした学生たちがいました。そのときは、まだ遊びの延長でしたが、今2007年になって、それが経済を動かしています。自分の状況から自分の将来を作ることを地で行く話しです。

　ですから、先ほど言いましたが、アメリカなどのスピーチのクラスでは、先生たちが、みんなお膳立てしてやります。私たちのはそうではなくて、それぞれが置かれた状況の中でコンテンツというものをどのように自分でつくっていくか、それで将来どのように社会を変革していくかを考えさせています。

　ですから、私たちの英語の授業は単に英語の授業でなくなってしまった。言語学の授業は言語学でなくなってきてしまっています。コンテンツをどのように創造するか、そういうことを考えながら、今、学生と一緒に立ち上げているところです。大変難しいですけれども、楽しくて、挑戦しがいがあります。

2　コンテンツと英語教育

○鳥飼　先生が今おっしゃったのは、言葉を変えて言うと、コンテント・ベース・ティーチング（content-based teaching）のようですね。内容重視で、言語学にせよ、経済学にせよ、ある内容をやることによって、学生たちは付随的に英語なら英語という言語を学んでいく。私も大学ではそういう指導方法が望ましいと考えています。大学生にふさわしい、あるいは知的レベルに合った、そして彼らの将来に直結するという意味で、それは理想的な姿だと思うんですけれども、ただ、ときどき難しいなと思うのは、内容を教えるのか、言語を教えるのか、境界線が明確でないときがあるんですね。それは教員のスタンスによっても変わってきます。このコンテント・ベース・ティーチングには、言語教員と専門分野の教員が協同する方式や、専門の授業への言語的準備として行われる場合など、いろいろな種類の方法論がありますけれども、

最近は日本の高校、あるいは中学レベルでも、英語の授業の一環としてテーマを選んで英語で学ぶ、というかたちで取り入れています。大学では自由にテーマを選ぶことが可能なので、学生の興味喚起には役立つのですが、弱点もあって、あまり特定のテーマに走りすぎると、今度は体系的に言語を教えるということが弱くなる。要するに、テーマによってバラバラに出てきた語彙を教えると、体系性が生まれないということになる。内容が大切なのか、これは英語の授業だから英語を教えているのか。教師も生徒もテーマに引きずられて、面白いんだけど、英語の授業なのかどうか分からなくなってしまう場合があるという問題。そのへんはどのようにお考えですか。

○鈴木　アメリカの EFL や ESL で使った content-based approach という教授法は、色々なコンテンツの教材を使い、学習者のモチベーションを高めようとした方法論です。ただし、コンテンツそのものを本格的にリサーチして深めるのが目的ではありません。SFC でもその方法論を取り入れた人たちが居ましたが結局失敗に終わり雲散霧消しました。学生が本気であるコンテンツを深めようとすると、先生がついていけず立ち往生してしまいました。私たちは未知の知、すなわち、コンテンツを開拓することを理念に学部を立ち上げようとしました。既存の知、すなわち、既存のコンテンツを知識伝授型で教える、ましてや、その薄っぺらな断片を切り取り疑似餌にして、モチベーションを高めて言語を教えて終えるのでは理念に沿わないのです。とにかく、教えるのでもなければ、教えられるものでもない。言語というのは、あるコンテンツを真剣に追求する過程で習得するものであることを実感しました。コンテンツが深まればそれにあわせて言語の質も深まる、コンテンツが言語を引っ張りますが、その逆に言語がコンテンツを引っ張るということはまずない。content-based approach のように、言語学習のモチベーションを上げるために既存のコンテンツをちょっと使うのでは、言語そのものも深まらない、このことを実感しました。また、コンテンツが深くなるだけではなく、状況によって変化していくことにも注視しました。われわれは今までソシュールのラング (la langue) という概念に振り回され過ぎて来ました。彼のいうパロール (la parole) にもう少し目を向けるべきだったのです。たしか

に、言語には社会全般におよぶ規制 (constraint) 的で、静的で、誰しもが無意識に従わざるを得ないラング的、すなわち国語体的な要素はありますが、個人的であり、動的で絶えず変化するパロール的な要素もあります。ラングは不変ですが、パロールは絶えず変化するといわれています。しかし、そのラングでさえ変化することがあります。ラングは記号の deposit ですが、その記号の持つ形態 (signifiant) と内容 (signifié) の結びつきに変化が生ずる時です。内容すなわちコンテンツに変化が起きる時です。内容がいかに重要な機能を持つか分かるでしょう。パロールのレベルでは、内容は絶えず変化し形態も絶えず変化していることは言わずもがなです。私たちはこうした意味でコンテンツに関心を持っています。言語学者であればソシュールはみな読んで知っているでしょうが、こうしてみると、記号の signifié に当たる conetnt とか meaning などという言葉一つをとっても確定した既存知などは無いことに気づき、人には教えられないことが分かりました。そこで、SFC では、「学」というのをやめて、その代わり「論」にしました、言語学ではなく言語論です、言語論といった時点で、経済学者も言語について論じそこから新たな言語論が生まれるわけです。それぞれの専門分野の知識は置いておいて、みんなで様々な分野の現象を日常言語で語りながら、新たな言語論を作ろうということになりました。「学」がラング的であるとしたら、「論」はパロール的です。ちなみに、私も出版した本にはみな「論」をつけました。そういう意味でのコンテンツ・デベロップメントでありまして、content-based という概念はそれとは似て非なるものです。

○**鳥飼**　今、ソシュールが出ましたけれども、もちろんパロールこそが、言語の実践 (語用) であるわけで、これなしでコミュニケーションを考えることは不可能です。通訳、あるいは翻訳というのも、まさしくパロールを扱っています。だけれども、ラングというのは、つまり基盤となる言語構造ですから、どこかで学ばなければ、学習しなければならない。特にその言語が話されている環境の中で第二言語として獲得するのではなく、日本での英語学習のように外国語として英語を学ぶ状況にあるときには、クラッシェンが学習 (learning) と獲得 (acquisition) を区別したように、意識せずに身につけるの

は非現実的です。ある時期、意識的にラングを学習しないとパロールまでいかないというのは、どうお考えですか。

3 パロールと「意味」

○**鈴木** それは、「意味」と「意義」の違いだと思います。丸山圭三郎さんの『ソシュールを読む』では、ラングにおける抽象的な「意義」が、実際のパロールで使用することによって無数の「意味」になる、と言っています。例えば、「正しい」という言葉の抽象的な意義は、実際に使用される状況によって沢山の「意味」が生ずる。通訳や翻訳が難しいのは、誰かのパロールを通訳・翻訳するのですから、意義的な通訳・翻訳をどうするのかということでしょう。また、習得 (acquisition)、習得する (acquire) ということですが、これも、もう一回考え直さなければいけない。脳神経学と関係していますね。私はこの何年間かニューロンの勉強しながら、コミュニケーションと言語の神経学的基盤を考えています。言語習得といいますが、その前にコミュニケーションの基盤を考えなければ偏ったものになります。最近になって、脳神経学の分野では言語があるとみられる左脳中心に研究を進めてきたことを反省する動きが出ているようです。19世紀にブローカ（言語の生成）とウェルニッケ（言語の音の理解）の研究がその後の方向を決めてしまった。脳の特定の部位の言語機能の発見で、みんながそちらに引きづられてしまいました。ソシュールがジュネーブ大学で『一般言語学講義』をしたのは、その後でした。言語偏重の脳神経の学問体系を基にした言語習得の研究にはかなりの偏重があることは否めません。

　ソシュールの弟子であるコンスタンタンがまとめた、ソシュールの『一般言語学の講義』のフランス語版とその英語訳を読むと、ブローカとかウエルニッケの研究を意識して講義をしたことが分かります。彼もスピーチの流れの図を書きましたが、音も意味もイメージであって、そのイメージ同士がくっついて記号を作り、その記号が体系化して言語、すなわちラングが構成されると言っています。音も実際の音ではなく頭に浮かぶ音のイメージで抽象的

なものです。脳神経では、これを音の単一様態連合から生まれるイメージ的な percept という言葉を使うのでそれに影響されたのだと思います。現在では PET とか色々な機械があって脳の中がみられますが、当時は見られなかったのですから抽象的なラング論の展開になったのではないでしょうか。

　でも、実はソシュールは論文も本も自分では1冊も書いていません。あれは彼の『一般言語学』という講義を聴いた弟子が残したノートを起こしたものなのです。最初の「講義録」はあまりできのよいお弟子さんのものではなくて、1950年代に先ほど言ったコンスタンタンというお弟子さんの『講義録』が見つかり、これは素晴らしい講義録でした。日本ではこれをベースに丸山圭三郎先生がソシュール論を書かれました。そこでは、ソシュールがラングだけではなくパロールについても論じていることが分かります。私がアメリカで習ったソシュールの言語論は、結局ラング論でした。言語はラングの体系で、社会全体の意識の集積 (collective consciousness) だとか、静的 (static) だとか。では、ソシュールがそう言ったかというと、私もフランス語でコンスタンタンの『講義録』読んでみたのですが、必ずしもそうは言っていません。私たちは厳然としたラングの中に生まれつき、実生活ではそのラングに基づきおびただしいパロールをする、たしかにそうでしょう。すなわち私たちが母語である日本語のラングの世界に生まれつきますが、それはある意味では強制されたようなもので、これはデュルケイムのいう一種の社会的事実 social fact として受け入れざるを得ません。そこに生まれたからには従わざるを得ないという negative constraint に置かれている、これもある意味そうかもしれません。私たちは自分の意志で日本語を話す世界に生まれたのではないのですから。

　しかし、『講義録』を読んでいると、ソシュール自身は当時の歴史言語学を否定する活発な論を展開しており、本当は非常にダイナミックな人です。彼の生き方と静的なラング論がどうしても結びつかないのです。もしかすると、デカルトの考えを機軸にした近代の客観科学的方法論が、ソシュールのスタティックな部分を強調しすぎたのではないかと疑いたくなります。客観的科学方法論は、まず正確さを求めますから、絶えず変化するダイナミック

なものを排除し、不変的でスタティック static なもの、そして、無限ではなく有限であって、個人的なものでなくて社会一般に共通すると言う普遍的 (universal) なものを対象にすると、個人的、主観的で、動的で、無限なものは、科学の対象にはならないと考えるようになった。言語学では、特にチョムスキー・スクールを中心に1960年代より、こうしたデカルト的客観主義が本流を占めています。チョムスキーが対象とする理想的な話者・聞き手 (ideal speaker/hearer) の言語とは、まさに抽象化され客観化された不変な言語体で、もしかすると、その流れの中でソシュール論が曲解されてきたかもしれません。

　日本の英語教育にもその弊害が出ています。それは、何か不変で理想的な英語が存在し、それを学習するという言語習得論です。そのへんのところももう一回見直していかなければいけない。ダイナミックな部分、パロールの部分を忘れてはいけないと思います。もちろん、ラングを否定しているわけではありません。

　先生が言われた、コンテンツ・ベース (content-based) についてもう少し補足させてください。われわれはコンテンツ・ベースではなくて、コンテンツ・デベロップメントそのものに関心を持っています。そのコンテンツについてのメッセージを生成し発信することに関心があります。学生には学生のメッセージがあり、そのためにはコンテンツそのものを追求しなければなりません。コンテンツ・ベースというのはそこまでは行きません、モチベーションを持たせるために、ちょっとコンテンツを使うということでしかありません。教師自身はコンテンツにあまり関心を持っていませんし、コンテンツ・デベロップメントするノウハウも興味もありません。ですから、経済学部の学生が、経済に関心を持ち、それについて質問すると、「私は英語を教えているのであって、経済を教えているのではない！」と教師が怒りだしたりします。未知のコンテンツを求めて、学生と教師がプロジェクトを立て探求します。教師も一緒に未知の知をもとめてユリシーズのようなオッデッセイに出るのです。何が起きるか分かりません、そういうスタンスもあってよいでしょう。

　具体的に言うと、日本の教育、特に英語教育において何が問題かというと、

その焦点の当て方です。先ほどお話ししたとおり、英語という言語の分析に終始している。言語の分析をするためには、言語について語るためのメタ言語が必要です。名詞、動詞、形容詞、5文型、関係代名詞、接続詞、発音記号などなどです。

私は、アメリカ人のALTに、神奈川県の公立高等学校の入学試験の発音の試験をやらせてみたことがあります。4つの単語があってアクセントとか発音が違うものが一つあるのでそれを当てろ、と言うのが問題です。全部出来たALTはほとんど居なくて、全員が全滅でした。母語の話者はどこにアクセントがあるかどう発音するかは機能的には知っています。英語の話者の場合はストレス・アクセントで、日本語の話者の場合はピッチ・アクセントで正確に発音できます。しかし、それを分析してみろと言われると出来ません。それは言語学者のすることです。しかし、日本では子どもたちにそこまで勉強させ、しかも、入学試験という大切な試験でテストまでしているのです。

オーセンティックな英語を分析するノウハウを習得することは、言語の習得（acquisition）ではありません。それでは子どもたちの言語への関心をそいでしまうことになります。教育において関心を殺すことほど恐ろしいことはありません。そういう意味で、子供たちが自分の関心事を中心にコンテンツを追求し、そのプロセスの中で言語を習得できるようにする、これこそが大切なことであると痛感します。

○寺﨑　まだお話になりたい、おうかがいしたいことがあるのですが、ちょっとお待ちください。今のところまでで、私は非常に理論的には重大な話が出ていると思います。日本一の同時通訳、実践をやってこられた鳥飼先生がラングの教育に対して関心を持たれて、鈴木先生はむしろパロールのほうでけっこうだ、コミュニケーション中心で大丈夫だとおっしゃっている。この対照は私には非常に面白いことのように思われるのですね。

ここでフロアのほうから、この議論に参加してみたい、あるいは何か質問をしてみたいという方はいらっしゃいませんか。どうぞ。

4　フロアからの質問

○**質問1**　立教新座中学・高等学校の古平と申します。プレゼンテーションを最後のプロダクトというかたちで持ってこられる教育ということを見させていただいたのですが、今お話をうかがっているなかで非常に面白いと思ったのは、「関心を殺すことほど恐ろしいことはない」と。結局、生徒のモチベーションをプレゼンテーションというかたちで最終的に生かしていらっしゃる教育を行っていると思うんですが、われわれは現場にいてもうちょっと知りたいのは、そこに持っていくまでのプロセスなんですね。生徒たちに、好きなことをやっていいから、インターネットでもパワーポイントでも何でも使ってやりなさいといきなり言ってやっているわけではないと思いますので、そのへんの工夫。特に中学、高等学校レベルで、先生がどういう工夫をなさってきたか、ちょっとお話をうかがいたいと思います。

○**鈴木**　まず、コミュニケーションの場を作るところから始めています。

　日本の子どもたちには、まず日本語でのコミュニケーションをする場を作ります。日本語でもコミュニケーションをしていない子どもたちにいきなり英語でコミュニケーションをしなさいというのは無理です。具体的に私の授業の1時間目を再現してみましょう。どのレベルであろうとも、まず全員席を立たせます。あちこち動き回ってできるだけ多くの人たちと話すように言います。日本語でわあわあ話しながら、お互いに情報を交換し合います。自己紹介から始めて、何が好きなのか、いつもどんなことをしているのか、どんなクラブ活動をしているのか、何でもいいのです。

　10分も経つとクラス全体がかなりうちとけてきます。そこで初めて、簡単な英語の表現を教えます。"My name is ～"など、今度は、中学校・高等学校で習った表現を使ってお互いに話し合ってみるように薦めるのです。そうすると、年齢に関係なく、子どもたちは喜んでやります。"I'm from Shizuoka."などと、結構さまになります。多くの人たちにとっては、初めての英語を話す体験でしょう。これが原点です。この1時間目を忘れないように、これが出発点で、1、2学期もするとみんなもっともっと話せるように

なっているよ、と言ってあげます。そして、今度は話し合って得られたお互いの情報を使って、日本人が一番苦手で下手な、他人の紹介をするように言います。特に、日本人の男性は、自分を紹介したり、ましてや、他人を人に紹介するのが下手で、時には命取りになります。多くの国で、男性の方が積極的にイニシィアティブを取るので、女性は待っていれば男性の方から来てくれます。ところが男性が待っていたら誰も来てくれません。日本人の男性の中には、積極的に自己紹介し、他己紹介も出来ない人が多く、孤立してしまう人が多い。できても、自分の話だけをべらべらとまくし立てるのを見かけます。まず自己紹介して、いろいろな人のことを知り、例えば、「あの人ときみと同じような趣味を持っている」などと他の人に教えたりして、その人に会わせてあげたりすると、多くの人と友達になることが出来ます。そういう紹介をまず日本語でもやっていない訳ですからまず日本語でやり、そして同じことを英語でしてみるのです。"My name is Ryo.""Your name?""I'm Ken.""Nice to see you""Oh, this is Kyoko.""Hi!""By the way, Kyoko and I like music. How about you?"これだけでの表現で始めますが、それで十分です。

　2時間目の授業の前には、「自分の好きなものを持っておいで、そして自己紹介しながらみんなに自分の趣味について話してみよう。実際に触れられるものを持っておいで、自由に話していいよ。でも、人を傷つけるのだけはやめようよ。お互いを尊重し合おう。」と伝えておきます。これだけ確認しておけば問題ありません。今まで17年間、一度も問題はありませんでした。

　学生は、誰もお互いにそれなりのモラルを持っています。ですから、インターネットのような新しい伝達手段が出回った時に、彼ら自身が自発的にモラルを確立することが非常に重要なのです。こういうご時世ですからインターネットを使って自由に発表させることを危惧する人もいますが、避けても問題の解決にはなりません。私たちは積極的に使わせて彼らが自分自身の問題として解決する場を与えたいと思っています。それもコミュニケーションの一環ですから。こうして、セルフアピールから始まりどんどん発表して行くと、ある段階に来るとそこから先は、もうちょっときちんと調べたいという意欲が湧いてきます。そこからリサーチを導入して調べさせます。

リサーチの仕方を教えてやると、しっかり調査して発表しようという機運が巻き上がります。授業の大体半分を使い、リサーチの方法や発表の仕方そして表現を教えます。後の半分でそこまで調べたものを発表させます。各時間、次回までにこうやってみようとクラスで討論しておけば、1週間の間にその課題を済ませておいて、次の時間には、やってきたものをお互い発表し合うことが出来ます。大学は90分ありますが、小学校は45分、中学校や高等学校は50分ぐらいでしょうか、その時間内では全員が発表する時間はありません。クラスの前に出てきて発表してもらうのは、毎回、2グループくらいでしょう。どんどん回せば、1学期に各グループ2, 3回は発表の機会がもてるでしょう。さらに、工夫をこらして、異文化の子どもたちと共同発表の機会がもてれば最高です。いろいろなコメントが来ます。そこから国際化が始まります。保護者にも手伝ってもらえば、子供を中心にしたコミュニティができます。SFCの私の研究会では、藤沢市の中学校がそういう活動をするお手伝いをしています。

　コミュニケーションでは、個人の関心がテーマになります。例えば、歯が痛ければ歯医者を調べます。今の子どもたちは、例えば携帯を買おうと思ったら、携帯について一所懸命調べてから買いますよね。何でもそうです。関心があるから、調べます。その過程で人と話し、人の意見を聞き、本を読み、ものを書きます。こうして物事がうまくいくとみんなに見てもらいたいのでそれについて話したくなります。他の人に話すとそれに対する意見が帰ってきますから、人の意見に耳を傾けるようになります。そうしながら、関心事は膨らみ研ぎ澄まされて素晴らしいコンテンツに生まれ変わります。そしてその伝達方法も洗練されてきて人間的にも成長します。

　もちろん、関心があれば、何をやらせてもいいというわけではありません。モラルに問題があるもの、道徳的にちょっとどうかと首をかしげたくなるようなものもあります。この17年間に1件だけそういう発表がありました。動物に関することで、ここでは言えませんが、ethicsにかかわる問題でした。クラスの前で発表するにはあまりにも衝撃的です。確かに発表する権利はあるが、聞きたくないという権利もあるのでは、とアドバイスしました。2人

で考えた末、私の研究室で私だけに発表してもらうことになりました。その後、彼は私のコメントを聞いてethicsに関心を持つようになり、素晴らしい卒業制作を仕上げました。学生と教師の間のコミュニケーションも密になります。教師はアドバイザーとしての機能を果たさなければなりません。

〇寺﨑　古平先生、よろしいですか。

〇質問1　はい。

〇寺﨑　ほかにもう一人ぐらい、いらっしゃいませんか。小学校の先生方、いかがですか。どうぞ。

〇質問2　立教小学校の天野と申します。ラングとパロールということで、たしかに今、悩んでおります。型を教えてあげないと、何か言いたいときに困ってしまうのではないかと思う。しかし、何か言いたいこと（メッセージ）がない子どもに、いくら型を教えてもしょうがないしということで、本当に行ったり来たりだと思うのです。

　積み木を上に上に積んでいくような系統的な教え方は小学生には合いません。英語ってこんなものだよ、と、どんとやって、「ああ、すごい、やりたいな」と思わせて、というトップダウンな方法の方が効果的であると感じています。ただ、たしかに鳥飼先生がおっしゃるように、中学校や高校、どこかの時期にラングのトレーニングをうんとやったほうが、将来、大きく花開くだろうという気はしています。鈴木先生のご提示くださった先ほどのスライド（SFCの英語）で、ワークショップの部分がありました。Lifelongの中で、ワークショップ的なものをどのように組み立てていくのかということをおうかがいしたいと思います。

〇鈴木　コメントありがとうございます。今回の講演ではプロジェクトについてお話させていただきましたが、スキル・ワークショップというモジュールについてはあまり説明しませんでした。

　スキル・ワークショップでは、ラング、いわゆるオーセンティックなラングを学習させています。先ほど言いましたように、現行の中学校や高等学校の英語授業は、もうすこし手直してインターラクティブなものにすれば、とてもよいスキル・ワークショップになります。ただ、似たような授業を小学

校にも導入するかどうかは意見が分かれるところです。財源や人材など学校の経営にとっても、それ以上に、生徒にとってももう一つ正課が増えるわけですから大変です。小学校に専門の英語の先生を導入するのか、小学校の先生に英語を教えられるように training するのか、いずれにしても莫大な費用と時間がかかります。私は、CALL などの自動学習システムで間に合うと思っています。私たちも英語が出来る先生が居なくても、クラス単位でも個人単位でも一人で英語の基礎が付くような小学生用の教材を作っています（既に出版済み）。

　要するに、英語の力を付けるスキル・ワークショップとしては自動学習システムを使い、既存の授業を利用してドンドン発信させます。理科の授業なら、習ったことを英語で発信したらよい。私たちの開発する教科書は小学生の勉強から遊びまで色んなことが英語で言えるように作ってあります。それを自動学習で勉強してそこで習った表現を使えば、全ての授業でやっていることを英語で発信できます。

　公立小学校の英語教育は非常に困っているようですが、それは受信型の教育をしようとしているからです。そのための教科書を作り、先生を採用しなければなりません。発信になると話は違います。受信のようにオーセンティックな英語にこだわる必要は有りません。受信と発信では英語の質は全然違います。皆さんは漢字を読めてもそれを全部書けるとは限りません。私の話している日本語なんてめちゃくちゃです。これはどの言語にもどの話者にも言えることです。

　受信型の教育はオーセンティックなものを受信させて、それを真似て発信させようとします。ですから、小学生、中学生に、frozen な英語を覚えさせて、それを真似て話させようとします。frozen な英語には敬語も入っていますが、アメリカでもイギリスでも中学生がそんな言葉を使って会話はしていません。人に何か止めさせたい時に、"Hey, come on!" "Stop it!" などはよく聞きますが、オーセンティックな言い方かもしれませんが、中学生が "I thought that I had told you never to do that." などというのはあまり聞きません。受信と発信の言説は質的に違います。受信型の教育は受信したものをそのまま発

信させようとしますが、受信と発信を分けなければいけません。

　逆に、発信型というのは、発信したいものを受信するという意味ではありません。受信では何を受信してもかまいませんが、発信させることにより、受信したものが発信の場や状況によって違う意味を持つことを理解するようになります。また、発信はかならずしもオーセンティックなものではないことを痛いほど理解します。これがプロジェクト発信型プログラムの流れです。もちろん、formal/frozen の状況での発信はかなりオーセンティックなものが要求されることも理解するようになります。

　ですから、私たちのプログラムでは上に行くにつれ、スキル・ワークショップでも academic English に特化して教えますし、プロジェクトでも academic project に移行しきちんとやらせます。いわゆる英語で専門分野のプロジェクトをする Contents English（Content-based English ではありません）というのがそれです。私の English in Social Context, あるいは English Diversity という授業がそれらにあたります。ここでは academic paper を academic English で書かなければなりません。社会言語学と英語音韻論・形態論・統語論の授業ですが、オリジナリティーがあってしっかりとしたアカデミック・リサーチに基づいていることが要求されます。これに対して、1年、2年のプロジェクトの英語はそこまで要求しません。プレゼンテーションにおいて少々の発信上の間違いは無視していますが、そのプロセスではそうであっても、上に行ったら無視しません。

　発信は、あくまでもパロールなんでしょうね。先生がおっしゃったように、オーセンティックなラング的なものがあって、それを実際にパロールするわけです。

　ただし、ラングといっても、今、ものすごく変化しています。今まで固定され変化しなかったのは、文字メディアが中心であり、その文字メディアが何をしたかというと、意味まで固定してしまった。特に法律がそうです。勝手に解釈されて使われては困るのです。判例などを活字化して更に法解釈を固定しました。言語、特に、ラングが活字メディアとして存在し、そうした役割を果たしてきたのでしょう。ところが、今、子どもたちが使っているメ

ディア・テクノロジーは意味を破壊します。ソシュールで言えば、フォーム（形態）の部分を活字から映像にしてしまいましたし、このフォームの意味するものも活字化されたメタ言語から視覚的な映像にしてしまったのです。子どもたちの記号の世界はフォームも意味も非常に過剰で、パロール的です。子どもたちは、大人たちがこう使いたい、こういうフォーム、形態はこう使いたいと言っても、子どもたちは固定されたフォームと意味を破壊し開放しています。良し悪しかは別の問題です。彼らの言うKY（空気が読めない）という言葉（form）はどういう意味かご存じですか？ 彼らが考えたような状況的な意味で物事のformを捉えていないという意味でしょう。

$$記号 = \frac{内容（sinifié, signified, meaning）}{形態（fignifiant, signifying, form, expression）}$$

言い忘れていましたが、ラングは何もfrozenスタイルの言語だけじゃなくて、casualな、intimateな言説にもラング体系があることを忘れてはいけないと思います。例えば、渋谷あたりの若者が使っている言葉が、だんだんラング化されていきますが、ただし、ラング化されたとたんに、次々とパロールとして消費され、それが沈殿してまた新しいラングの体系を作ります。ソシュールの時代と今はそこが違うのです。ソシュールの時代の言葉は、あまり動かなかった。人間が動いていなかったのですから、物も人間も世界規模で瞬時に動く今の時代とは違います。

もう一回整理すると、ラングを否定しているのではありません。いわゆるオーセンティックな部分はオーセンティックなものとしてきちんと勉強する。それはスキル・ワークショップの役割です。でも、プロジェクト・クラスではプロジェクトをしながらパロールの生成をします。

○**鳥飼** 受容というか受信と、発信はそんなにきれいに分けられるかなという気がします。コミュニケーションは相互行為（interaction）ですから、常に受信と発信が往復するものでしょう。バフチンは、たとえ一人で語っているようでも、人間は常に対話している、と言っているくらいです。教育現場で指導の際に分けて教えることは可能でしょうが、それでも両者を完

全に分離することは、どうなのでしょう。例えば、ヴィゴツキーの社会文化理論は近年になって再評価されています。彼のいう ZPD（Zone of Proximal Development＝「発達の最近接領域」または「最近接発達領域」）という概念では、子どもの精神発達を言語発達と密接に関連し不可分のものとして教育との関わりの中で論じています。人間の発達を「教え込み」の呪縛から解放し、教師や周囲の人々の協力を手助けとして課題を遂行できる解決能力こそ子どもの本来的「能力」だという考えを、少々乱暴ですが外国語習得に置き換えれば、いわば受容という外的刺激を受けて周囲との関わりの中で発信力を高めると考えられないでしょうか。社会文化理論における協同学習の概念は最近の外国語教育にも大きな影響を与えています。学校教育という制約の中で、このような協同学習的要素をどのように取り入れるか。しかも先生がおっしゃったように、関心を失わせたらおしまいなわけですよね。確かに動機付けというのは重要なポイントで、だから協同学習が注目されているわけですが、よほど教師が意識的に気をつけて実践しなければいけない部分がありそうです。それはどうお考えでしょうか。

○**鈴木**　ヴィゴツキーも1930年頃に活躍した社会主義革命直後のソ連の学者です。マリノフスキーと同じで今の日本の状況にそのまま当てはめるには古過ぎるかもしれません。マルクス主義心理学を立ち上げたひとですから、弁証法的唯物論の立場から当時のソ連の子ども教育を非常に重要視して、子どもの発達度と計画的な指導による到達度を考慮して教育段階を考えました。言語を単なる tool 論から思考の一部と考えその発達に注視したことには同調しますが、今、言語はコミュニケーションという大枠の中でその役割がかなり小さくなっていると考えます。ましてや、私たち教育者が、活字メディアをどんなに大切であるかと力説してみても、例えば、銀行に行ったとしても、かつては、預けるにも引き出すにも書類に活字で書いて手続きしたのに、今では、いらっしゃいませ、こんにちはと機械が言うと、映像が出てきてそこに触れればすべて手続き完了です。これからの子どもたちは言語、特に、活字から離れたマルチ・モーダルな表現の世界に生きることでしょう。ヴィゴツキーが今生き返りしかも日本人の若者に生まれ変わったら、おそら

く、また一味違った『思考と言語』を書くことになるでしょう。

　私のような活字メディアで教育を受けて、活字中毒の世代の人間は、あまりできないし好きではありませんが、もしこれからの論文も全部活字で書くのならいいのですが、工学関係や医学系の研究発表を見ていると、静止画のみならず、映像を使っています。ラベルは言語で表示されていますが、例えば、ニューロンの動きが三次元されて映し出されてきます。それで、今までは言語に静止画などや図が付されているといった感じであったのですが、映像の補足説明として言語が使われています。映像で思考しているという感じすらいたします。今までは言語が思考のコンテンツと一緒だと考えてきましたが、言語オンリーではなく、言語がマルチ・モーダルな表現形態がコラボレーションして思考を形成することもありうるのでは、もしヴィゴツキーが今生きていたら、同じ教育論や同じ児童心理発達論を展開するかというと、もう少し現代にあった緻密な議論が必要になると思います。

　私たちが若い頃は、最終的には活字という formal な言説で表現しなければならないことを前提に教育されてきました。今でもある研究分野はそうかもしれませんけれども、実際にわれわれの卒業生が勤める企業では、確かに報告書はきちんと書けなければなりませんけれども、彼らの日常の現場は、formal English から程遠いものです。私は学生を連れて、アメリカのあるカメラを生産する企業の現場に行ったことがありますが、日本の本社から送られてきたエリート・エンジニアが扱わなければいけないのは、さまざまな文化的、言語的背景を持ったピジン英語を話す労働者達です。日本語と英語が分かる現地人のリエゾンオフィサーがいますが、かれらでも分からない英語が飛び交っています。それを前提に彼らは指示しなくてはいけないのです。図を描いたり、ジェスチャーを入れたりしながら、それでもってきちんと意志の疎通をはかっていました。これは1992年と1993年のことです。今はその状況は更に複雑になっているでしょう。

　そういうことを考えると、やはりここも伝達メディアとしての言語という役割が今、変わってきている。まず、現代における表現メディアとしての言語の役割と本質を考えてから教育を考えてみないと、もしかすると的を外す

かもしれません。

○**鳥飼**　オングは、オラリティ（声の文化）とリテラシー（文字の文化）を区別しました。先生のお考えですと、それから先に進んで、現代のセカンダリー・オラリティ、二次的オラリティどころか、三次的で、要するに、リテラシーを超えてしまうという近未来を予測していらっしゃるのでしょうか。

○**鈴木**　それは、メディア・リテラシーというものなのか、まさにマックルーハンやギブソンなどが予測していたリテラシーが現実的に起きて世界を変容しつつあります。オングもそれを指摘したのかもしれませんが、一つ気をつけなければいけないのは、西洋的な思想家たちの話というのは、やっぱり西洋語中心、表現文字であるアルファベット中心になって、われわれがそれをそのまま受けてしまうとピンと来ないことがたくさんあります。

　私たちは漢字を覚えさせられました。オングは歴史の流れとして声の文化から文字の文化へ移行するとしていますが、文字の文化は声の文化を飲み込みながら発達してきたことはあまり述べていません。東洋における漢字が言語に及ぼした役割を考えるともっと複雑です。表音文字の世界とは違うのはここです。セカンダリ・メディアとして発明された漢字という文字が、頭の中のプライマリー・メディアの一部として入り込み、同時進行の声の文化にも影響を与えています。テレビ番組を観ているとテロップが出てきますが、あそこで使われている漢字は、頭に漢字という表意文字がビジュアライズされないと理解できないからでしょう。

　そして、メディア・リテラシーという言葉が生まれた今日、声も、文字も、映像もそれ以外の感覚を使う表現が主流になった時に、オングの言ったことも、また、アジア人として再編成する必要があります。そういうマルチ・メディア機器を開発して世界中に売ってGNPを稼いでいる島国日本に住むわれわれはこうしたことも考えて発信していかなければならないでしょう。子どもたちはもうそうした多種多様メディア・リテラシー文化に突入していますが、大人は文字の文化にいるのでしょうか。私の仮説に過ぎませんが。

○**寺﨑**　このまま夕刻7時ぐらいまで対談をお願いできると面白いんですけれども、残念ながら時間となりました。大変残念ですけれども、閉じたいと

思います。

　最後に学院長の松平信久先生、授業論の専門家として、あいさつを兼ねた一言、ございませんか。

○**松平**　どうもありがとうございました。私たちはしこしこと勉強を続けてきているのですが、やっぱり今日のお話をうかがって、もう一枚二枚、皮を広げて私たちの成長の長さや、学校を取り巻く言語そのほかのさまざまな世界に視野を広げる必要性をしみじみ感じさせられました。でも、それはなかなか大変だなとも思いましたけれども、いろいろ刺激を与えてくださって、どうもありがとうございました。あらためてお礼を申しあげたいと思います。

○**寺﨑**　では、これでシンポジウム、講演と対論を終わらせてください。

○**鈴木**　最後にひと言よろしいですか。寺﨑先生、鳥飼先生中心に、立教学院では小学校から大学の先生まで一堂に会して英語教育について語る機会があることに驚いています。慶應では一度も経験したことがありません。敬意を表します。われわれ慶應でも三々五々集まって会合はありますが、ここまで組織立てて行ってはいません。立教学院は真剣に一貫をお考えになっていると思います。新約聖書の使徒行伝や書簡によると、セント・ポールは各地に散らばった教会を一貫して聖霊により結び付けました。そのセント・ポールの精神が生きていると感じました。今日は本当にありがとうございました。

○**寺﨑**　本当にありがとうございました。

　＊この講演および対論は、2007年6月30日に立教学院で行われたものです。

第3章　英語教育と学習意欲 1

1　そもそも学習意欲とは何か

佐伯　胖
（青山学院大学教授）

はじめに

　佐伯です。よろしくお願いします。皆さまのご期待に沿えるかどうか、非常に不安になってきました。どんどん、どんどん不安になっている状況ですが。
　まず、私が今日お話しするのは、学習意欲というものをどう考えたらいいかということなんですね。ですから、どうやれば学習意欲を喚起させることができるかというハウツーを考える前に、そもそも学習意欲ということをどう考えたらいいだろうかということを、皆さまとゆっくり考えたいということなんですね。人間が学び生きていくというときに、学習意欲というものはどういうふうなものとして考えたらいいかということなんですね。
　今日皆さまが学習意欲の喚起というふうにお考えになっているときは、私から見ると、実はある枠組みの中で考えておられるんです。どういう枠組みかというと、学習意欲というのは、個人の生徒なり生徒自身が、個人が自分で何か喚起するもの、または、個人の中にわき起こってくるものみたいなものと、もう当然そういうものだと見なしているのではないかと思うんですね。ですから、その一人一人の個人に何か丸薬を飲ませるのか何か知りませんけど、何かを与えると、学習意欲なるものが喚起されてくるのではないかというふうにお考えになっているのではないかなと思うんですが、それは違うんですね。そういうふうな考え方が違うんだということを、今日はお話ししたいんです。
　言ってみれば、学習意欲というふうな言葉を使ったとたんに、私たちは学ぶということ自身を、つまり学ぶということの内容だとか、あるいはどうい

うふうに人間が生きていくときに学ぶんだろうかという文脈から考えたときに、内容と関係なく、そういう意欲なるものがどこかで私たちをつき動かしているように思ってしまうわけですね。実はそれは違うんだという話を今日はしなければなりません。

　そういうわけで、ある意味で皆さまの発想の転換、考え方の転換を迫るような話ができればなということを考えているわけですね。ですから、非常に基本的なところからぽつぽつといきたいと思います。

動機づけの構造

　それはそうとして、学習意欲、動機づけということについてのものすごく基本的なモデルがあるんですね。

　これは C.L. ハルとか K.W. スペンスという、1940年代に活躍した、文字どおり行動主義的な心理学者なんです。今日は、このモデルを、私はこのスライドで何回も出します。つまり、行動主義心理学から認知心理学になり、状況論になり、いろいろなふうに心理学が変わっていく中で、基本的な構造というのはこの構造で変わらないんですね。この構造を念頭に置いて動機づけについての話を聞くと、「あ、あの人は誘因のことばかり言っているな。あの人は結局、動因の話しかしていないじゃない」ということがだんだん見抜

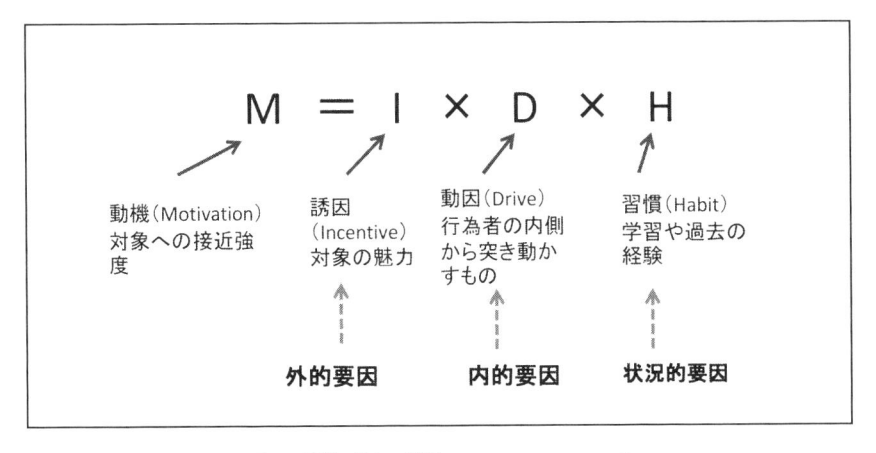

$$M = I \times D \times H$$

動機 (Motivation)
対象への接近強度

誘因 (Incentive)
対象の魅力
↑
外的要因

動因 (Drive)
行為者の内側から突き動かすもの
↑
内的要因

習慣 (Habit)
学習や過去の経験
↑
状況的要因

図1　動機づけの構造——Hull-Spence のモデル

けるようになります。ここでは動機づけというもの、つまりモチベーションが、インセンティブ（誘因）とドライブ（動因）とハビット（習慣）、この三つによって構成されるということを提唱しているわけです。

　モチベーションというのは何らかの対象に対する近づく強さです。接近強度。そして、インセンティブというのは、そのこと自身の魅力ということですね。これはある意味じゃ外的要因。つまり、その人自身の中のものというよりも、向かう対象の話なんですね。それから、ドライブ。これは行為者の内側から突き動かしていくものということになるんですね。それと、最後にハビット。これは、いったいそれにどれだけ学習経験があるか。あるいはそういうようなことに慣れているか。そういったことに、新しく身に付けるべきことなのか、従来のものの延長線上でいけるかどうか。それともまったく新しいかどうかというようなことになるわけです。

　ハルやスペンスが相手にしたのは、ネズミを相手にした動物実験、例えば、ネズミに迷路を学習させるというときに考えたことです。その迷路に行くということで、どういう魅力があるかどうか、つまり、その迷路に達成すると何かおいしいエサがあるとか、あるいは何か面白いことができそうだという、向かうべき対象がもともとネズミにとって望ましい対象になっているかどうか。ネズミはうれしいけれども、ネコには全然面白くないということもあるでしょう。だから、学習を進めるときにネズミが喜びそうなこと。ネコが実験対象ならばネコが喜びそうなこと。そういったことを用意するのがインセンティブですね。

　ドライブというのは、いったいどれだけおなかをすかせているかどうか。つまり、三日間飲まず食わずであるとか、動物なら動物自身が内側から、もうそれをのどから手が出る状態になっているかどうかということ。その程度です。はっきり言って、ネズミを何日間絶食させていたかという関数で、もちろんそれは計れちゃうんです。

　ハビットというのは、迷路なら迷路というのは、生まれて初めてのところに放り出されたらよくわからないから、様子がわからないからそれは困るわけです。ですから、そういったことを何度も経験しているということがある

と、ぱっとすぐにそれにたどり着くと、これだけのことなんです。非常に話は単純なんですね。

　ところが、これからの話の中でこの三つの関係、あるいは三つがどういうふうに絡んでいるのかということを、これから何度も申し上げます。最初は非常に簡単。私は年が年ですから話してもあまりピンと来ないかもしれませんが、ある女性のことが好きになるということ、つまりその女性に接近するということは、彼女が魅力的であるかどうか。これは、私自身とは関係なく、相手が魅力的かどうかということですね。しかし、私の中に女性を愛する気持ち、すなわち動因（ドライブ）がどれだけ強いかということと、私自身が若い女性に接近するというような経験がまるでなければ、ただ縮こまってしまうわけです。ですから、ある程度習慣がある。そういった学習経験があるかということがすべて関係するという話です。非常にわかりやすいでしょう。単純な話なんですよ。

達成動機論

　さてそこで、これらがまた数学が出てきちゃって困るんですね。achievement motivation。私がこの achievement motivation を勉強したのは1960年代です。私はアメリカで心理学を勉強しているころに学んだことですけれども、そのころ achievement motivation というのは、心理学の中では重要なテーマだったんです。しかし、これはその前のモデルとどう関係あるのかと考えたところ、先のモデルに非常に似ているんですよね。インセンティブという言葉を使いますし、ドライブという言葉を使うんです。

　このモデル、どういうことなのかなと考えていたんですが、これは横にあるように、結局対象がどれだけ魅力的で achieve（達成）しようとするかということです（T_{Ach}）。つまり、魅力、取り組む作業がどれだけ魅力的なものとして見えるかということと、その人自身の中のドライブとして、どれだけその人の心理的特性として、そういったことに対して自分自身の中から渇望するものがあるかどうかということとの関係。achievement motivation では習慣（H）というものが、それはファクター（要因）としては入っていないんです。

214　I部　学びを深めて

$$T_{Ach} = T_S + T_{AF}$$
$$T_S = M_S \times I_S \times P_S$$
$$T_{AF} = M_{AF} \times I_F \times P_F$$

ここで
$I_S = 1 - P_S$
$I_F = -(1 - P_F) = -P_S$
$P_S + P_F = 1$
とすると
$T_{Ach} = T_S + T_{AF}$
　　　$= M_S (1 - P_S) P_S - M_{AF} P_S (1 - P_S)$
　　　$= (M_S - M_{AF}) P_S (1 - P_S)$

T_{Ach}　達成志向傾向
T_S　成功接近傾向
T_{AF}　失敗回避傾向
M_S　成功動機
I_S　成功誘因
P_S　成功確率
M_{AF}　失敗回避動機
I_F　失敗誘因
P_F　失敗確率

図2　J.W. アトキンソンの達成動機論＊
Achievement Motivation Theory, 1967
＊達成動機："優れた"結果を得ようとすること

ファクターとしては入っていないけれども、それは習慣が魅力のほうと関係するんですね。ですから、この I（誘因）というところに習慣というものが組み込まれる構造になっているんです。

　どういうことかと言うと、まず達成動機、つまりそのことを達成しようとするかどうかということは、成功するということに対する接近傾倒（T_S）。「うまくいきたいな」とどれだけ思うかということと、「でも、失敗は嫌だな」と思うこと（T_{AF}）とが、両方の合計で構成される。失敗を恐れる。失敗がないようにしようと思うこととうまく獲得したいと思うこととが、両方が合計で達成される。それはいいですね。

　だから、私はあの女性に接近したいなと思うと、「一緒にお茶を飲もう」と言いかけたときに彼女が OK してくれるということに対して、それをどれだけ望んでいるかという Ts と、「でも断られたとき、嫌だな。それで振られたときには、非常に自分は傷つく、「怖いな」と思ったら、その afraid of failure 失敗回避動機（T_{AF}）が強いかどうかということの合計で実際の行動が決まる。

その成功するかどうか、成功への思いの強さというのは、もともとその人は何事であれ物事が、自分がやってうまく成功するということ自身に対して、自分自身はもう大いにやる気がある。だから、何か挑戦してうまくいくということ自身に、性格特性がある、というか、これがドライブなんです。その人自身の人間的な特性として、自分はうまくいきたいと思う心がどれだけ強いかということですね。

　それと incentive of success (I_S)、成功したときの喜びの程度というものがあって、それに成功する確率 (P_S) がかかっているわけです。学習ということは、成功する確率の中に入っちゃっているんです。ですから、いままで自分はどれだけ女性とうまくいった経験があるかということが、確率に関係するわけです。ですから、習慣強度の問題は、このモデルの中には確率として入っている。

　そして、インセンティブが、実は成功する確率に逆比例するんです。どういうことかと言うと、声をかければすぐに乗ってくれそうな人にはあまり興味がないということです。非常にうまくいかないぞというような人、ものすごく近づきがたい人に、うまくいけば自分はそれに対する喜びは大きいぞというわけです。ですから、$I_S = 1 - P_S$ というふうになっているんです。インセンティブ、誘因は実は困難さに比例するわけです。つまり、絶世の美女というのは得難い。得難いからこそ絶世の美女。そういうわけで、$1 - P_S$ がインセンティブになったわけですね。

　今度は、afraid of failure (T_{AF})、どれだけ失敗を恐れるかということは、その人自身がもともと失敗を恐れる、用心深い、そういう性質の強さというものがドライブに関係するわけです。その人自身の心の中に、その人自身の特性として失敗を恐れるということがあって、それから失敗するということの怖さというものがあるんです。これは逆に、成功することもマイナスにはたらく。つまり、失敗する確率が大きければ大きいほど、失敗したときは当たり前だと思うんですね。ところが、成功する確率が非常に高いものを自分が失敗すると、「何だ、誰でもできることをおまえはできないのか」と思われるのが嫌なんですね。だから、マイナス P_S になっている。誰でもそれは成

功する話だと、そんなことは簡単な話じゃないかというようなことについて失敗すると、「そんなことも自分にはできないのかな」と思って非常にショックになるというわけです。

　こういうことでこのモデルを書きますと、あとは中学校の数学なんですけれども、式を展開すると一番最後の式になるんですね。一番最後の式は Ps に関する二次関数なんです。どういうグラフかというと、こういうグラフになるんです。このグラフが実は非常に重要なことでありまして、Ms が Maf よりも大きい人、つまり失敗することが怖いというよりも、うまくいって成功したときのほうが自分は生き生きとする、あまり失敗のことは考えない、うまくいったときのことを思い描くほう（$M_S > M_{AF}$）が、自分の性格特性だという、そういうその人自身のドライブ、動因特性とでも言ったほうがいいんでしょうね。それが、Ms が MAF よりも大きい場合は、上に凸の二次関数になる。それに対して、失敗回避動機のほうが強い（$M_S < M_{AF}$）と、これは下のグラフになるんですね。

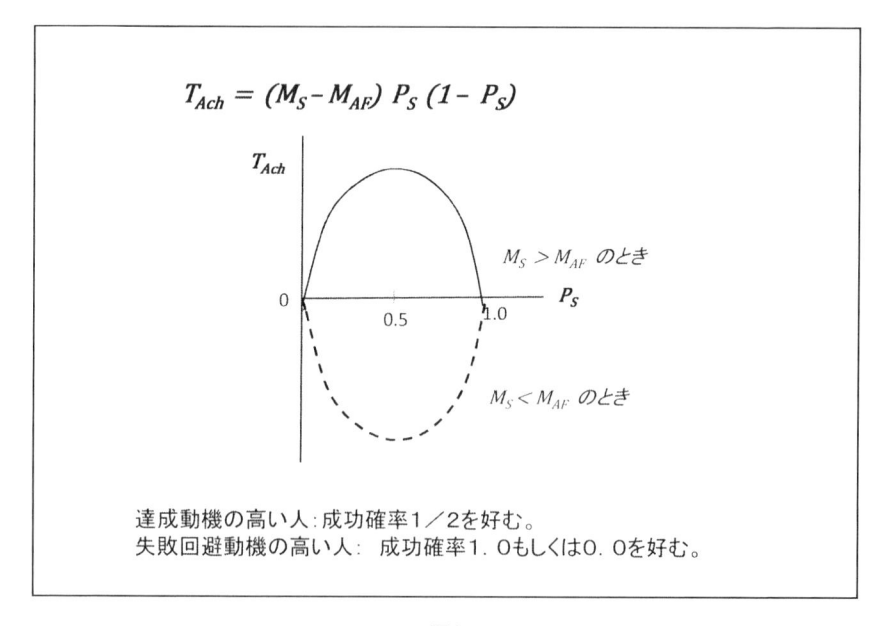

$$T_{Ach} = (M_S - M_{AF})\, P_S\, (1 - P_S)$$

$M_S > M_{AF}$ のとき

$M_S < M_{AF}$ のとき

達成動機の高い人：成功確率1／2を好む。
失敗回避動機の高い人：成功確率1.0もしくは0.0を好む。

図3

自分の息子のことをここで披露するのは非常に気が引けるのですが、私がアメリカにいたころは、妻も働いておりましたので、授業のない日は赤ちゃんの、赤ちゃんといっても2歳ぐらいだったかな。それで、ベビーシットしながら遊んでいたんですが、雨の日、部屋の中で。それで私は、紙でお人形さんみたいなものをつくって、輪ゴムを割りばしひっかけて鉄砲みたいにして、それを狙ってポンと撃つとゴムが飛んでいってターゲットの人形をぱっと倒すという。その遊びをつくって、「どうだ、面白いだろう」というふうにして、ピンとやってパチっとそれを倒すのをやってみせて、「ほら、君もやってみろよ」と言ったら、何とわが息子は、割りばしにゴムをかけた鉄砲を、そのターゲットの鼻の先に持っていってピッとやるんです。「何をやっているんだ。そんなの当たり前じゃないか。そんなことをやって何が面白いんだ。もうちょっと離れてやれよ」と言ったら、そしたら全然届きそうもないところからビーンとやってるんです。「あれ、何だこれは」と思ったとき、このグラフを思い出したんです。

　つまり、彼は失敗回避動機が強い。そうすると、確率0のほうと確率1のほうが好きなんです。真ん中は駄目なんですね。真ん中の確率2分の1は駄目なんです。ちょうどこの論文を読んでおりましたので、「あ、この子は失敗回避動機が強い子なんだな」というのがわかったんです。

　普通は中程度のことが一番いいと言うんです。要するに、うまくいくか、それとも失敗するか、そのギリギリのことを挑戦させるのが非常に大事だという話がよくあるんですけれども、それは Ms が Maf より大きい人の場合だけなんです。

　わが息子は、そういうことで非常に用心深かったんですけれども、例えば散歩に一緒に連れて行って、はるか先に石段が下りるようなところが見えますと、こっちが気付く前から、彼は突然後ろ向きにハイハイし始めた。にじり足で後ろ向きにこうやって歩き始めるんです。さっきのターゲットの逆ですね。というのは、前に行きますけど、ハイハイして後ろ向きです。「何をやっているのかな」と思って一緒についていくと、彼は階段を下りるときは後ろから下りるんです。それを、はるかずっと手前から、自分はあそこの階段を

下りなきゃならないなと思った途端に、後ろ向きにこうやって歩き始めている。「なるほど」と、非常にこのモデルに合っているんですね。

　だったら、そういう人間は成功しないのかというと、大丈夫です。今はちゃんと会社員として立派にやっておりますから、そういうお子さん、まあ、皆さんそういうお子さんはいないかもしれませんけれども、そういうことでも全然焦ることはない。「あっ、この子はそういう子なんだ。失敗ということについては絶対にしたくないタイプなんだな」というわけです。

　そういう子は、試験になったらものすごく勉強するか、絶対に勉強しないかなんです。なぜかというと、勉強して駄目だったときのことを考えちゃうんですね。勉強しても駄目になったということを考えたときの、中級程度の確率になることを恐れるわけです。だったら100パーセント大丈夫な状態になるか、「何も僕は勉強しなかったから、夕べもテレビ見ちゃったし、どこそこで遊んじゃったからね」と人に言えるような状態にしておくほうがいいんです。確率0だから。

　だから、そういう子どももはいるんですよ。皆さんのクラスの中にも。それを、「おまえ、そんなことじゃ駄目じゃないか」なんて言っても駄目なんです。それはその子なりの生き方で、ちゃんと立派になっていくような筋道はあるんですから。だから、それは安心して大丈夫。何も100点とらなくてもいい。ここだけは絶対に必ずできるからというものを、一歩一歩つくってやると、本当に本人は安心してちゃんと前に行きます。それを「挑戦しろ、挑戦しろ」と後ろから勧められると、ますます後ろ向きになる。後ろ向きハイハイみたいなものですよ。まったく後ろ向きに歩きたいというふうになりますので。そういったこともあるんです。こういうことが、ですから非常に古典的なモデルなんですけれども、非常に合っているんですね。

　それで、もう一回最初のモデルに戻りますけれども、今言ったのは、誘因というものの中に、成功するということに対する誘因というものがある。でも、その成功する誘因は確率に依存する。成功するかどうか。それから、ドライブの中に今言った失敗回避動機とか、成功動機とか、その人の性格がかかわっているというわけです。

欲求（動因）階層説

ところで、マズローの欲求階層説というのがあって、これも動機づけ理論では昔からよく言われた話で、生理的欲求、安全性の欲求、愛情への欲求、尊敬への欲求があって、最終段階では自己実現というところになるというんですが、これはすべて動因、ドライブの話ですね。一番最初のモデルでいったらドライブの話なんです。

つまり、人間が渇望していく、心の中から突き動かしてくるものというものが、成長することによって変化する。つまり、生まれた途端のときは生理的欲求が強い。だから、生理的欲求を満たすものを求める。それから、安全性というものを求めるようになる。それから、愛情を求めるようになり、尊敬を求めるようになる。そして、最終的に自己実現を求めるようになるという、これは年齢に応じて求めようとするということが変わっていくわけですね。

これは私から見れば、そういうドライブの問題でもあると同時に、本人自身が自分自身のインセンティブ、「自分がどういう人間になりたいのかな」ということを思い描く。だからある意味で、ドライブのようでいながらイン

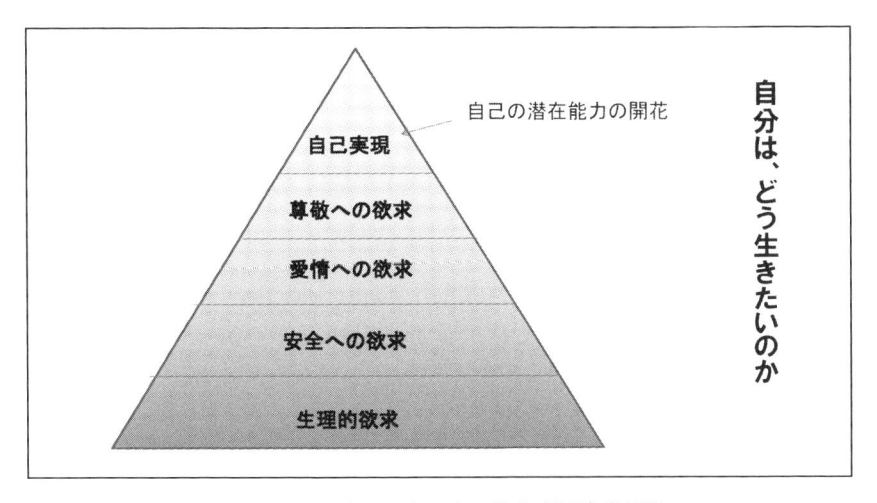

図4 A.H. マズロー（1955）の欲求（動因）階層説

センティブ。でも、そのインセンティブは外界に潜むもの——どれだけ美しい人かどうかということ——のインセンティブじゃなくて、自分がなりたい自分のインセンティブですね。自分を前に投影して、「ああ、こういう人間になりたいな」ということを投影して、その人間を目指すという、そういう構造を持っているわけです。ですから、インセンティブというのをまったくの外界とするんじゃなくて、自分で思い描く外界。自分がなりたい自分というものをそこにちょっと投影して、そこに向かうんだという生き方をするわけです。ですから、ドライブのようでいながら、ある意味では自分が目指すインセンティブを、イマジネーションの上でつくっているわけです。イマジネーションの上でインセンティブをつくって、そこに向かう。これは自分というのはどう生きたいのかなということが、動機づけを構成する、そういう構造を持っているということです。

　私はマズローの55年のこの欲求動因説という話、時々人から聞くことがあったんですが、「50年代の話するなよ。それからもうどれだけ動機づけ理論が変わったか、もうちょっと勉強していいんじゃないの」、と、マズローをいまさら持ち出すことはないだろうと思っていたんですが、最近、「これって本当はすごいこと言っているのかな」と思い始めたんです。

　それは今言ったように、マズロー自身は年齢が進むにつれてだんだん上の欲求にめざめるのだとか、つまり動物的な欲求から高度な人間的な欲求に人間は成長していくんだとか、そういうふうなこととして、生物学的なモデルで考えたんですが、あとからだんだんやっていきますけれども、人間って本当は社会的なんですね。そして、自分がどんな人間になりたいのかなということを、いつもプロジェクション（企投）する。なりたい自分を、馬がニンジンをぶら下げて走るという話がありますが、自分で仮想のニンジンを自分の前に置いて、そこに向かうというのが人間の生き方なんです。

　そういうときに、なりたい自分というものを描き出す。そういうことを描き出させてくれる環境にあるとか、描き出すような人が、例えば非常にいい先生がいるとか、いい仲間がいるとか、いい先輩がいるとか、「ああいう人になりたいな」と思ったときに、その「なりたい人」というものが尊敬を受

けている人であり、愛情豊かな人であり、非常に心が安らぐ人であり、そして自分自身の生理的欲求というか、生存というような、生きていくということの基本を支えてくれる。そういうようなものを私は思い描くんだというふうに考えると、マズローの話というのは、動因説のようでありながらインセンティブだというふうにも考えられる。これは、架空のインセンティブを自分がつくりながら生きていくんだという発想ですね。

内発的動機づけ理論

　今度は、インセンティブそのものの研究として、内発的動機づけ論というのを紹介します。これはどういうことかと言うと、あるパズルを解かせるわけです。そのパズルを解かせるときに報酬を与える。つまり「うまくパズルが解けたらお金を1ドルあげますよ。1問当たり1ドルあげますよ」というふうにしてパズルを解かせる場合と、別にパズルを解かせるのに報酬を与えないというグループで比較したとき、休憩時間にどれだけパズルの雑誌を読んでみたり、何となくパズルについての話題のある記事を読んだりするかというのを測ってみるんですね。圧倒的に、2倍の時間を、報酬がないほうが面白がるんですね。「パズルって面白いな」なんて、こういうふうに思うのは報酬がない場合。報酬がある人は、その課題のときだけは必死になるけど、休憩時間になったら「もう見るのも嫌だ」という顔して見ないんですね。

　そういうことで、内発的動機づけというのは、内側からわき起こる、対象

- "ソマ"：7個の切片を組み合わせて所定の形をつくるパズル
  - グループ1：1問あたり1ドルの報酬
  - グループ2：報酬なし
- 8分の休憩時間にいろいろな娯楽雑誌のほか、ソマ・パズルもあり、ソマで遊んだ時間を測定。
- ソマで遊んだ時間
  - グループ1：108.6秒
  - グループ2：208.4秒
- 外的報酬は「内発的動機づけ」を低減させる。

ソマ・パズルの課題

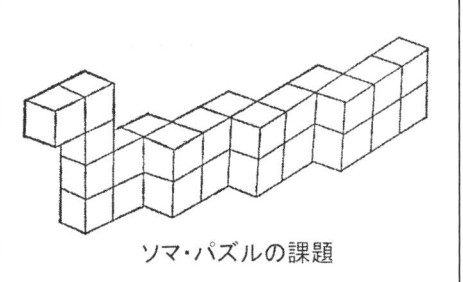

図5　E.L. デシ（1971）の内発的動機づけ理論（誘因論）

そのものへの興味・関心のことです。それが外部の報酬によって下がるということがわかったのです。これは結局、課題の魅力、インセンティブは、実は外側から「はい、これをやるとあなたにご褒美あげますよ」なんていうことで与えると、そのときは頑張るんだけど、外的報酬が抜けると駄目になります。これはぜひ皆さん、大事な話なので気を付けていただきたい。

　例えば、一時ものすごくはやりましたが、100マス計算みたいな、計算力を競う場合、「一番早く解けた人はご褒美をあげます」なんてことをやると、必死になってやりますよね。だけど、私が非常に心配なのは、そういうふうに競い合うことがなくなった場合、つまり小学校のときは100マス計算で思いっきりやって、いつもクラスで一番だった。ところが、中学校に行った。100マス計算のドリルなんて誰もやってくれない。そうなったときは、逆にもう二度とやらないというふうになりかねないんです。

　私自身、任天堂の「脳の力トレーニング」（※正しくは「脳を鍛える大人のＤＳトレーニング」）というのを買いましてやりました。そしたら、最初に「あなたの脳年齢は78歳」と出たんですね。ちょっと傷つきました。それで、１カ月間、とにかく毎日やりました。必死になって。そうしたら62〜63歳になったんですね。「ああ、何だ。おれも捨てたもんじゃないな」と思った。それ以後は一切やらない。もう見るのも嫌ですね。絶対。

　というのは、やっぱり達成動機というか、「ここまでやったらおれはやったぜ、やったぜ」となっていたけれども、「やらなくていいや」と思った途端にもう一切やらない。たぶん私はいま脳年齢は90歳ぐらいになっているんじゃないですか。そんなものですよ。だから、そういうことで外的な報酬というのは、みごとに内発的動機づけを低減させてしまうんです。

　これはそのことを、今度は幼稚園で絵を描かせたときに「上手な絵を描いたね」といって、「上手な絵を描いたらご褒美あげるね」と言った場合と、ご褒美を全然あげない、初めからご褒美のことは全然言わなかった場合と、それから思いがけず「いい絵だね。じゃあ、ご褒美あげよう」と言った場合とで、１週間後に絵にどれだけ興味を持つかということを調べたら、報酬を目指して頑張った子は、２週間後は絵を描く動機がまったく低くなっていたと

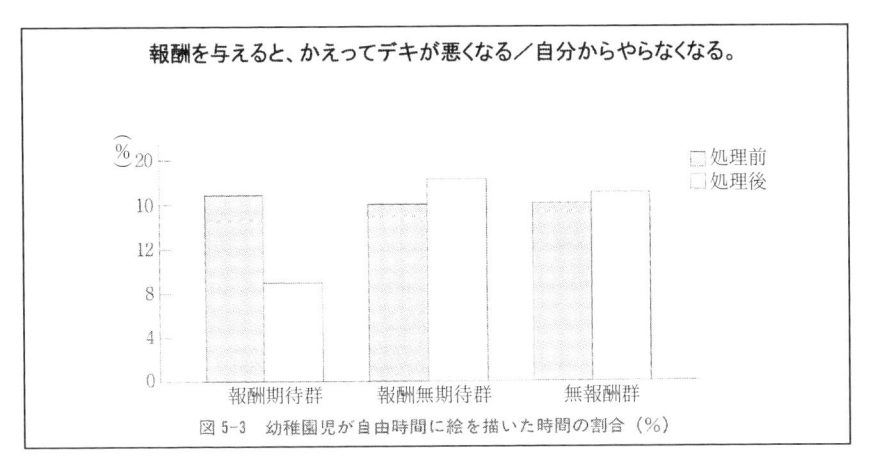

報酬を与えると、かえってデキが悪くなる／自分からやらなくなる。

図5-3 幼稚園児が自由時間に絵を描いた時間の割合（％）

図6　報酬の逆効果

Greene & Lepper, 1974; 竹綱、1996を改変

いう話です。それに対して、突然通りかかった先生が「あ、きみ、絵うまいね。いいじゃないこれ。じゃあ、ご褒美あげよう」と思いがけずご褒美をあげると、その子は頑張るんです。その次のとき。ですから、それは持続するんですね。でも、報酬を期待するということの中で行動した子どもはやらなくなるということです。そういうように、報酬の逆効果というものがあります。

自律と他律

　動機づけ論で私なりに非常によくまとまっているなと思ったのは、桜井茂男さんの『学ぶ意欲の心理学』という本があるんです。これは、わりとわかりやすい、つまり動機づけ理論、内発的動機づけ、つまりそれは対象そのもののインセンティブからくる。対象そのものが面白いと思ってやる動機づけ。しかし、対象は面白くないんだけど、手段としてそれが面白い。つまり、ご褒美が欲しいから学ぶというのも、手段的な動機づけ、これは外発的動機づけですね。

　それに対して、自律他律という次元もある。それは、自分が自分の自己決定でこれを学ぶのかという、自分の自己決定で学ぶと考えるのと、人にやれと言われたからやるということで違いがある。こういうことで、桜井さんは、

表1-1 内発的動機と外発的動機の分類

分類の観点	動機	
	内発的動機	外発的動機
目的―手段 (目標性)*	学習が目的 目的的な学ぶ意欲** 例： おもしろいから学ぶ	学習は手段 手段的な学ぶ意欲** 例： ・ご褒美が欲しいから学ぶ ・憧れの大学に入りたいから学ぶ
自律―他律 (自発性)*	自律的な取り組み 自律的な学ぶ意欲** (自ら学ぶ意欲) 例： 自ら進んで学ぶ	他律的な取り組み 他律的な学ぶ意欲** (統制的な学ぶ意欲) 例： 教師がやりなさいと言うので仕方なく学ぶ

注) *は桜井(1997)による。
　　**は本書での命名である。

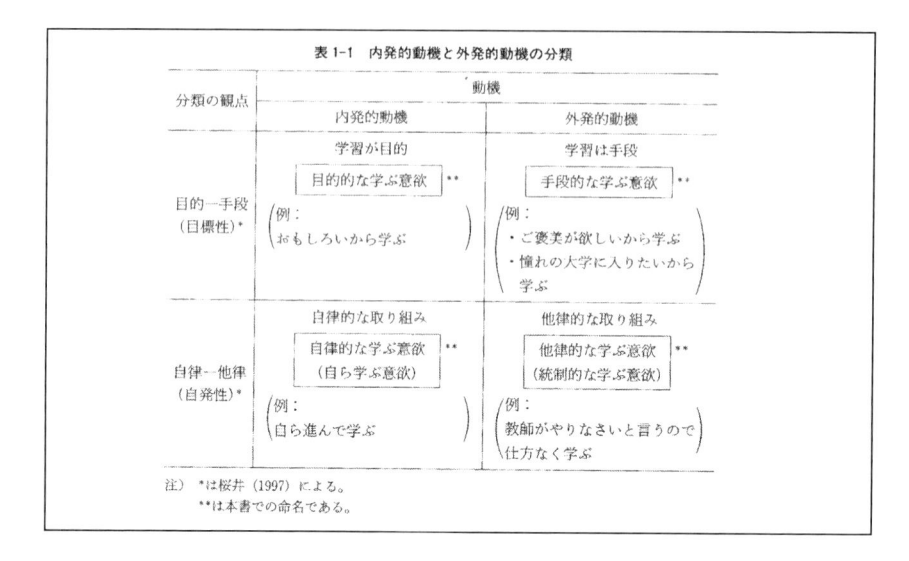

図7

　むしろ自分が進んでやるという、自己決定というものが動機づけに非常に重要な役割を果たすということを学んだということです。
　それと櫻井さんは、さっきの報酬の逆効果実験をしたデシと非常に親しいんですね。ここで桜井さんは、自律的な動機づけのほうがむしろ大事で、その場合は手段的であっても自律的であればいいとしています。私は昔小学校のとき、アルベルト・シュヴァイツァーの伝記というのを読みました。シュヴァイツァーは医者になりたいと思った。医者になりたいのは、人を本当に助けてあげたい。本当に人を助ける人間になりたいと思うから医者になりたい。医者になるためには勉強しなきゃならないということになったので、医者になるという目的のために猛烈に勉強したという話がありました。
　これは、ものすごく自律的なんです。純粋さという点からに言ったら、勉強は勉強が面白いからやるほうが純粋だと思っちゃうかもしれませんね。医学が面白いと思った。人間が生きているとかということ自身が面白いと思った。だから、医学をやりました。これは純粋ですよ。物理学をやった。これは物理そのものが面白いからやった。これは一番動機づけとしては純粋です

図 1-2　2つの観点（表 1-1）をクロスしたときの内発的―外発的動機の分類
注）＊は修正された桜井（1997）の表現による。

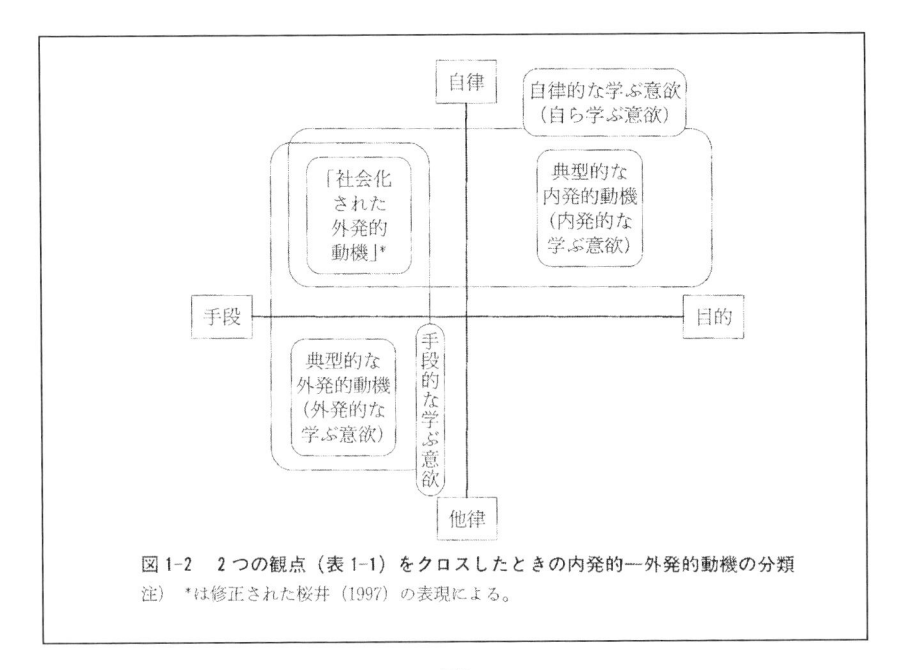

図8

よね。だけど、物理をやったら東大の理学部に入れる。そうすると、あとで就職がいいなどと思ったから物理をやりました。動機が不純だといえば不純ですよね。でも、その決定自身が、自分自身が本当になりたいんだと、親に言われたからとか何とかじゃなくて、自分自身が「やっぱりああいう人間になりたいな。何かあこがれるな」ということでやった場合は、手段であったとしても自律的なんです。

　私、実は高等学校は北野高校といって、一応受験校なんです。関西では。ところが私は、中学校のときはめちゃくちゃ成績悪くて、下から何番という生徒だったんです。ところが、姉がちょうど北野高校に入っていまして、山岳部というものに姉が入っていまして、山に行くときに山岳部の人たちと一緒に行くときに、中学生の私も、「弟もちょっと運動したほうがいいから連れて行っていい？」とか言って。それで北野高校の山岳部の人たちと、中学校3年生になったかなる前かに、一緒に山に登ったのです。

そのときにむちゃくちゃ楽しかったんです。本当にもう楽しくて楽しくて、それからそのお兄さんたち、北野高校の山岳部の学生たちのものすごく面白い楽しみ方、面白がり方。歌いまくって、もう汗水垂らすだけども、苦しみながらも。それにあこがれちゃったんですね。
　「絶対にあそこに入るぞ」というふうにそのあと思って、担任の先生に「僕、北野高校に入りたいんですけど」と言ったら、「何言っているんだ。北野高校なんて全校1番、2番のやつが受けるんだ。まずこの中学校で北野ランクを受けたやつはいまだかつて一人もいないんだ。それも、下から1番か2番のおまえが何言い出すんだ」と怒られちゃったんです。だけど、私はやっぱり行きたかったから頑張りました。それで、結局入れたんですけどね。それはそれとして、やっぱりそれは純粋な目的は勉強にあったわけじゃないんです。勉強は完全に手段です。でも、手段だけども自律的選択だったんですね。
　人間の動機づけの中で非常に大事なものは自律性だということを言ったのは、桜井さんなんですが、これは私は本当に大事な話だと思うんです。ですからそれは、内発的動機づけが大事だといった話とはちょっと違うんですね。だけど、自律性ということが大事だというのは、ドライブの側で、私たちはいつの間にか本当に奥からわき起こってくるドライブ。ドライブをないがしろにして、インセンティブの話なんだというふうに動機づけを考えちゃう。これ、間違いですから皆さん気を付けてください。

ただおもしろがらせるのではなく

　私は頼まれて原稿を最近書きました。それは何かと言うと、「魅力ある授業はどうやってつくるか」という話でした。私、その話には乗れませんというふうな文言を書いちゃったんですね。つまり、そうやって何かエサを積めば乗ってくるという思いで動機づけを考えるのはやめたほうがいいということです。魅力ある授業をつくればのってくるという話は、「魅力」で人を引きつけるわけですが、それで「やる気」のある人間になるというのはどういうことなんだろうということですね。つまらないことでも面白いなと思える人間になっていくことのほうが大事なんじゃないか。

そういう話にもなるんですけれども、普通動機づけというと、そうやって面白がらせるという。だから、理科嫌いが出れば理科が面白いということを教えればいいんだというので、びっくりするような実験をやってみせる先生がいるんですが、そういう実験はそのときは面白い。でも、終わったら「僕にはああいうことは思い付かないな」という気を持たせちゃうんですね。

これは、昔、東洋（あずまひろし）先生が、先生はものすごく理科ができたにもかかわらず、なぜ理科系に行かずに文系に行っちゃったかと。東大の教育学部の先生ですけど、そのことを話されたときに、自分が昔、幾何の授業のときに、幾何の授業の先生が難しい定理をみごとに証明してみせて、「どうだい、わかったかい？」と聞いたんですね。それでみんなに聞いたら東くんは「わかりません」と言ったんです。「何がわからないんだ。これはこうだろう、こうだろう」ともう一回全部定理の証明を言ったら、「定理の証明はわかります。だけど、どうやったらそういうことを思い付くかがわかりません」と言ったんですね。「そんなことは勉強すればわかるよ。」と言われたので、東くんは、「じゃあ駄目だ」と思ってしまった。それで、彼は理科系に行くのをやめたそうです。

これは、自分の中でそういうことを思い付けるという、そのドライブの自律性ということが喚起されずに、魅力だけを「ほら見ろ。これはすごいだろう」というものを見せることで動機づけようとした部分が勘違いを産み出したのですね。それはこの先生が「いや、東くん、こういうことって誰だって思い付くことがあるんだよ。本当に、いろいろ試して考えたら、あっ、そうかと思うことがあるんだよ。きみにだって」というふうに言ってくれれば、東先生は教育学部にはいなくて理系に行ってノーベル賞を取っていたかもしれない。それはわかりません。そういうもので、われわれは魅力の問題を考えちゃうけど、本当はドライブのところが一番大事になっているんですね。

自己原因性感覚

ところで、そのドライブをどういうふうに喚起するかといったときに、ド・シャームという人の自己原因性感覚というのがある。つまり、自分自身の中

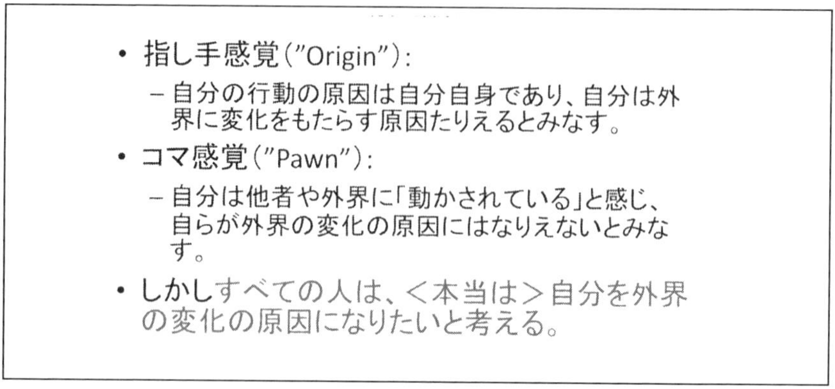

- 指し手感覚("Origin")：
  - 自分の行動の原因は自分自身であり、自分は外界に変化をもたらす原因たりえるとみなす。
- コマ感覚("Pawn")：
  - 自分は他者や外界に「動かされている」と感じ、自らが外界の変化の原因にはなりえないとみなす。
- しかしすべての人は、＜本当は＞自分を外界の変化の原因になりたいと考える。

図9　R. ド・シャームの「自己原因性」理論（動因論）

から物事がわき起こってくることで、世界が変わり得るという、世界を自分の中が原因になって変わり得るという感覚を持つかどうか。それとも、世界は勝手に動いているのであって、自分は単に動かされる存在だと思うかどうかによって、全然動機づけが変わるんですね。これが、指し手感覚、オリジンになっているわけですね。

　われわれは、本当はすべての人はオリジンになりたいんです。ところが、われわれは学校教育の中でオリジンを育てていないんです。つまり、「おまえはこちらの言う通りにしていけば成功するぞ」と。「自分で考えるなんていうことじゃなくて、こちらがちゃんと言う通りのことに従っていれば必ず成功するから、言った通りのことをやっていなさい」と言うと、確かに言われた通りのことをこなしていけば、一応一流の高校に入れたとか、一流の大学には入れたということになるかもしれないけど、手ほどきできちんと階段のように、みんな示された「これだ」という格好で見事入っても、自分の中から原因になり得るという感覚がないです。

　そうやって東大に入っちゃった人は、入ってからガクンと来るんですね。自分自身では何も原因になったことがない。いつも、自分は駒のように動かされてきたんだ。動かされてきたら、その結果としていいところには来たけれども、自分自身が本当に原因になって何か本当の自己決定的に物事の変化

をもたらしたことはないんだと思ったら、これはガクンときちゃうんですね。そういうことというのを、われわれは徹底的に考えなきゃいけない。本当にその人自身が原因になり得るということを考えなきゃ駄目なんですね。

そういう指し手感覚、オリジン感覚を支えるのは、やっぱり「自分は他者に受け入れられるんだ」ということがわかること。あるいは、自分が何かを欲求してみたことが、一度そういったことを、欲求を外に出すこと自身が励まされる。あなたは何をやる。たとえば、外国に行くと何でもいろいろなことを、その人の欲求を表明することが要求されるわけですね。「コーヒーにしますか、お茶にしますか」とか、そんなことどころか、「肉の焼き方はどっちにしますか」。もうわれわれ日本食はよきに計らえという感じで、サービスされるのをただ待つだけなんです。ところが、洋食はいちいち選択しなきゃならない。欲求を表明することが要求されるんですね。

でも、そういったところで自分は常に何かの欲求を表明するものだという文化にある人は、コマ感覚はなくて、むしろオリジン感覚（指し手感覚）がいつの間にか育つんです。われわれは、コマ感覚の文化に生きているんですね。非常にいいお膳立ての中に入れば、ちゃんとうまくいきますよという、いい料理店に入って、松、竹、何とかという料理の松なら松を注文すれば、あとはそのおもてなしをあなたはただただ受けるんです。そういうふうになっていると、これはオリジン感覚は育たないんですね。自分が要求したものを表明して、それが励まされるというのじゃないんですね。

そうすると、だんだんオリジン感覚がなくなってコマ感覚ばかりが育っていってしまうということになると、それは本当の意味での動機づけ、つまり、自分のドライブの中に本当に強い何かを、自分が原因になって何かを起こそうというドライブが欠けちゃうんですね。ですから、そういうドライブの根源的な力が抜けちゃって、つまり、いつもいつも適当におなかいっぱいで、おなか八分目状態をずっとやっていると、腹がすくという経験がないということになっちゃうんです。

いつも自分の中から「お、今おなかがすいている」というような思いを、ちゃんと自分の中のわき起こってくるドライブに気付くということは、自分が常

に自分の中の要求を意識する。そして、自分は本当にこれを望んでいるんだということを自分自身に意識するということがあるということが、大事になってくるわけです。ところが、日本人は指し手感覚というものがどんどんなくなり、このごろ就職でも何でも学生は他人に決めてもらおうとする。あるいは、自分で自己決定じゃなくて、とにかくよそ様に決めてもらうという感じなので、自分が何か決めるということができない。そういうのは、こういう状態になっているんです。指し手感覚がなくなっているんですね。

双原因性感覚

　ところで、実は、私はそこにもう一つ、双原因性感覚というものがあると、随分前に、『「わかる」ということの意味』という本の中で書いたことがあるんです。つまり、何か私たちが物事に熱中しているときは、自分が対象に変化を与え得るという自己原因性感覚ももちろんあります。私がこれを選んでいるんだ、私がここを考えているんだ、私が仮説を立てるんだ、みたいな感覚はあるんですが、同時に対象によって自分が動かされている感覚もあるんです。でも、これはいわゆる受動感覚じゃないんですね。相手が自分の中に入り込んでくる。あるいは、対象の世界に引きずり込まれるという感覚。対象が語りかけてくるということに応えようとする。

　これは、五重塔をつくった有名な宮大工（小川三夫氏）が言うには、「柱一本一本、木に聞け。木がどういうふうに支えてもらいたいかは語る」ということだったんですね。その対象がどうであってほしいということを言ってくれているんだというふうに思って、じっとそこから聞き取ろうとする。こういう感覚というものはあるんです。これはべつに宮大工じゃなくても、われわれは自然界が、じっとその中に入っていくことによって相手が私を動かすということをむしろ待っている。そこに自分自身が引きずり込まれるという感覚です。世界への没入感覚。その場合は、自分と他者というものが一体になっているんです。

　こういう感覚というものは、自分が動いているぞという自己原因性、「おれが動かしているんだ。おれがやっているんだ。おれが、おれが」という感

覚じゃないんですね。そういう動機づけで頑張る人もいます。でもそうじゃなくて、むしろ自分はいつもいつも他人に動かされている。そこで「動かされている」というのは、コマみたいに指令されて動かされているんじゃなくて、相手が自分にささやいている。「本当のいいものってこういうものなんですよ」ということを、向こう側が教えてくれているという感覚です。

　こういう感覚って何なのかといったときに、ずっと戻るけれども、最初のハル＝スペンスのモデルですね。つまり、もうここの範囲に入ると、さっき言ったような対象世界のインセンティブがイマジネーションとして、むしろ相手が誘惑するわけです。私自身を。その誘惑というものは、自分の中からの探求心の中で、本当に相手と語り合いたい、相手を本当に知りたい。石が教えてくれる、木が教えてくれることに、私自身を引きずり込まれる。そういうふうなときに、私自身の中のドライブが、むしろインセンティブをつくりだすんです。

　そのインセンティブはあたかも向こう側にあるように感じる。自分の外側にある。外部環境のように見えるんです。でも、外部環境のように見えるんだけど、事実外部環境なんですけれども、それは私が本当に他者を聞く耳を持つ、内部環境自身が他者に対して聞く耳を持つようになったということで、外部環境が私を動かしているというふうに感じる。ですから、このモデルの中の内部環境と外部環境というものが、実は相互作用を持つんです。そういうような状況というものが、実は本当に動機づいていることというふうに考えられるのではないかと。

ドライブとインセンティブが混然一体となる

　教えることの名人とされた斎藤喜博は、授業のために教材を子どものまなざしから探求し、子どもとともに新鮮な発見に感動していた。「この教材ってすごいな」。ですから、これもインセンティブ性というものを強く発見するわけです。「これはものすごいものがある」と。そのものすごいものがあるというものを探求するというのは、斎藤喜博のただでは済ますことのできないドライブがあるわけです。

そして、それによって、この魅力を子どもに教えないわけにいかない。子どもとともにこの魅力を味わわなければいけない。だから、子どもがそれをまだ、自分がこんなに素晴らしい教材内容があるのに、子どもがそこに近づこうとしないとなると、子どもと対決して「もっと深く見てみろ。もっとよく見てみろ」ということを挑戦するわけですね。これが斎藤喜博の教育だった。

斎藤喜博は、教師自身が自分でも驚いたり、わからなくなったり、新鮮な発見をしたりして獲得した血の通った知識のほうを生き生きと子どもにぶつけたという。これは、双原因性感覚なんですね。自分が立派だから子どもを動かしているわけじゃない。子どものほうが自分を動かしている。あるいは、教材のほうが自分を動かしてくれるんだ。教材のほうが私自身を変えてくれるんだ。教材の世界に引きずり込まれる。自分が教材を料理しているんじゃない。教材によって自分が料理されちゃっているんだというぐらいの感覚を持つという境地までいくわけです。これが斎藤喜博の教育学でもあるし、言ってみればドライブとインセンティブが混然一体となって、もうインセンティブの高さということに自分が感動しちゃうということですね。

感染動機

宮台真司が『14歳からの社会学』という本を書いております。そこでは感染動機ということを非常に大事にしているんです。それは、人に勝つという競争動機もあるだろうと。これが能力志向にもなる。あるいは、物事を理解したいという理解動機もある。

しかし、宮台自身が自分自身を振り返ったときに、自分自身を本当に動機づけていたものは何かというと、感染なのだと。自分もこういうすごい人になりたいという思いがあった。その人のそばにいると感染しちゃって、何だか身振りや手振りやしゃべり方まで似てしまうんだと。「何だかよくわからないけどすごいな」という感情を持つ人が、いつも周辺にいたというわけですね。宮台は廣松渉先生とか、小室直樹先生に感染して、いままで生きてきたと。自分を感染させた人というのは、もういっぱいいるんだと言うわけで

すね。
　これは、いまのようにインセンティブのようでいながら、インセンティブを発見する自分。そして、まわりの人にこの人のインセンティブはすごいと。それをわからないけどすごいというインセンティブを。こういうことは、実は本当に大事なんです。これは、私は教育の中で、私自身を振り返ってみても「わからないけどすごいな」という人の出会いが、一番自分を変えてきたんですね。
　私は高校時代、さっきの北野高校ですが、生物の先生にもう何を言っているか全然わからない。ミトコンドリアがどうのこうの、何だかんだと、ものすごい複雑な細胞の話をガンガンする先生がおられました。何を言っているか全然わからないんだけど、何だかその先生が無我夢中になって講義している姿に感染しちゃって、「何か生物ってすごいんだな」なんて思ったことがあって。もちろんべつに生物学者になったわけじゃないけれども、でも、何かやっぱり自分自身の中にそういうものへのあこがれがあります。
　それから、竹内啓という統計学の先生が、私が慶應大学の学生のときに非常勤講師で来られていました。彼は、なんか学生みたいな顔してひょこひょこと現れて、黒板の前に向かったらこっちのほうは全然見ない。1時間中、ただただひたすら黒板に数式を書いていくだけです。しかも、全然ノートも何も持たずに頭の中から出てくる式をひたすら、ひたすら、ひたすら書いて、書き終わったら今度は前書いたのをばーっと消して。そして、こっち向くことは全然ない。授業を始めます、そのときと、授業が終わりました、そのときしかこっち見ない。ただただ黒板に数式を書いて書いて、最後にそれで証明終わりと書く。そして、またまただーっと消す。
　何にもわからなかったです。全然わからなかった。実は私が東大教員になったとき、竹内先生が経済学部の先生だったんですね。「竹内先生、昔、先生の授業、全然わからなかったですよ」と言ったら、「あ、誰もわかると思っていませんでした」と。「何なんだよ。何しに教えに来てたんだ、この人は」と言いたかったけど、いま考えると彼が狙っていたのはこの感染動機ですね。だから、全然わからなくていいんだと。でも、自分が統計という世界に熱中

している後ろ姿を見せたかっただけなんですね。「こんなにすごい世界があるんだぞ」ということを、自分がその世界に取り組んでいる姿で感じてくれればそれでいいんだと彼は思っていたのかもしれません。

　彼はそういうふうに説明してくれなかったです。要するに、そのとき自分の頭の中にあって、何とかして解きたいと思ったことをそのままふーっと慶應の授業とかに出ていったから、自分が考えていることの続きをそこでやっていただけだったんです。見方によってはひどい先生ですよね、考えてみたら。だけど、私が一番感化を受けたのはその先生なんです。ほかの人たちもみんなそうでした。「竹内先生、すごかった」と、後になってみんな思い出すんです。そういう風に、竹内啓の弟子で立派な統計学者はいっぱいいますけれども、みんな、「当時は全然わからなかった」と感想を述べています。

　これがやっぱり感染動機なんですね。よくわからないけどすごい。でも、そういう先生がこのごろいなくなっちゃったんですね。わかりやすく丁寧に、かんで含めるように言って「わかった？」と、そこまで念を押すというのが、やっぱりいいと言えばいいんですけれども、だいぶ感染する相手がいなくなっているというのは寂しいですね。そういうことが。これはチョムスキーにかぶれたとか、小室直樹にかぶれたとか、廣松渉にかぶれたとかって、宮台真司も盛んにそういう話をしています。そういう「かぶれる」ことが大切なのですね。

ヴィゴツキーの最近接発達領域

　ここで、いま言ったようなことを少し考えるときに、結果的に似たようなことを言っているのはヴィゴツキーという人なんですね。最近接発達領域という考え方があるんです。これは、一人でできる領域が、まわりの人といるともっとできるということなんです。まわりの人と一緒にいるともっとできるというのはどういうことなんだろうということで、普通は教育万歳主義的に解釈されて、誰かが助けてあげればできるようになる。背伸びさせれば伸びるところは伸びるというので、scaffolding（足場づくり）とかいって、背伸びさせて何かいいことを達成させてやれば、手伝ってやれば「ほら、きみだっ

てできるじゃない」と言えばいいんだというふうに勘違いされたこともありました。

　これ、完全な勘違いですね。そういう話じゃないんです。ヴィゴツキーの最近接発達領域という概念は、そばにわかりのいい先生がいて「きみ、こうやるとわかるよ」なんて言ってあげると、本人は自分一人ではできないことが、その先生の助けでできるようになったという経験をすれば、次に本人ももっと頑張るようになるんだという話なんだと思われちゃうんですが、これ、全然関係ないです。こういうことじゃないです。

　どういうことかと言うと、これの正確な理解は、発達するのは whole person、人間全体だということなんです。つまり、さっきの感染動機の話を、実はヴィゴツキーがやっていた。それはこういうことです。子どもの統一された、さまざまな精神機能の現時点での水準があって、大人と接する中で子どもは統一体としての一歩先を見た。統一体としてですよ。あれができる、これができるという話じゃなくて、「あ、あの人すごいな。何か人間としてすごいな。いろいろなことがふわっと、全部統一体として一歩先を読んでいるな」というのを見たときに、「ああ、ああいう人間になりたいな」と思って、自分自身の発達を方向づける。これが、最近接発達領域だという話。目指しているのは、能力とか技能じゃなくて、一歩先を行く whole person、人間全体だったんですね。そのことをちゃんと言ったのは、Chaiklin という人なんです。まあ、それはそれとして。

ZPD は学習論ではない

　そうしますと、ZPD、発達の最近接領域論というのは学習論じゃないということです。個別的なスキルや知識の獲得ということじゃなくて、「ああいう人間になるといいな」と思わせることなんだというようなことです。発達していくのは、そういう全人間の有り様へのあこがれというものが先にあるということですね。

　皆さん英語教育なので、ここで急に英語教育の話になっちゃうんですが、やっぱり英語を教育すると、あれができる、これができる、こういう

ことができる。できることのリスト表で迫りたくなりますよね。あるいは、TOEIC 900点、TOEFL 700点、そういう目標を立てて、それの勉強をする。そこで基本的な知識を身に付けるということもありますよね。もちろんそれも学力ですよ。そういったもので大事なこともあるんです。

　ところが、ある人が国際会議なんかに出てみると、中国人は中国語なまりめちゃくちゃ、ほとんど中国語しゃべっているんじゃないかなと思うけど、よく聞くと英語になっているとか。あるいは、イスラム語とか、あるいは中南米の人はスペイン語であるとかポルトガル語のなまりで、なまってなまって、なまりまくりながら、しかも文法的にもよく聞くとめちゃくちゃ。めちゃくちゃじゃないんだけど、それほど合っていない。ところが、熱烈にディスカッションをして、そして大いに盛り上がっちゃうという人がいるんですよ。そういう人が結構いるんです。

　そうすると、グローバル化時代の英語力というのは、本当に何ができる、かにができる、こういうことができるということなんだろうかということに疑問がわくんですね。そうじゃなくて、人間全体として、とにかくコミュニケーションをしないではいられない人間になる。そして、片言英語でも立派に役立つのを「すごいな。かなわないな。負けたな」と思うことのほうが、むしろ大事かもしれないですね。

　私の友人というか、学問の世界の某教授が、教授というか昔はある研究所の先生でしたけど、その人と一緒にアメリカの研究機関で、学会発表とか研究会で発表しますと、彼の英語なんてひどいものですよ。もう時々日本語が平然として入るんですね。「Fig. 3.0」というのがあると、普通に「フィグさんてんれい」とか言う。「ええ、さんてんれいって日本語じゃないか」と驚いちゃうんですよ。彼、堂々として自信満々でそれをしゃべりまくるんですよ。

　ところが、それで通じちゃうんですよ。それで、本当にみんな熱中して彼の話を聞くんですね。ひどい英語と言えばめちゃくちゃひどい英語で、日本語が入っちゃっているような英語。ところが、最近彼は、本当にちゃんとまともな英語で堂々としゃべっています。国際会議で。いまはさすがに「フィグさんてんよん」は言わないですね。

whole person にあこがれる

　だけど、やっぱり僕はあこがれましたね。あれなんだなと思ったんですよ。やっぱり。そういうふうに、われわれは whole person、人間全体像として「英語でコミュニケーションしている」という全人間そのものを、そういう、なんとしても「語り合おう」とする人間像として、私たちは子どもたちの前に見せているかということが非常に大事で、これができている、あれができている、こういうことができている、さあ、こういうことをやれ、あれをやれ、これもできるようになれと言ったほうがいいのか、「フィグさんてんよん」と言いながら、堂々と英語だか訳のわからない日本語混じりの英語で発表している人間を見たときに、「あれが本当にやるんだな」という姿を見るのとは違うんですね。でも、本当は whole person の魅力というのはそういうものなんですね。ヴィゴツキーが言ったのはそういうことなんですね。

自分の前に imaginary な自分をつくる

　そういったことで、「ああいう人間になるんだな」という、何気ない、いろいろなことがあるけどそういうふうになっていたい、学ぶことなんだということを見ていくことが大事だという話。ですから、明日自分がなってみたい自分になるということ。それが、さっきから何度も言っているようにインセンティブを、自分の前に imaginary な、想像上のなりたい自分をつくる。imaginary-self というもの。自分が想像してつくった自分像というものを重ねるわけです。そして、ああいうふうになっていきたいんだなというふうに思うことが、本当の動機づけになっている。これが感染動機でもあるんですね。

　ヴィゴツキーは、そのことは模倣から始まると言うんですが、その模倣というのは宮台自身も、廣松に感染したころはしゃべり方から物腰まで全部廣松渉風になっちゃったということを言っています。そのことは、恥ずかしながら佐伯研を出た人も、「何か自分、このごろしゃべるとき目つぶるんだよな。佐伯先生がしゃべると常に目つぶっていたんで、自分も感染しちゃって」と

> ### 「感染動機」*
> ### 〜人を成長に駆り立てるもの〜
> - 人に勝つという「競争動機」(「能力」指向)
> - 物事を理解したいという「理解動機」(「探求」指向)
> - 「じぶんもこういうスゴイ人になりたい」という感染動機
>   - その人のそばに行くと「感染」してしまい、身ぶりや手ぶりやしゃべり方までまねてしまう。
>   - 「よくわからないけどスゴイ」という感じ。
>
> ---
> *宮台真司著『14歳からの社会学』世界文化社、2008年

図10

か言っています。まあ、彼も感染しちゃっているんですね。皆さんもこのあとは、目をつぶってしゃべるようにならないことを祈りますけどね。

そういうふうに、感染しちゃうとその先生風に自分がなっちゃうんですよ。そぶりとか言い回しまでね。そういうことって、やっぱり大事なんですね。そういうことというのが、本当に動機づくということの基本にあるということ。

「競争」は競争に負ける

話はもどりますが、競争させればいいというのは、これはさっき言ったようにいろいろな意味で危ないんです。競争させて頑張らせるというのは、確率0.5の世界に置くということですね。確率0.5の世界というのは、本当は怖いんですよ、失敗回避動機の強い人にとっては。だから競争は嫌なんですね。そういうものを競争させればうまくいくんじゃないかというふうにしてやらせていると、上位10パーセントは指し手感覚が身につくけど、残り90パーセントはコマ感覚 (やらされ感覚) が増えちゃって、やる気を失っちゃうんですね。

こういった意味で失敗しているということがありまして、これは競争しても行き止まりとか、フィンランドは競争をやめたら世界一になったとかとい

う話がありますね。これは、やっぱりいま言ったような競争ということは、実は非常にネガティブ効果を生み出すのだと思っているので、フィンランドなんかはむしろ、さっき言った感染動機が生まれたように、いろいろな学力のいろいろなタイプの子どもたちが、異質性の補完集団でもっとほかとの学びをやりましょうという話ですね。そういうことが大事だということがありました。

　私は、そういう意味では、unlearn（学び直し）というのが大事だといいたいのです。つまり、何か自分が学ぶということを勉強みたいに考えたことを、もう1回やり直して、自分の中から起こってくる学びたい思いというものを復活させていく。そういうことが本当に重要だということなんです。

遊びの重要性

　ここで、ちょっと時間がないので、私は遊びというものがそういうことの基本だということを指摘しておきたい。学びは本来、勉強を伴う遊びだったんです。遊びは自分からやりますよね、もちろん。人から遊ばされているということは、普通はない。最近はゲーム機のほうがはやっちゃって、遊ぶのはもう遊んでもらうみたいになっているのは非常に残念なことですね。

　ですから、私はいま幼児教育に非常に関心があるんですが、子どもが本当に自分から遊びをつくりだすという喜び、こういった経験をいっぱいもつというのはものすごく大事ですね。それは、中学校でも高等学校でも、自分から楽しいものをつくりだす感覚。まさに遊び感覚ですね。そういうものがものすごく大事なんですね。そういう遊び感覚というものは、勉強の中にもいつもあるんです。これはまあ、科学者なんていうのは実はほとんど遊んでいるようなものですよね。楽しいことを自分勝手につくりだしている。そういったものなんです。

勉強＝学び － 遊び
（マイナス）

　ところが、勉強を大事にする。こうすると勉強は学びから遊びを抜いちゃったものになっちゃう。勉強だけを取り出すと、学びの遊びがなくなるわけで

> **学びは本来、勉強をともなう遊びである。**
>
> - 学び ＝ 遊び ＋ 勉強
>   - 学びは本来、勉強をともなう遊びである。
> - 勉強 ＝ 学び － 遊び
>   - 勉強だけを取り出すと、学びから遊びがなくなる。
> - 遊び ＝ 学び － 勉強
>   - 本来の遊びは、学びから「勉強的要素」をとりのぞいたもの。

図11

す。本来の遊びは、学びから勉強的要素を取り除いたもの。これが、そうするとこの学びは遊びと同一視する。勉強的要素を取り除くわけですね。遊びという大事なもの。そういう意味で、私自身は本来、何か人間には遊び心というものがものすごく大事なんだとおもうのです。そういったところで、自分の中からわき起こってくるドライブと、それから自分で発見したインセンティブというものをいつも持ちながら行動するということができるということですね。

この話になってくるともう最後なんだけど、是非言っておきたいことがあります。

楽しんで失敗して、失敗することを楽しむ

言いたいのは、エジソンについてですが、ジミー大西いわく、「エジソンは99パーセントの努力と1パーセントのひらめきなんて、残した言葉があるんですけど、あれは誰かが英訳を間違えているんとちゃいますか。僕は99パーセントの遊び心で1パーセントのひらめきだと思うんですよ。誰が99パーセントの努力をしますか。しませんよ。僕は楽しんだと思いますよ。楽しんで失敗して、失敗して、失敗することを楽しんだと思いますよ」とですね。

この場合は、失敗回避動機というところの失敗じゃないんですね。遊びの世界での失敗というのは、失敗にならないんですよね。「ああ、そうか」み

たいなものですね。「あ、別の部分もやれるか」という、そういう失敗とか成功とかということを超越するというのが遊びの世界なんです。そういう意味で、私自身は遊びというものは非常に重要だと思います。

　こういうことから考えると、あらためてもう1回学ぶということを unlearn する。つまり勉強という世界に置き換えてしまったことを1回帳消しにして、本来人間が学ぶということは遊ぶということと同じようなものなんだ。だから、そう考えるのが必要なんじゃないかと思うんですね。

アイデンティティについて
　実は、今日は時間がないので話しておきませんが、私自身は、状況的学習論という世界の研究にいま入っております。状況的学習論というのは学習ということは、実は人間が文化の実践に本気で参加するときに随伴的に伴うことだというわけですね。随伴的に伴う。そうすると、学習によって身に付くものは何なのかというと知識や技能じゃなくて、本人自身のアイデンティティーだというわけです。自分はその社会、その共同体の中で、何とか一人前としてやっていけるなという感覚が育ってくるということが学習なんだとかですね。

　そして、そのアイデンティティーというものが、実は、私たちが共同体の実践の中にどんどんはまっていくということなんだと。だから、そこには学習とか教育自身を目的とする行動はないんです。学習自身を、学習しなさいとか、勉強しなさいとか、と言うこととは違うととらえるのです。勉強というのは「勉強」が目的なんですが、それは本来の学習ではない。

　ところが、正統的周辺参加論でいうところの学習は、学習そのものを目的とすることはないんです。仮にあったとしたら、それはそれを実践とする共同体の一員になることなんです。学習するという共同体に入れば、それは塾とか予備校とかでの勉強をする世界に入れば、それはそれなりに学習共同体なんですね。そこに入れば、学習することが実践になる。そして、学習することがその人のアイデンティティーになる。

　私も浪人しました。浪人したときは、受験生になるんですね。受験生とい

う共同体の中の一員になるんです。そうすると、字の書き方からして変わります。「跳ね」と「止め」がはっきりするような字で、カクンカクンの字になっちゃったりですね。漢字のテストで絶対に私は「止め」と「跳ね」を間違っていませんよということを訴えるような字になっちゃうんですね。それが受験生。読む雑誌が『螢雪時代』という雑誌しか読まなくなるんです。もう完全に受験生に自分がなっているということに、自分自身で興奮するんですね。

「おれは受験生だ。『螢雪時代』を読んでいる」そういうふうになっていると、自分自身が受験生としてのアイデンティティができる。そうすると模擬試験何番なんて、そこに名前が出たとか、そんなことばかりが生きがいになっちゃったりして、情けないといえば情けないですよ。でも、そのときは生き生きとしているんですね。ですから、予備校に行っている学生は、まあ、最近はわかりませんけど、結構明るく、何か生き生きしていました。それは、自分が受験生であるということに生きがいを感じて、受験生になりきっていましたから。

それは「受験生」という学習共同体の一員になりきっている。そこでは、実践するというのは勉強するということそのものです。勉強といっても、本当はその内容と関係なく、入試に出るか出ないかだけに関心がある——と思われますが、でも、予備校で本当に学問の面白さに目覚めたという人を何人も見ましたよ。いまは立派な物理学者が、予備校時代に「物理ってこんなに面白い」というのがわかったんだと。数年前、予備校先生、物理の先生の山本義隆氏が「磁力と重力の発見」という本で、大佛次郎賞を取りましたよね。予備校での彼の「物理」の講義、聴いてみたかったですね。「物理」という学問の神髄を伝えていたと思いますよ。

私、そういう先生と触れ合うと、本当に面白いなと思うんですが、それは、それこそ受験勉強だと思ってやっているんです。教えているほうも受験勉強だと思って教えているんです。だけど、いつの間にかあこがれをもたれる。まさに感染動機です。その先生の入っている世界はすごいや。そういうかたちで入ればいいんですね。でも、そのときは、本当に勉強は遊び心でもあると同時に熱中ですよね。

「わからないけど、すごいや」という授業を

　そういうふうにして、私たちは何か心が躍るような経験、何か知らないけど胸がドキドキするような、そういう学びの経験というものをもっともっと増やしてあげるということが本当の意味での動機づけだと思うのです。それは、いわゆる教育の技術、どのようにして学習意欲を喚起させるか、こうやればいいよ、こういうふうにやればいいよというノウハウをする問題じゃない。あなた自身が裸になって子どもたちの前に、先ほどの竹内啓みたいに、自分が熱中している世界をかいま見させる。私はこんなにほれている世界があるんだ。こんなに世の中って面白いんだよという、その思いを、「教えよう」というんじゃない。一緒に生きようじゃないかと、そういうような授業風景というものこそを私は望みたいんですね。そして、そういうふうに「わからないけど、すごいや」という授業を、ぜひ皆さんにやってもらいたい。わかりやすい、それで1点が上がったというだけが教師の能じゃないということですね。

　ということで、今日の私の話、「何だか全然わからなかったけど、面白いや」と思ってもらえれば大成功です。ということで、終わりたいと思います。どうもありがとうございました。

　＊本稿は、2010年6月12日に立教学院にて行った講演を基に加筆・修正したものです。

第3章 英語教育と学習意欲2

2 学習意欲を引き出す

秋田 喜代美
(東京大学大学院教授)

はじめに

　ただいまご紹介にあずかりました、秋田でございます。東京大学の、というよりは、1999年まで6年間立教大学に勤めさせていただきました者です。私が研究者としての第一歩を立教大学で学ばせていただいたことが、とてもよい思い出になっています。それから私の下の娘は立教の教会で洗礼を受けさせていただき、いまもこちらでお世話になっていたり、自宅はここから5分ほどのところにあるということもあって、本当にこのたびお招きいただきましたこと、感謝申しあげます。

　立教とのつながりは、東京大学で学校教育高度化専攻を立ち上げましたときに、英語の専門家がいないということで、鳥飼玖美子先生にお世話になりました。私の研究室で言語教育を専門にする学生が、鳥飼先生と私のダブル指導で論文を書かせていただくことによって、私自身も英語の世界に目が開き、鳥飼先生はよく御存知だったと思いますが、学校教育の研究の面白さということを実感くださって、そういう意味で間接的にいまも交流は続いております。

　こちらの池袋中高の高野利雄先生の総合学習で、教育のことについて専門家に話を聞きたいということで、東大を訪問くださるということが何回かありました。そういう関係で、今日はこちらへ来させていただきました。

　私は、いまご紹介いただきましたように、英語が専門ではございません。英語が専門ではなく、教育心理学が専門で、立教大学でも心理学科の教員として働かせていただきました。「意欲」ということで、今日は実践の話をし

ようか理論の話をしようか迷いましたが、このごろ高校での研修参加はやめましたが、年間にかなりの日にちと時間を、幼小中の学校の授業研究に呼んでいただき、そこで一緒に考えていくという仕事をさせていただいております。そこから少し学習意欲の喚起というお話をさせていただこうと思っています。

学び合いが始まってから

　これは、ある中学校の改革で子どもたちが言った言葉の一つです。「学び合いがはじまってから、なぜだかわからないけど遅刻が減りました。なぜだかわからないけど欠席も減りました。なぜだかわかないけどテストの成績が上がりました。なぜだかわからないけど笑顔が増えました。なぜだかわからないけど学校が楽しくなりました」。

　この中学校はそれまで先生が講義をし、子どもが聞くというかたちの、通常の一斉伝達型中心の授業形態をとっていました。どの教科の授業にも小グループでの協同学習の形態を入れ、学び合いの学校であるということを、先生、子ども、保護者みんなで自覚をし、校長先生のリーダーシップで学校改革をしはじめた2年後に、子どもたちが自分の学校のことを書いたある言葉から、校長先生が選ばれたものでございます。

　学校が楽しくなり、面白くなり、そして笑顔が増え、学習に力が入り、テストの成績も上がり、欠席や遅刻も減るというのが、本当の素直な子どもの姿ではないかと思います。

　このようなかたちの授業の中で、子どもが学ぶことが楽しいと思えるような授業の在り方をどうしたら良いのかついて、今日、少しだけお話をさせていただきたいと思います。

教育心理学での学習意欲研究の3つの流れ

　私の専門は教育心理学です。教育心理学のなかでは学ぶ意欲の研究というのは、1960年代から今日まで、大きく三つほどの流れで研究がされてきております。一番古いのは行動主義心理学といわれる、動機付けという言葉の

研究の流れです。

　おそらく先生方も教職の授業をとられると、教育心理学という授業で、内発的動機付けと外発的動機付けという話を、必ず聞かれたのではないかと思います。報酬としての賞と罰をどのように与えるのか。それからどのような評価がよろしいのかというというようなことです。それから行動主義心理学でとても大事なことは、子どもはもともと無力なのではなく、学びたいと思っている、しかし、失敗経験を積み重ねていくことによって無力感を学ぶのであるということが、学習性無力感という言葉のなかにあるわけです。あきらめてしまう子どもたちを、いろいろな学校で見せていただくこともございます。

　では、どのようにして認めていくか、賞を与えればよいのかが、学習意欲の研究の中の一つに出てきます。このあと実際に実践も含め、少しお話をさせていただこうと思います。

　二番目は、認知心理学といわれる考え方で、特に80年代、90年代半ばぐらいに情報処理のアプローチといわれる理論が主流になってきました。そこではどのような学習観を持っているのか。例えば学習というのは覚えることだ、という学習なのか。

　21世紀というのは、高度情報化社会になっていきますが、どんどん情報が増えていく。その中で一緒に新しい知識をどうやってつくったらよいのか。子どもが学ぶことが大事であるということを申しております。そのような学習会で、また深く学ぶということは、子どもを守る積極的な学習方略を採ること。意欲があることのあらわれというのは、例えば「テキストを読んでごらんなさい」と言ったときに、ただ読んでいるだけではなく、先生方はよくご存じのように例えば「線を引いてみよう」とか、「メモを取ってみよう」とか、その子ども自らがより深くかかわれるような行動を起こしていく、そういう方法を身に付けていくことが大事なのです。

　そして、どのような課題を出していったら良いのか。例えばあらかじめ枠組みを見せてから学ぶほうが、子どもはわかったような感じがするのだということを明らかにする研究の流れがあります。そして、これが一番新し

く、90年代ぐらいから、いま一番よく言われているのは、個人だけではない、学級はやはり学校の文化、雰囲気がある、ということです。

私どもが学校に入れていただくと、本当にその学校によって文化が違うということを感じます。各教室に行き3分ぐらい授業を見せていただくと、ああ、子どもが深く入っているなと、何を学んでいるかがよく見える教室もあれば、これは先生はやっていらっしゃるけれど、子どもは疲れているなとか、少しいまは苦労されているなという感じを受ける場合もあります。

社会文化的アプローチというものは、意欲というものを個人の中にあるものではなく、そのコミュニティーに参加していく、例えば英語であれば、英語学習のコミュニティーであったり、英語を使う英語話者としての、英米だけではなく、いま国際共通の言葉としての英語というものを目指したときに、そういう英語話者コミュニティーへの一つの参加者として考えていくという考え方です。

私はいま中学校の改革で、学習環境をどうつくるかということに、専念しております。学習は1時間の授業だけで成り立つわけではなく、何を学んだのかということが、個人の頭の中だけでは消えていまいますが、家庭との連

1　行動主義心理学　動機づけ　原因帰属
　　　報酬としての賞と罰　評価
　　　学習性無力感　効力感

2　情報処理アプローチ　個人の知識　意欲
　　　学習観　能動的な学習方略
　　　課題の構造や質　テキスト　教示

3　社会文化的アプローチ　学級　仲間
　　　共同体への参加　学習環境
　　　アイデンティティ形成
　　　　　　　　　　　相互作用　学級文化

図1　教育心理学での学習意欲研究の3つの流れ

携であったり、例えば今日はおけいこだけではないので、暗黙のうちにさりげなく、例えば図書館の入り口に新刊本などや、前時までの学びの履歴が掲示で張られていることによって、そこの場所と学習がつながっていく。そうした学習の連続性が見えるようつながっている環境であったり、学級の一成員としてのアイデンティティーであったり、その中でのやりとりを通して参加をしていくことで、学習は成り立っているのです。

では、どういうやりとりをすれば意欲がわいてくるのか。先生が賞を与えるとか評価をするというだけではなく、お互いが学級として学び合う雰囲気をどうつくっていくのかという研究も、学習意欲の研究の流れの中で、また取り組まれてきているところです。

学校での意欲の喚起　三次元

放送大学で私が担当しております「授業研究と談話分析」のテキストには二次元と書きましたが、学校で学習の意欲を考えていくときに、私は三つの次元が大事であると考えています。

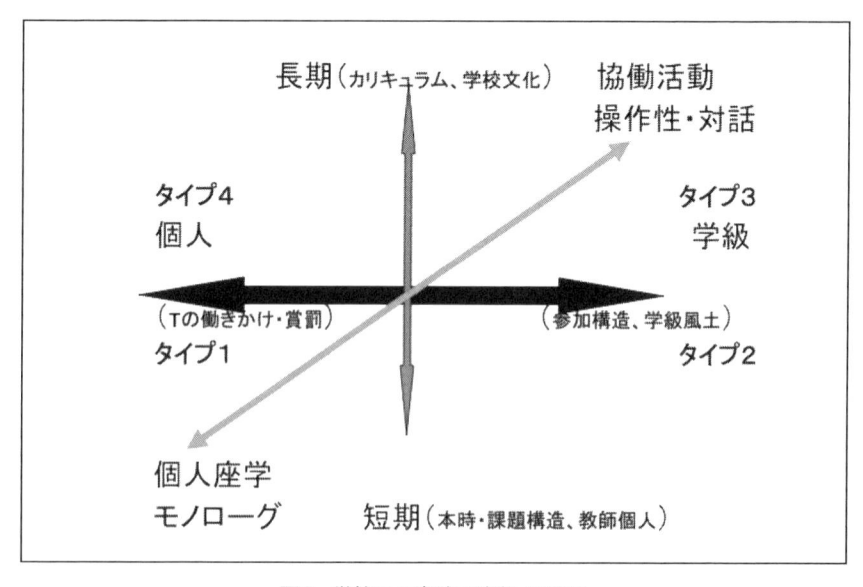

図2　学校での意欲の喚起　三次元

一つは、本時の課題構造と縦軸の下の部分に書いていますが、まずこの縦の軸が一番大事かもしれません。どういう課題を本時に行うのか、どういう学習課題なのか、先生がその教材をどう理解しているのかという本時の問題です。それからあとでもお話したいと思いますが、例えば朝の読書をいま始められているとお話をうかがいましたが、帯単元で日記であったり、さまざまな長期的なカリキュラムが意欲を起こしていくということと、今日どうするかという問題のこの縦の軸が、課題の時間軸になります。

　もう一方で、個人として先生がどのように働きかけてくれるのかという問題で、先ほどお話しましたように、学級全体が教室に入って会話を聞かせていただくと、特定のわかる子だけで授業が進んでいるクラスと、さまざまな多様な子どもの声が聞こえてくるクラスとがあります。もう一方で、個人としての一人一人の生徒に先生がどのように働きかけてくれるのかという問題です。私は戦後民主主義のなかでつくられてきた学校教育というのは、やはりいろいろな子どもが生かされていく、そういう声がつくられていく教室こそ大事だと思っているのですが、この流れでいくならば、誰が評価をするのか、教師か、学級の個々の生徒なのかということになります。

　そしてもう一つ、従来型の教室というのは、個人の座学で文面から、本物の活動から切り離されたところに学習があると考えられてきたわけです。ですので、モノローグ（独話）というのでしょうか、例えば英語の学習をしたときに、本当に誰かに伝えたいとか、必然性があるコミュニケーションをしているのか、ということは看過されます。ただ形たちだけリピートをしていることはないでしょうか。例えばいまの教科書にはないですが、私が英語の学習をしたころは、"I'm a girl." という言葉をなぜ言わなければいけないのか、特別な場合を除けば外見を見ればわかるだろうというような中身もあったわけです。そのような形式的反復から、いまは協働で学び合って意味を構成していくことの重要性が注目されています。対話によって、実際のものや世界とつながる文脈の設定の仕方が、学習の意欲を授業の中でつくっていくときに、極めて重要になってくるかと思っています。

　学校ではこのカリキュラム全体の構造をどうするのかということと、それ

からできるだけ、小学校もそうですし、中高の改革で一番大事にしているのは、一斉活動でお客さんになってしまう子どもたちを、どうやってもう一度教室の中で対話的な関係を生み出すことで意欲を出していくのか、に力点を置いて研修等に参加させていただいています。

　意欲を考える際、その基本に、学校教育の質という問題があると思います。先ほど最初にお伝えしたある中学生のことばにあった通り、あれは中学校での学び合いの子どもの言葉でしたが、「楽しくなりました」のその楽しさの質が問題です。学習して何かある意味で面白いのか、本質的な中身が面白いのかというところです。

学校教育の質の二次元　居場所感・没頭度

　これはヨーロッパ乳幼児教育学会会長である Ferre Laevers 教授が述べている、0－18歳までの教育の質を支えるときに、先生にとって大事なものは、まずはどのような課題を課しているのか。そして生徒の反応を受け止める感受性、教師の応答性があるかというところ。そしてもう一つは、生徒の自立性です。先生は一所懸命でも、やはり先生にやらされているという感覚がある場合が多くあります。自立といっても本当のところは先生の手の平の上な

○ 質を支える教師のあり方 (Laevers, 2007)
　Stimulating　　課題、活動
　Sensitivity　　感受性、応答性
　Autonomy　　 生徒の自立性

「自立性、有能さ、関係性の欲求」の充足
　Deci, & Rian 2002

図3　学校教育の質の二次元　居場所感・没頭感

のです。それでも自分たちでつくっている授業だという感覚を、どのようにつくっていくかがポイントなのです。この三つが教育の質ですね。子どもが没頭して授業に入れるかどうかを決めているのは、どの教科であっても、どの年齢であっても、この三つの次元で決まってくるのではないかと言っている人もいるわけです。

　心理学の用語で言えば、自立性とは、自分は有用だと実感できること。そしてお互いにつながり合っているという充足感が、意欲を支えるものだと言われてきています。

学力と子ども (Wentzel)

　もう一つだけ紹介させていただきたいのが、最近の教育心理学のWentzelという人が言っていることです。昔は学業熟達目標、勉強を学びたいという高い達成目標を持つと一所懸命勉強するようになって、すると意欲も高くなり、学業成績が良くなるということを心理学は説明してきました。

　学力の高い子はこのモデルで説明がつくのです。しかし中高生で、特にあまり勉強が好きでないという子どもは、こういうモデルで学習していることは説明できないということが、最近言われるようになりました。

```
○ 学業熟達目標           ○ 社会的責任目標
      ↓                    社会的責任行動
   学業熟達行動             ↓        ↓
      ↓                  教師から   仲間から
   学習への関心・意欲       受容      受容
      ↓                    ↓        ↓
    学業成績              学習への関心・意欲
                              ↓
                            学業成績
```

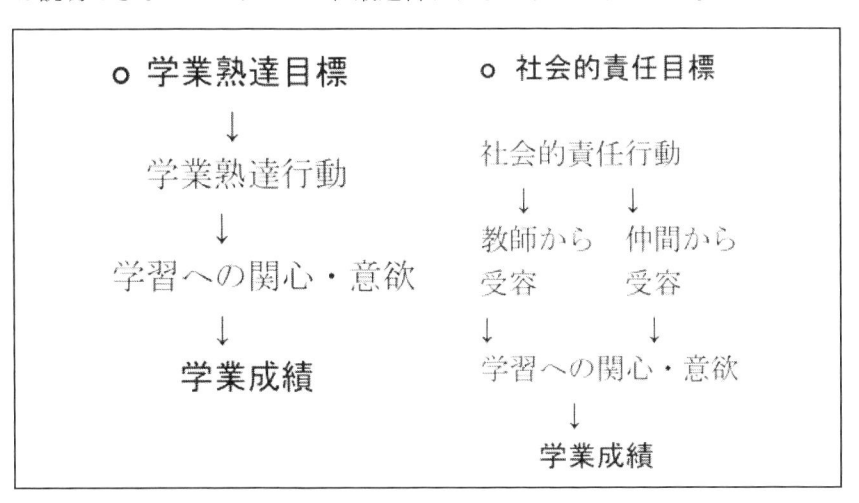

図4　学力と子ども　ウェンツェル

もう一方の社会的責任目標という考え方です。「なぜあなたは学校へ行くのですか」「友だちに会いたいから」という答えで言われるように、「先生や友だちに迷惑をかけるといけないから」「友だちに会いたいから授業に行く」というような子どもたちにとっては、教師から受容され、まずは仲間から受容されることで初めて、学習への関心意欲が出てくるのではないか、そしてそういう子どもたちが増えてきているのではないか、と言われています。

　私は専門ではありませんが、特に今日は英語という話を最初にうかがったので、これは英語学習以外にも当てはまることだと思いますが、「正確さ」、「流暢さ」、「複雑さ」ということを英語の学習要因の中で特に大事だと思っています。「正確さ」と「流暢さ」に関しては、ずいぶんいろいろな研究も出てきています。それらは、先生によって指導されたり、評価されます。流暢かどうかということは、教師に加え、仲間によっても評価されるものです。

言葉の学習における意欲の喚起

　けれども子どもにとって、もっとも意欲が出てくるのは、外国語学習においても「複雑さ」というのでしょうか、自分にとって内容の質、課題の質が意味あるものであり、その活動がどのような内容であるか、その「複雑さ」によって、たぶん子どもは一番動機付けられるのではないか、と私は考えています。

　私の研究室で英語教育の研究をやっている人は、スキル中心ではなく、教養とか、やはり外国の異文化世界の内容であったり、自分がひらかれていく内容の複雑さというものが授業の中でどのように実証されているかが大事ではないかと思って、そこに関連する研究をしています。

　子どもにとって必然性があるような自己とのつながり、人とのつながり、そして世界とどれだけつながっているということが意欲の基本になっていくわけです。

　私はLaeversさんの論文を読んではっとしたのが、delinquency（デリンクェンシー）という言葉です。辞書を引きますと日本語の単語で「非行」と出てきます。この言葉を私は受験英語で覚えましたのでdelinquencyとひとつづき

で覚えていたのですが、実際は de-linq なのです。linq が切れるという意味で、これは他者との絆、それから自分が学びたいという対象との絆からのつながりが離れたときに非行というか、社会から離れていくのが子どもたちの姿だという意味を持っている言葉なのだということでした。

　さらに、宗教はレリジョン（religion）と言いますが、自分がいままでつながっていたのと違うつながり方で、再び世界が見えてくる re-ligion ということがレリジョンという意味であるそうです。すべてそのつながりと絆ということを考えていくことが大事で、やはり意欲は、子どもたちが「ぼくには関係ないね」とか「どうでもいいや」という言葉を出さない授業にするために、大事なキーワードではないかと思うのです。

　教室に入れていただくと、ぱっとわかるのは教師の会話が、手順の会話が多いか、内容の面白さを語っている会話が多いか、ということです。「あれをやりなさい」「これはこうです」という統制の手順の言語で教室の会話が進んでいるときというのは、授業が面白くないわけです。当然です。

　中身の本質にどれだけ入るか。特に小学校では例えば外国語学習という活動が重視されますが、その文脈の意味が埋め込まれた活動というものが、共にいる「他者」と、「場」と、「もの」との中で考えられているか、ということが、意欲を考えていくうえで重要である、というのが昨今の流れです。

　大事なことは、外国語を通して「他」とのかかわりを深めるということではないかと思います。福井大学付属中学校の学校作りに参加させていただいて、今年で8年目か9年目になりますが、いろいろなところに深い質の学びの授業をつくろうとやっていると、一番難しいのは英語と体育だということに最近気づかされました。技能をまずもとめられる教科です。ほかの授業は、比較的何かを考えるとか、ゆっくりじっくり話し合うことができるのですが、特に中学校の初期には、もともと英語の力、知識も理論もないわけなので、むしろどうしてもスキルをトレーニングしている形になりがちなわけです。そこをどうやって必然性のある関係を築いていくかがとても難しいのです。

　例えば学校のことを後輩に伝えようとか、学校の文化を伝えようとか、他者のことをよりよく知る、英語を使うことで、日ごろの日常生活では友だち

```
    スキル
  ○ 正確さ  教師による指導と評価
  ○ 流暢さ  教師や仲間による評価
    内容
  ○ 複雑さ  課題の質、活動の質


子どもにとっての必然性　国際共通語しての英語
  自己とのつながり　人とのつながり（対話性）
  世界とのつながり（没頭性）　delinquency
手順の会話と内容の会話
文脈にうめこまれた活動（共に居る他者、場，もの）
外国語を通して他との関わりを深める
```

図5　言葉の学習における意欲の喚起

に聞けなかったようなことがわかるようなコミュニケーションをしてみようとか、そのような意味ある対話でのスキル育成を試みています。

課題のありかた 1

　心理学の用語で状況的興味と個人的興味という分類があります。専門ではないけれど、話を聞いてみたら面白いということがありますね。それは状況的な興味です。それが繰り返されているうちになかなか面白いなと思って、それに関連する本を読んだりすることで、だんだん自分の専門ができていく、その道に関心をもつように個人的興味に発展したりするのです。

　英語が苦手、何かが苦手と思っていることでも、本時の授業は面白かったということがあるわけです。その状況的興味をいかに積み重ねてつくっていくかということです。

　一つは個人的なつながりがあるという、私というものが出てくるような授業。私が大事にしているのは、例えば教室で誰々くんが言ったというような、発言者の氏名という著者性です。発言の中身だけであれば誰の発言でもいいのですが、一人一人が誰々くんの発言だったというようなことでその人の存

在を大事にしていることでかかわり合えるのです。そして自分とのつながりがあるかないかです。

　昨日名古屋の小学校6年生の算数の授業を見せていただきました。極めて難しい論理的な問題だったのですが、みんなの力で解いていくとこをしていました。たまたま算数の登場人物の名前に「たくや」くんという名前が入っていた。それが、一番算数が苦手な男の子の名前だった。そうしたらがぜんその子が頑張ったのです。「たくや」のイメージをもって取り組むことができたりするわけです。そういう本当に小さなことですが、個人的なつながりがあるということは、大きな意味を持つのです。

　またこれは社会や理科では言えることですが、矛盾や意外性、葛藤があるというような例題を出すと面白いということがよくあります。例えば理科の学習で、金物は電気を通すという単元。アルミホイルや水銀は電気を通すのかと言って問いかけをする。子どもたちにとって、金属というのは固い塊です。そこに意外性というものが出てくるのです。

　私は特に英語の学習では、情報の具体性、リアリティーが大事であろうと思っています。誰に向けて話をするのかで状況がよりリアルになる。例えば英語で「何時何分です」というときに、単に練習として言うのか、あるいは世界地図が出てきて、「いま東京は何時だけれど、アメリカは今何時だろう」と問いかけたならば、子どもたちにとって時間を英語で話すということの必然性がより高くなってくるわけです。

　そうした情報のリアリティーやわかりやすさ、それからつながりがあるということが課題の在り方として重要です。そうするとやはり、そういった課題を通して、子どもの感情というのでしょうか、実感のこもった言葉が教室の発言の中に出てくるようになります。教科書のような明快だが定番の言葉が教室でやりとりされているだけのときは、まず面白くないわけです。

　リアリティーがあるか、挑戦的かどうか、知的達成感があるか、既に学んだことが活用できるか、ということが、授業を面白くする鍵になるのです。

　「前時これやったね」と言葉で言うことは多いのですが、既に学んだことを活用するときに、いま、私がいろいろな学校でやっていることの一つは、

```
○ 状況的興味から個人的興味(得意、好き)へ
認知的に状況的興味を高める
    個人的つながりがある課題(私)
    矛盾、意外性や葛藤のある課題(ルール、例外例)
    情報の具体性(リアリテイ、わかりやすさ 構造化、詳述)
    感情の喚起課題
    挑戦的である、知的達成感が生まれる課題
    既に学んだことを活用できる手がかりと課題
```

図6　課題のあり方1

必ず前時にやったものが写真か資料で一つ出るようにすることです。前時のつながりと本時の基本になるものが視覚的に提示されたり、学びの履歴を紙で掲示して張っておいて、「これはこうだったね」と解説したりするなど、前時までの具体的情報を活用しながら次の授業につないでいけるような課題の在り方を考えています。

個々人にとって身近な素材

　個々人にとって身近な課題でやると授業が面白くなるという例をいくつか紹介したいと思います。どれも私が実際に参観させてもらった授業です。小学校5年生で水産業を学ぶ、少し前の指導要領の時代のものです。「私たちの生活と食料生産」という単元があります。漁業というのは、通常の教科書には枕崎の遠洋漁業というのが事例で出ています。しかしこれは東京の新宿区にある小学校の子どもたちにとっては、遠いのです。

　私が入れていただいた新宿区の小学校では8割が外国籍の子どもたちが通う公立小学校がありました。そこで授業をやると、社会科というのはさまざまな国の子どもが来ているので、もっとも実感が持ちにくい教科の一つです。そこで、例えば「回転ずしのネタはどこから来るか」ということを先生がお調べになりました。そうすると、例えばその小学校に通っている韓国の子、タイの子、中国の子、さまざまな子が自分の生まれた国から魚が来ていて、

回転ずしになっているというつながりを見いだしました。また、南米で取れたタコと北海道産のタコを、実際のスーパーで購入した具体的な値段表を二つ見せながら、「なぜタコでこんなに値段が違うのだろう」と問いかけました。そこにさまざまな現実の矛盾、社会的な難しい問題が出てくるわけです。

　子どもたちは身近さということから、課題への意識を高めていきました。「自分と関係ないや」と思って勉強していた例えばタイの子。その子は全然日ごろの授業には乗ってこないのですが、回転ずしのなかの、エビとカニなどがタイから来ているという話が出てきたときに、「僕の地域のエビはこの色じゃない」と俄然張り切って参加し始めました。何かそれぞれ参加しにくい子どもでも出番があるような教材がつくられていく。外国語の教育でもそうだと思いますが、「身近な素材」というものが大事です。

過去の学習を現実の複雑な課題でわかりなおす
　また、自分の学んだことをもう一度わかり直すことが大事です。意欲は、既に持っている知識を使いながらやらないと、わいてこないものです。新しいことをどんどん次々に学ぶと面白いかというとそうではなく、7割ぐらい知っているものがあるところに3割ぐらい新しいものが来ることによって、意欲は出てくると言われています。

　例えば小学校5年生で、てこの働きという理科の授業がございます。通常は重い石などを使って、「棒でこうやってやると動くね」と教えます。「支点、作用点、力点というのがあるね」などと説明をします。先生は教えて、子どもがわかったと思って次の授業にいくわけです。

　ところが本当にわかっているのか。ある先生の授業に私が伺ったときです。つめ切りの力点、支点、作用点を書いてみようという課題が出されました。力点はどこだろう、作用点はどこだろうということを子どもに問うと、力点ぐらいはわかるだろうと思ったら、力点も、点ではなく、線や面だと思っている子どもがいて私は驚きました。説明された教科書ならわかる。ところが現実の課題になると、この言葉の意味がわからない。「ドアノブがそうなんだよ」、「つめ切りも、てこだよ」といったことも、既にわかっていたつもり

の知識を使っていくことで、もう一度わかり直していく過程を経験することで、子どもの興味がかき立てられていく授業を見たことがあります。

　一度学んだものをもう一度学び直すことが大事ではないかと思っています。小学校の英語ではゲームや歌が多いです。それが悪いとは思ってはいません。

　『ちいさいおうち』という絵本があります。幼児の頃に読み聞かせてもらったものとして、多くの中高生はストーリーを知っていますし、懐かしがります。本文の英語は中学生や高校生にとって、やや難しいのですが、中学生の読書感想文を読むと、これが挙がってきます。

　この作品は、小さなおうちがだんだん都市化現象によって、こういう町の中に入りこんでいくのをかわいそうに思って、もう一度この町から田舎へ、車で引っ越しをするというような、人々の暮らしが変わっていくということを政治家の目ではなく、生活者の目から描いた絵本です。この絵本は、英語版がもともと原書であるわけです。これをもう一度原書で読んでみると、日本語の本と同じようで少し違うということが見えてきます。

　この絵本の表紙と、この絵本の表紙はどこかが違います。そうです、「HER STORY」という言葉が書いてあります。これは翻訳本では書きようがありません。ですから、書いていないわけです。ですが、「HER STORY」という言葉のなかに著者の思いがこめられております。ヒズ(his)、ストーリー (story)というのがヒストリー (history)です。要するに政治家や王様の目から見た文書が残っているのがヒストリーです。それに対して彼女は「HER STORY」ということで、生活者である女、子どもの視点からもう一度都市化していく社会に訴えかけている作品なのです。

　そんなことがわかりながら、中学校でもう一度学習環境に日本語と英語両方の本が置かれていると、それによって、自分の英語能力ではここまで読めないけれど、もう一度触れてみたいという気持ちになってくるわけです。それは既に持っている知識をもう一度生かしたい、ということです。

　『スイミー』という、これは小学校ではどの教科書にも載っておりますので、どの先生も大好きな作品です。谷川俊太郎先生の訳ですが、「みんなで力を

合わせて頑張ろう」というような文章が学級目標になり、スイミー学級なんて旗をつくっている学校を見たことがあります。

　英語のものと、どこが違うか。もちろん翻訳本なのですが、ていねいに見ていくと、裏表紙のところが違うというのがありますが、一つの大きな違いがあります。これはこういう表紙になっています。こちらはご覧になるとわかりますが、こういう表紙です。わかりますか。違いますね。

　なぜ違うのか。やはりここに『スイミー』のレオ・レオニ (Leo Lionni) の意図は、自己がいろいろな他者と出会っていくことによって変化していく、その自己のアイデンティティーの育ちの物語として、スイミーが旅していく姿を描くことでした。そういうことが、レオ・レオニの作品をいろいろ読んでいくと見えてきます。

　しかしながら、日本ではここです。「小さな賢い魚の話」。要するに「一致団結して、黒い魚が目になって、みんなでまとまってやっつけたよ」という学級の集団物語として描かれているわけです。それが副題にあらわれてきているわけです。これは韓国語にもこのような副題がついています。

　その文化によって翻訳がいろいろに解釈されていくということを、子どもたちがよく知っている、例えば絵本からもう一度読み解いてみることは、面白いと思います。言葉が文化やそれによる解釈の方向付けを背負っているということに気づくのです。こうした違いが、既に学んだものを使いながら、より複雑なものに出会っていく、そういう意欲を喚起するものの一つになるのではないかと思ったりします。

より複雑な情報を得ることでわかるようになる

　より複雑な情報を得ることで、よりわかるようになるということがあります。例えば国語の授業。説明文の授業は面白くないことが多いのです。説明文というのは、だいたい説明が足らないのです。教科書ですので、よくわからないのに、段落のつながりというようなかたち、構造だけを教えるので、なおさらつまらなくなることが多いわけです。

　そういう言葉の説明文を、どうしたらより子どもの意欲を喚起しつつ深く

言葉を読ませるようにできるか、ということを先生たちと一緒に考えてみるということをしました。

　すると、説明文というのは、必ず説明足らず文なのです。「こと」と「わけ」がきちっと書かれていても、その「こと」の部分が足りないわけです。それでより高度な、より高次な資料を出すのです。小学生では読めるはずがないだろうというような専門書など、ちょっと難しいものでも、先生が必要な補助をします。すると子どもは意欲を持って読むのです。さらに、その説明文の内容がわかって良し、にしたのでは国語の授業にはなりませんので、もう一度テキストの言葉の中に込められた意味を考えさせます。このように参考資料を活用することによって、子どもたちはより挑戦的に、より複雑なことをわかりたいという意欲を持って本文のテキストを学んでいくことがあります。

未習の挑戦的課題で考える

　また、中高生の問題の一つに、先生が教えようと思う前に、子どもは塾でかなりのことを習っている、という問題があります。知っているから意欲が出ない、ということもあるのではないかと思います。

　塾等では扱ったことのないかたちで課題を課す必要があるのです。例えば、小学校2年生では、かけ算九九をいたします。通常かけ算九九でしたら$9×9$までです。ある着任3年目の先生は、いろいろ子どもと一緒に考えていくことが大事だとお話しをしたときに、まだ5の段か6の段までしか扱っていないときに、子どもたちに$3×12$をぶつけました。どんなにかけ算九九がすらすら言える子も、$3×12$は塾でやったことがないわけです。

　子どもたちはさまざまなかたちで自分の解き方というのを考えていきました。皿で絵を描く子もいれば、足し算をしていく子もいる。それから$3×4＝12$はわかるので、12を3個足していくという子どもが出てくる。それから順に、$3＋3＝6$、$6＋3$はとやる子もいる。すごいなと思ったのは、12を分解して、$3×6＋3×6$になると、それは$3×3×2＋3×3×2$だから、結局$9×4$と同じだと、小学校2年生の子がそういうことをだんだん導いてい

くわけです。

　もっとも大事なことは、もともとわからなかった子も誰かがいろいろな考えを口にすることで「どうしてなの。もっとその子の説明がわかりたい」という気持ちになっていくということです。誰も答えを知らないものをみんなで解いていくことによって、みんなで意欲を出していくことは、なかなか英語の学習では難しいかもしれません。しかし、他教科の場合には、誰にとっても挑戦的な課題であり、かつ既に持っている知識を使えるということが意欲を出させるのに大事ではないかと思います。

探求的な課題で視点を変えて問い直す
　また、その意欲をまず課題でどう出していくかというときに、探求的な課題を課すことが重要になってきます。本時1時間、1時間で区切るのではなく、総合的に学習させるのです。昨今、総合的学習は、少し力がなくなってきているのですが、どの教科でも探求は極めて大事です。

　私がかかわっている中学校に、社会科の向藤さんという先生がいます。そこでは探求―共有―表現型で教科指導をやろうということをやっています。例えば小学校でも江戸時代というのは歴史で習います。この学習段階で、個別のことを教えるのではなく、江戸時代はなぜ260年も続いたのだろうという質問を子どもたちに投げかけます。すると各グループによって、答え方は違ってきます。政治に目を向ける子どももいれば、鎖国、統治法、様々な観点から探求するのです。まず260年はどのぐらいの長さなのかを考え、それによって既に小学校で学んだ知識を整理しながら、自分たちで考えたりそれをあとづける資料を調べたりしながら組み立てて、考慮していくというような授業をしていきます。

　江戸時代ではこの方が面白いと思ったのは、この教科は教えるべきことが多いので、明治時代ではだめなのです。明治時代の歴史については、小学校では飛ばしていて、明治以降、近現代はていねいにやってくれていないので、中学生にとって探求することが困難なのです。しかし小学校で学んできているものであれば、むしろ中学校で、繰り返し復習で教えているだけではなく

て、既にもっているものを手がかりにしながら探求していくと、子どもの意欲は高まっていくわけです。

　例えば、まち探検に行ってきたときも、もう一度まち探検のマップをつくったり、3次元でつくったりさせます。いろいろと学校によって違いますが、それによって視点を変えて問い直すということにより、子どもの意欲が高まっていくのではないかと思います。地図もそうですが、自分なりに表現をしてみるという挑戦が、学習者の意欲を引き出すのです。

自分なりの表現をつくることで問い直す

　もう一つ面白いので、これは社会科の地理ですが、身近な地域というもので、地域区分、地方区分とは関東地方や中国地方と一応決まっています。福井の実践ですが、ある子どもに地域区分図をつくらせてみました。

　なぜかというと、宅急便の値段は、地域区分で決まっていないのです。宅急便の値段はどうやって決まっているのだろうかとか、米がたくさん採れる地域を同じように色分けしてみようとか、いろいろな区分図を子ども自身が機能によって分けていくという実践をしながら、実はオリジナル地域区分図をつくりながら日本全体の特色を学んでいく、という実践です。表現活動を通して、もう一度知っている内容と思っていたことを活用しながら、単に暗記で覚えていく機能区分ではないかたちでやっていくものです。

課題のありかた 2

　いまのようなかたちで、本時の認知的な興味を1時間の授業で、それから単元でどうやって高めていくのかが一つ目のポイントです。それから本時が面白くてもその時間だけなので、私は帯時間というものをとても大事にしています。

　私は読書にもかかわっているのですが、繰り返しのなかで朝の読書であったり、中学校の先生で、国語のときに必ず連続朗読劇場といって1週間に1回か、2回だけ作品を15分だけで読むという先生がおられます。そうするともっと聞きたいということで読書への関心が高まっていくものがあったり、

これは高校ですが、キャリア教育と兼ねて現在の成功者の伝記を読み聞かせなどをやっています。

　ですから、本時で何かをやるのではなく、繰り返しやっているうちに「次週はどうなるだろうという」連続ドラマの面白さというのでしょうか、そういう意欲の立て方、あるいは筑波（筑波大学付属小学校）や山口（山口大学附属小学校）の小学校10分間のフリートークのようなものをしながら、自分のやりたいものについて友だちが誉めてくれるという、長期的に個人のその興味を育てていくという意欲の喚起があるのではないかと思います。

自らの学習に関して書くことで興味を育てる
　もう一方で、自らの学習に関して、長期的ななかで学習について自分で何かを書くということが、また興味を育てていくということもあるわけです。私の好きな実践の一つは、古いのですが、大村はまさんの実践です。これは読書なのですが、多くの場合、先生たちは読書感想文を書かせます。読んだ本のリストを書かせるのです。そうすると、本を読んでいない人にとっては、嫌なのです。自分はたくさん読んでいないわけです。

　これに対して、これから読もうと思っているリストは誰でも書けます。具体的に次の行動の一歩です。これは読書だけではないと思います。これからこの学習で、まずはしてみたいと思うことを一つ二つ、自分でこれからすることを書くということが具体的な目当てになるわけです。突然、何を勉強してきたか、と問われると困るのです。しかしこれから明日何をするかを書くと、それが具体的計画になっていくところがあるわけです。

　福井大学附属中学校でやっていたのは、生徒がつくる評価規準です。友だちが何かを発表するようなとき、どのような観点で見たらいいだろうかということを、教師が決める評価規準ではなく、この体験であれば何が大事かをふり返って、子どもが規準をたててみることをしているのです。行動のふり返りの実践としては、小学校はてな日記や、大村はまさんの五行の感想というようなことが、挙げられます。

　福井に至民中学校という中学がありますが、そこでは期末の学びだけでは

なく算数リポートなどといった、リポートを書かせています。英語はやっているどうか定かではありませんが、国語などで、単元が終わるごとに自分の学び、ノートをふり返り、その観点で自分は何を学んだか、どのようなことが心に残ったかをふり返るということで、書くリポートをしています。それにより、テストの点だけでは見られないことを書いていることで、自分が効力感を持っていく、最初にお話しした誘導感を持っていく。自分はここが面白かった、ほかはわからなかったが、ここがよかったなど、そのようなリポートを書く。この小学校でも算数日記、国語日記などふり返っての日記が増えています。自分の学びの履歴をもう一度ふり返ることで、次の意欲を喚起するというようなスタイルが、いま増えてきているのかと思います。

教科の学び方を学ぶ

　子どもたちが意欲を持つためには、最低の知識と学び方というものが大事です。聞き方、見方、話し方などが、指導されねばなりませんが、中でも、聞き方の指導は難しいと先生方はおっしゃいます。私は英語でもそうであろうと思います。聞くということが能動的に聞くことができるように指導するのは、簡単ではありません。いま小学校でも聞き方の指導でお願いをしていますが、単に直前に言ったことの内容の表面を聞くことではなく、他者の言葉をもう一度つながりを持って聞くことが大事なのです。そしてそれを自分の言葉と、既に持っている知識と心のなかで対話して、またそれを次の人に返していく。これが本当の聞くことなのです。ですから、聞くということの指導というのは、たいへんに難しいわけです。

　そういう聞き方、見方、話し方、それからノートの取り方などもそうですね。私はある中学校で3年間調査をさせていただいて、驚きました。ノートの取り方を工夫しているという学力の高い子は、3年間工夫しています。ところが、最初から学力が困難な学校では、ノートの取り方の工夫はなく、先生の書いたことを写すことだけを3年間するのです。それが全然身につかないわけです。ですから、そういうノートや本の使い方、辞書の使い方、コンピューターでコミュニケーションする場合のメールの使い方、そういう道具の使い方を

学んでいくことによって、子どもは整理をされることにより、よりその教科に意欲がわくことがあります。

　いまの認知指導等の状況論の考え方で言えば、個人の頭だけではないので、まわりのリソースをどう使うか。私などは英語が堪能ではないので、常に辞書を持っていたり、誰に英語をチェックしてもらえば完璧な論文になるかというサポート体制をとったり、まわりの資源のリソースを使います。その使うものだけを学校の図書館に行ってリファレンス（reference）をどう使えばいいのか、学習環境をどう使えばいいのか、その学び方を教えていくことが意欲を喚起していくうえで大事ではないかと思っています。

2つのモード

　テストではないのですが、先生方、「おぼえる」という漢字を二つそちらのノートに書いていただけますか。二つ書けたという方、ちょっと手を挙げていただけますか。寺崎先生が真っ先に挙げてくださったのですが、書けたかどうかが問題ではありません。このようになりますね。やはりいままで授業のなかで見て覚えるという、「覚える」が多いわけです。

　それに対して、よく心に残っていることというのは、やはり「りっしんべん」に意識の「意」である「憶える」、子どもたちが意識して意欲を持って、心を持ってエピソードとして覚えているものというのは抜けないわけです。そういう学習をしていくことが意欲ということを感じさせていくうえでとても大事ではないかと思います。対話をしていったり、外国語の学習においてもそのような部分ができないかと思っています。

教師の応答　教室談話と学級雰囲気

　2番目ですが、課題だけでなくその課題をどうやって取り上げ、子どもとやりとりをするかというところが、意欲の喚起のうえではたいへん重要なところです。実は私はここが専門です。

　だいたい教室の言葉というのは、特に英語の授業は典型的かもしれません。「いま何時ですか」、「3時です」。普通の会話であれば、「どうもありが

とうございます」と言うのに、教師の場合は「合っていますね」と言うわけです。その評価者IREというのはInitiation、Reply、そしてEvaluationあるいはFollowingというようなFです。英語以外ですが、算数などでの特徴として言われているのが、欧米の教師の場合は「イエス」と先生が評価する。それに対して日本の教師の特徴は「皆さんどうですか」と言って先生は保留してむしろ尋ねることがある。「これでいいですか」と言って先生がいいかどうかを言わないようにするというかたちで、教師がつないでいくことにより、できるだけ参加をうながしていく。それぐらいで参加するようであれば、充分な意欲がある授業風景です。そういう環境をつくっているというのが日本の特徴と言われています。

　私は英語の授業でも、コミュニケーションについて思うところがあります。立教の授業は見たことがありませんが、まず一つは対応型の身体になっているのかどうかという点です。時々横並びで、ペアでやってくださいと、こうやって喋っているだけで、本当の対話と違うことがあります。それから、話すときには常に教師に向かう者だけになります。要するに教室のコミュニケーションというものが、教室で他者、ほかの友だちに語るようなコミュニケーションになっていて、教師が傍らに寄っていくとみんなが参加してくる、そのような雰囲気があるかどうかです。みんなで考える、前に出て生徒が発言するというようなかたちができていくと、参加意欲が高まってくるわけです。

　常に先生だけが評価者であるという特質を、どう打ち破るかというのが一つだろうと思います。リボイスのあり方というのは、子どもが言ったことをもう一度言い替えたりしている先生のあり方です。

　私のところの院生で、英語の授業の勉強をしている学生が何人もいますが、高校の英語学習、英作文の授業を同じ学校で二人の先生のものを見せていただきました。面白いですね、先生によってスタイルがあります。例えば子どもがつくった作文が、訳し方の間違いを修正していくときに、文法上なぜこれがこう違うからと構造的に説明をするタイプの先生がおられます。そういう先生は、だいたい黒板をていねいに使いながら説明をします。それに対し

て、もう一方ではテキストの文脈にそったり、状況からいうとこういう言い方のほうがいいねと言いながら修正していくタイプ。オーラルな物語型の先生と、文法から攻めていく先生がおられるわけです。

　これも小学校の授業を見ていてもそうです。「何々さんこうだね」とつなげていく人と、教科の概念とつなぎながら話をしてくれる先生と、いろいろタイプがございます。先生の待ち時間というのも、学級の雰囲気をつくっていきます。私の喋りには間がないので、お疲れになって申しわけないと思っています。

　先生の待ち時間の研究所などがアメリカにございます。生徒が答えます。まず指名をし、それから生徒が答えるまでにどれぐらい待てるかというのが一つです。先生の予想というのがあり、できる子の場合は待つのです。この子は当たったけれど、ちょっと難しいかなと思うとすぐ援助してしまいます。そうすると子どもたちは暗黙のうちに察知します。期待されていない自分というものを子どもは察知しているという研究もございます。

　それからもう一方の待ち時間は、生徒が答えてから、次の教師の発話はどれぐらいのあいだをおいて出るかという研究があります。子どもの発言をよく聞かないという、実習生が典型的です。時間が限られているので「次にいこう、次にいこう」と思って、生徒の答えで欲しいものができたらすぐ次にいくわけです。

　それに対して深く、この子の発言は誰のものから出ているのか、どういう必然でこう言ったのだろうと考えられる先生の判断で微妙に間があるわけです。それによって、やはりより複雑な会話が出てくるのです。

　その次に出てくる発言の構造の複雑さを分析した研究があります。コミュニケーションというものが、言葉のやりとりだけで成り立つのではなく、言葉のやりとりのあいだにある時間と、その人の空気と間合いによってつくられていくということが見えてくるわけです。

　先生の評価の仕方として、教師がどのように認め、また注意をするのかについても、教育心理学等ではたくさんの研究がございます。もちろん認めるのが大事ですが、語彙の豊かなクラス、先生の評価語の豊かな暮らし、「い

いね」「合っているね」「うまいね」「すごいね」、それで終わる教師と、やはりその子どもにとっての細やかさ、言葉の返し方のていねいさというものが、子どもがより人の発言を聞いていく、そういうつながりをつくりだしていくのではないかと思っています。

　日本の親御さんや教師の一つの特徴と言われているのが、問いただしという言葉があります。注意をしているのですが、例えば「どうして何とかしないの」と「どうして」と疑問形で言いながら「だって」と子どもが言い返してはいけないのです。よく聞きなさいという。親が使いますが「どうしてあなたは話を聞かないの」と言うと「だって、なんとか」「だってじゃないでしょう」という、こういう質問の仕方です。

　それから、日本の特徴としてよく言われるのが、突き放しです。「好きにしなさい」。好きにしちゃ困るのだけれど、「好きにしなさい」「好きにしていいよ」。それはあなたとの関係を切るよという関係性の、日本の文化のなかで成り立っている会話の様式であるから、海外の方に説明するとわからないと言われるわけです。

対話における聴くことを育てる

　学級の雰囲気はつくられていくわけです。より豊かなその子らしい認め方をしてもらい、受け止めてもらうことの居心地のよさというものが意欲を喚起していくと思います。私はいろいろな授業を見せていただくので、先生の口癖に、その先生固有の言い方があります。ちょうど昨日見せてもらった先生は「わかる？」と聞きます。「わかる？」と聞いて進むときというのは、先生は先に進みたいのです。生徒はあまりよく分かっていないと思うのに、「わかっている？」と言って、質問も何も出ないで進んでしまいます。生徒はそう聞かれると「わかりません」とはなかなか言えないという関係であったり、その先生固有の口癖やトーンというのがあります。

　私は英語の授業においても、特に小学校の場合に感じることですが、英語の教室は特にトーンが高いです。子どもがハイになります。深く考えるときというのは子どもの声は下がります。それは明らかで、下がるというのは、

落ちついて考えますから静かになります。ところがゲームとか正解当てになると、ハイテンションになっていくわけです。むしろさまざまな子が考えて落ち着いて話し合えるようなトーンというものを、長期的に意欲を育てていくのに大事ではないかと思っています。

　英語について言うならばALTの先生が入っておられるときに、どのように日本語とスイッチングしていくのか、私はある課題だなと思っています。先週ちょうど神戸で、小学校の英語の授業を見せていただく機会がありました。英語の先生はネイティブの先生が話されているわけです。それを子どもが聞こうとしているのですが、すべて日本語で先生が親切に翻訳してくれるのです。逆に言うとそれがとてもじゃまなのです。

　実は子どもが言いたいことを援助してもらえると、とてもいいのにと思うことがあります。逆に言うと言語スイッチングが英語の時間に工夫されるべきだと思うのです。私は高校の英語は全部英語でやりましょうという学習指導要領が出ていることに、たいへん危惧を抱いている一人です。調査をしますと、例えば協働学習を入れます。そして英語で話すと、分析しますと、深い内容は日本語で子どもたちは相談をするわけです。非常に表面的に言える部分は英語で使うわけです。このスイッチングが大事なことではないかと思っています。

　それから私の大学院で高校の英語の授業を分析している院生がいますが、スピーチプロダクションをいま分析しています。すると英語の教科の先生、それから例えばネイティブの先生は、子どもがスピーチプロダクションをすると、それについて文法的にとか、もう少し長くするための質問をしてくれます。ところが例えば自分のことを話すというときに、友だちが英語では言えないような、その子の活動の背景をよく知っています。「僕、メダルを20枚取ったんだよ」と言うと、「それは、どの試合で取ったの」とか、「何々くんはどうなの」と、いろいろなことを仲間関係だからこそ、本当の対話が出てくるわけです。

　それに対して、英語を教える先生は、英語の構造は教えてくださるのですが、むしろその子が語りたいことが引き出せないのです。子どもの背景を詳

しく知っているわけではない。むしろ、そういう「I」を補いながら、英語の単語にはないけれども、聞きたい子どもたちの声をどうやって英語の授業のなかで生かしていくかということが、実は意欲のある、よりもっと話したいというスピーチプロダクションの授業をつくっていくうえでは大事なことではないかと、私自身は思っています。

　その教室における対話を見ているときに、意欲のある教室というのは、必ずさっきもお話しましたが、宛て名性というのが鍵です。誰に向かって話しているのか。先生が評価者で先生だけに話しているのか。子どもはもっと聞いてもらいたい人に向かって話をしているのか。子どもの聞き方には、積極的な理解というものが知りたいと思っているときは、必ず質問をする。その質問の仕方を学んでいることが、英語においてもっとも大事ではないでしょうか。

　それに対して受動的な理解というのは、言われたことを丸ごとそのまま覚えている、そういう理解のことを受動的な理解と、会話のなかで分けてきました。積極的な理解というのは能動的に自分の声、他者のものを受けて自分の声を出したいという思いで理解をしていく、批判的に聞く、質問をしていくといったものです。そういう対話型の授業をつくっていくことができるかどうかが鍵になります。

　受け入れ的な言葉というのは、例えば先生や、私どもが気をつけなければいけないのは、専門用語が出てくると会話は止まると言われています。例えば、何かいろいろな子どものことを言っているときに、「ああ、あの子はADHD（Attention Deficit / Hyperactivity Disorder）なんですね」と言われた途端に、さまざまな子どもの個別の状況ではなく、その子はそういう特徴の子と理解されてそこで止ってしまう。それに対して、内的な説得性である言葉というのは、例えば具体的な言葉でつながっていく。教室の英語の会話で大事なことというのは、対話的に言葉がつながっていくということではないかと思います。それを最近のイギリスの研究者などが言うのは、presentational talk and exploratory talk というものです。プレゼンテーショナルトーク (presentational talk) というのは私が今日やっているプレゼンです。あらためて話すことを

決めて準備している。知っていることをともかく大勢に話す。それは大事なことです。でも本当に思考が深くなっていき、対話が生まれていくときというのは、exploratory（探索的）という言葉です。ですからたどたどしかったり、スムーズに、正確性、流ちょう性、複雑さで言えば、正確さと、流ちょうさはもしかしたらそこまで準備されないですが、内容的に複雑なものになります。そういう言葉を生みだそうとするということが、実は言葉の授業においてもっとも大事なところではないかと思うのです。

　私は国語の授業でも、英語の授業でもそういう会話が教室でなされるのかということが大事だと思います。ただ、教科の学習によっては、正しい正解や、適切な概念を伝えなければいけないことがあります。それがauthoritative talkと言われるような言葉です。権威のある学術用語や学術的概念をきちっと学ばなければならない。

　そのとき話し合いだけやっていると、はいまわることがありますね。自由に話し合っていいよと言うと、子どもはがんがん話し合っているのですが、全然深まらない。そういうのは、やはり質を高めていくためには、学問として大切な用語があるんだよと見せてあげる緊張感があって、話が深まっていくようなことがあります。

学級文化　教室固有の参加構造

　聞くというときに、ペア、思考グループというものを一斉だけではなく、どう入れていくのか。例えば東大附属で、いま新しい改革を佐藤学さんが中心になって学校改革をやっています。そこでは英語の授業は基本的に協働学習を中核に入れ、中学高校で「えっ」と言われるけれど、全部コの字型にしています。なぜコの字にするかというと、先生に管理されているだけではなく、みんなと対話する宛て名性をもって教室で一緒に学び合っていくという環境をつくっていくわけです。そして対話したい相手も、生徒たちになっていくような内容を準備するわけです。

　記号へ向かう教室なのか、英語の場合に記号の説明に向かうのか、対話に向かうのか、教師が問うのか、子どもが問う教室になるのかというような、

```
○ 教師の説明、応答
  記号へ向かう教室　対話に向かう教室
  文法へ向かう教室　テキスト文脈へ向かう教室
  教師へ向かう教室　子どもたちの言葉へ向かう
    教室

● 生徒側からの質問、精緻化の質
    スイッチングのあり方
```

図7　学校文化　教室固有の参加構造

その学級の文化があると思います。やはり生徒側からの質問にどうやって変えていくのかということを考えねばなりません。

　実は東大附属で観察をさせてもらっている院生によれば、同じ教師が、中高の場合、同じ英語の先生はいろいろな教室を見て教えます。その教室のなかで見ていると、クラスによってやはりどれだけ子どもの質問が出てくるかが違うわけです。子どもの側からいろいろな質問が出ることで、先生がそれに補足をして深めていくことができる。それが意欲、自立ということにつながるうえで、とても大事ではないかと思っています。

　英語ではありませんが、文京区にある私立中学校に調査をさせていただいたことがあります。その中学校には2学級あり、教科を同じ先生が教えています。学力を試験でふり分けたので、最初の入試で同じ人数に分けたのです。ところが片方のクラスだけが、いつもすべての教科が高くなるのです。なぜだろうということで授業観察をすると、たいへんよくわかります。片方のクラスはたいへん静かです。先生の言っている会話をだいたい分析すると8割ぐらい教師がしゃべっています。それに対してもう一つのほうは、何人かなのですが、質問とか突っ込みを入れる子がいるクラスです。突っ込みを入れるたびに先生は言い替えながら、同じことをより詳しく説明をしています。教えるべきことは同じでも、その生徒側からの質問によって、より詳しくわかり、そして参加の意識が高まっていくのではないかと思います。

学習環境のデザイン

　いま、学習環境と教室の対話という話を二つ目にいたしました。課題をどうつくるか。そしてやりとりとして子どもが参加できるような教室のコミュニケーションをつくる。そして、もう一つは学習環境をつくっていくということです。学びの履歴が見える空間、小学校は教室が自分の教室なので、いろいろな学習活動の成果を、教室ですので、掲示として張りだしやすい。それに対して中学校になると教科別の教科教室になると、特定のクラスの学習の履歴が張りにくくなるということがあると思います。やはり必要なものは、いま何を学んでいるのかが見えるとか、先輩がつくった作品を後輩が見られるなどの工夫が必要だと思います。

　福井の至民中学校という中学校は、いま放送大学で免許更新制度の講習ビデオというものをつくっています。今日持ってくればよかったのですが、例えば算数なら算数、壁を全部ホワイトボードにしました。すると先輩が解いたものが残っている。さらに例えば公式がある、その子どもたちが公式でつくった教材や地図など置いておくわけです。それが次の２年生が使うか１年生が使うかというかたちで、そういう環境をつくっていく。それによって子どもたちがいま数学ワールドにいるんだとか、英語ワールドにいるんだという環境になるわけです。

　中高は一般に机とノート、紙だけのがらんとした空間になりやすい。教科といってもそれによってもそれぞれですが、そこを一つつなぐ。それから授業と生活の連続性があります。予習や復習や学校の活動と家庭をどうつなぐかということが、実は中高は授業時数が限られていますので、極めて重要な内容の課題になってくると思います。そしてそのために表現等、フリーに会話を生み出すような形態に机などを準備するということでしょうか。

　外国語学習なのですが、いまはもう韓国で就職をしてしまったのですが、私のところにおられた院生がたいへん面白い研究をされていました。これはメールを使った実践で、日本と韓国の小学生だったり、中学生だったりと研究していました。メールをやりとりする。韓国語が一番、自動翻訳機が使え

る言語なのです。その自動翻訳システムを使いながら、向こうの小学生とやりとりをしたのです。

たいへん面白かったのは、その言葉のサポートは、当然、先生の自動翻訳機がやるのですが、小学校4年生の韓国の子が、2回目か3回目のメールのやりとりのときに、「竹島問題についてどう思いますか」と日本の子に聞いてきたのです。日本の子どもは竹島問題を知らないですよ。「竹島っていったい何だ」ということになります。

そこで言語を学ぶだけではなく、向こうの同じ年齢の子どもがどのような関心を持ってコミュニケーションしようとしているのかを、メールというツールをとおしてやりとりをするなかで、自分の文化をふり返ることができるようになるわけです。

この外国語の文化においても、閉じられた教室だけでなく、そこを超えてどうやって次の世界、外の世界とつなぐのか。教師の仕事は学ぶ対象の世界と教室とをつなぐ、インターフェイスというのが先生の役割だと思います。教室の真ん中にいるのが教師ではなく、子どもが向かおうとしている学びの

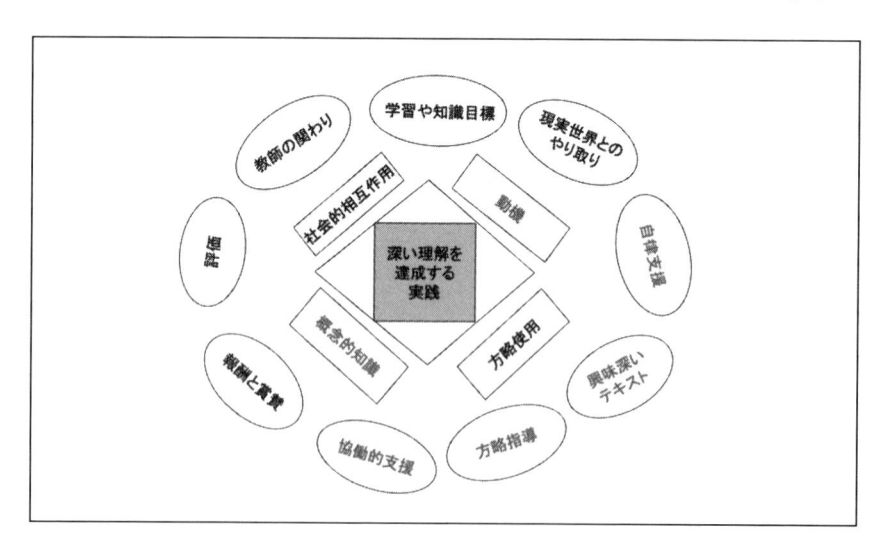

図8 読解力育成のための関与（没頭）モデル (Guthrie, 2004)
CORI Ⓒ Copyright by T. Guthrie, All rights reserved, May 1, 2004

世界と子どもたちを、どうやってつなぐつなぎ手になるのか。そのようなところで、どのような場をつくるのか、どのようなツールをつくるのかということが、いま学習科学といわれる分野が起こっており、そこで日々考えられていることです。

　これはアメリカの実践で、英語の読解力を育てるためには、いままでは方略を教えればいい、評価の仕方を変えればいいなど、いろいろなことが言われてきましたが、結局全部一緒にやらないとうまくいかないというつながりなのです。言われてみれば、先生がどう関わっているか、子どもはどのような目標を持っているか、現実の世界とどうやりとりをしているか、このような要素を全部組み込んだ、しかし大事なのは、例えば読むということであれば、何のために読むのか、コミュニケーションであれば、何のためにするのかということを中心にして、深い理解を構成していくことが大事だという時代です。

　実際に、例えば心理学者というのはこういう数値が大好きですから、だいたい事前事後テストというのをやります。するとCORIとはConcept Oriented Reading Instructionということで、「もっとこれをよく知りたいから英語のテキストだけれど読もうよ」という場合と、読み方の方略だけを教えた教示法の場合です。実施後になると、何か目的や目標を明確にして、「これがやりたいから」という子どもが関心のあるもので活動していくと、この図ように上がります。

　実際に読むときの、より深い方略を見ると、背景知識をどのぐらい使っているか、どのぐらい情報をもっと知りたいと思っているかを見ると、このように高くなっていくということが出ているわけです。そして実際にテストの得点も、このように上がりますよということです。

　アメリカの人は、たくさんお金がつくので、このような研究をいろいろとやるのですが、先生方は日々の実践のなかで感じておられることだと思います。なぜ、英語を学ばなければいけないか、なぜこの教科を学ぶのかというときに、「将来役に立つから」という言葉は役に立たない。実感を持てないのではないかということです。

276　I部　学びを深めて

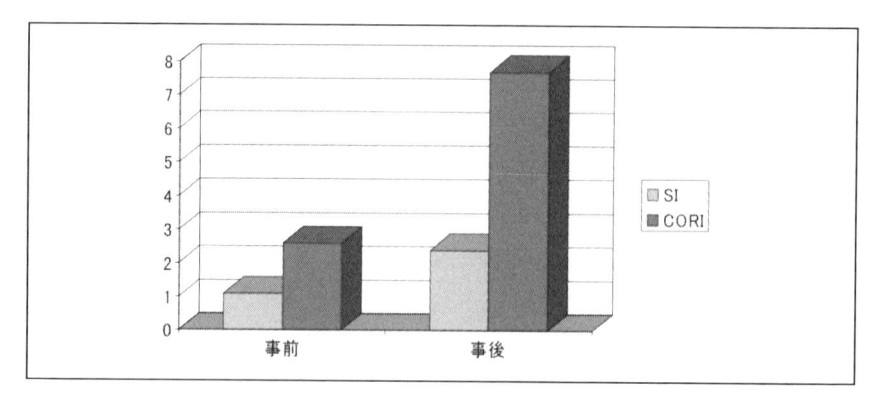

図9　CORI and SI での読解中の法力使用
（背景知識の使用、構造化、情報探索）

CORI Ⓒ Copyright by John T. Guthrie, All rights reserved, May 1, 2004

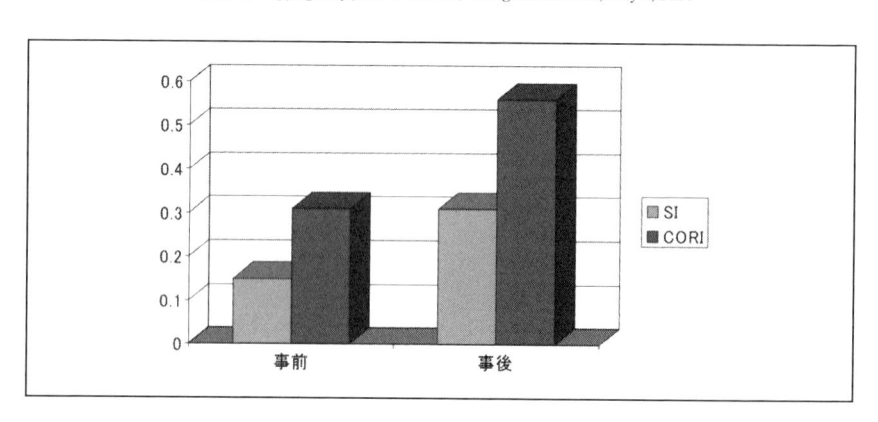

図10　CORI and SI（方略教授）による読解力得点の変化
（背景知識の使用、構造化、情報探索）

CORI Ⓒ Copyright by John T. Guthrie, All rights reserved, May 1, 2004

　私は昔、商業高校に授業観察に伺っていたときに、ある子が言いました。新宿でバイトをしたいその子は、「わかったよ。あそこに行って外国の人と話をするには、バイトをするには英語がいるんだ」と言って、そこでその子は切実に思い学び始めたわけです。

　大村はまが言っていました。「本と子どもをつなぐのではなく、大人の生活のなかで読書と子どもをつくる」。これは読書の場合ですが、外国語であっ

ても、それぞれの教科であっても、ある教科の中身と子どもがつながればいいのではなく、将来を見据えたときに、大人になったときに、どのような生活で、どのような学習をして欲しいのかということを考え、それとつなげるのが大事だと思います。

大人は、英語学習をどうしているのか。私は留学経験がありません。どうやって英語を学んだかというと、メールと、それからやむをえず「講演に来い」と言われ、度胸をもって英語添削のいろいろな業者を使いながらプレゼンをしていくと、そこに必然性が出て学んでいく。いま、たぶん多くの日本の人が使う英語というのは、そのようなものではないでしょうか。本当にネイティブのように話せることが大事なのではなく、むしろ自分の思想を伝える、文化を伝える、そのためのつなぎ手としての外国語学習を考えていく、使っていく。ここでは本を掲げていますが、英語を使って生きていくにはどのような人になって欲しいのか。

そして、大村はまの言葉ですが、これは外国語学習にもつながると私は思っています。どの時間にもまして、自分ができないという気持ちから子どもを解放してやりたい。「言葉を育てることは、心を育てる。心を育てることは、人を育てること。教育そのものである」と大村はまさんは言っています。それは日本語であっても、外国語であっても、話し言葉はその響きのなかにこそその人の心を聞くと言われています。同じような言い方でも、その子どものトーンが違うわけです。

私は小学校英語では、ある学校が開発学校、英語のモデル校になったときに見に行きましたが、とてもがっかりしたのです。感情を歌で歌うというのがあり、「I'm crying, crying...」と言って、みんなでお遊戯をしているようなことを、高学年にやらせていいのかと思いました。本当に「悲しみ」というトーンがどういうものか、よろこびといっても一人一人イメージしたものにもよって出てくる「ああ」という表現一つでも違います。そういうことの響きが聞けることが、言葉の教育の基本であるべきではないかと思います。

言葉の演技力の育成というのは、日本的に言えば、明るいだけではなく、心と人と空間、時間を育てていくことが大事ではないかと思います。特に小

学校英語は専門家がまだまだ少ないです。そういう意味で、小中高で連携しながら学びの専門家として、学んでいただくことが大事ではないかと思っています。

これは最後の写真です。今日は小学校の先生が多いかと思って持ってきました。これは幼稚園と小学校の子どもです。小学校の先生にお見せすると「いや、うちでもやっています。小学生が読んであげているのですよね」と言われます。逆です。幼児が自分の気に入った本を、小学生に見せてあげているという姿です。

私は学びの関係で大事なことは、自分の専門や伝えたいと思うものを、他者に伝える。そしてこの写真にあらわれていますが、ジョイント・アテンション (joint attention) という一つのものをともに一緒に見ていくというものです。この協働学習のポイントは、ジョイント・アテンションです。母子との関係でも言葉が育つときは、一つのところを一緒に見ることで一体感が生まれるからこそ、そこでお互いわかり合おうとする。その土俵をつくる、昔の授業研究で斎藤喜博などが言っていた言葉ですが、それがやはり学ぶ、そこには年齢も能力も関係がないわけです。対等に学び合う、このような空間をつくっていくことが重要ではないかと思います。

お約束より2分ほど延びてしまいました。長時間聞いていただきまして、ありがとうございました。終わりにさせていただきます。

＊本稿は、2009年6月20日に立教学院にて講演したものを起したものです。

II部
「生きた英語」を求めて
―― 共同研究の中から ――

1. 研究会議の現場から
2. 相互授業参観
3. マイクロティーチング実践 ―― "Share and Talk" 報告
4. 「動機づけ」に関する共同実践研究の諸相
5. 質的追跡調査

1. 研究会議の現場から

土間　沙織
（立教新座中学校・高等学校教諭）

　初めて英語ワーキンググループ（英語教育研究会）の月例ミーティングに参加したのは2007年度、まさに新任1年目のことでした。自身の勤務校のことさえよく分かっておらず、まして学院についてなどほぼ何も分からない状態で池袋へ赴き、会議室に入ってその錚々たる顔ぶれに驚き、恐縮しきって何も話せなかったことを思い出します。事実、最初の数ヶ月は他の先生方の壮大な話に圧倒されてばかりで、私はここで何も出来ないのではと考えていました。しかし、先生方の熱意や議論から多大な刺激を得るうちに、いつの間にか自然と前向きに研究会に参加出来るようになっていました。気付けば3年間もこの研究会に関わらせて頂き、立教の一員として、また英語教員の一人としてとても大きく成長させてもらったと感じています。毎回がインプットやヒントの嵐で、当時の議事録の余白を見返すと、それらを忘れないように必死に書き留めたメモがたくさん残っています。

　この月例ミーティングは、立教小学校、池袋中高、新座中高、立教大学から数名ずつが出席し、立教学院の英語教育における一貫連携を目指して毎月議論をしたり、講演会などのイベントの準備を進めています。小中高での現場の考え、大学や学院の大きなビジョンなどがざっくばらんに話される、立教全体の英語教育において非常に貴重な場であると思います。

　一介の未熟な英語教員として個人的に良かったことは、毎月立教各校の先生方と簡単に情報交換ができることでした。大学の先生方が中高に対して感じている思いや寄せている関心、また小学校の目指す英語教育なども、研究会に参加しているうちに自然と理解できていったように思います。授業ビデオやマイクロティーチングを通して、他の先生方がどのような授業を普段なされているのかを知る機会も多くありました。日々の授業に追われて忘れがちな立教英語の理念を定期的に思い出すことも出来ました。毎回がまるで英

語の研修会に参加しているような貴重な勉強の場でしたが、大きく異なるのはそれらが全て立教で行われている授業であり、私が指導する前の児童や指導し終えた生徒が受ける授業であるということです。そのことを体感できたことで、徐々に「新座中高の英語」から「立教の英語」とは何か、と考える機会が増えていきました。

　また、新中1の英語を担当することが決まった際には、その当時小6の英語を担当されていた先生といち早く連絡会が決まり、初めて立小・池袋中・新座中の英語科連絡会が設けられました。このフットワークの軽さは、毎月会うことができ、そして普段からお互いが授業についてどのように考えているかを知っていたからこそだと思います。連絡会では、小学校がどのような指導をしてきたか、どういう力の育成に重点を置いてきたかを改めて知り、それを引き継ぐ池袋と新座はそれぞれどのような指導から始めるのか、という共通理解が出来たことが非常に有益でした。そして指導方法は違えども最終的なゴールは同じである、ということも確認できました。

　私が研究会に参加して感じたことは、立教は他の大学附属校とは異なり、各校がお互いの独自性を非常に尊重しているということです。そして、立教における一貫連携教育とは、各校が画一的な英語教育をすることを目指すのではなく、3つのゴール（発信力、コミュニケーション能力、異文化理解）を共通して持ち、「立教スタイル」といったビジョンを共有していれば、どのようなアプローチをとろうとも立教大学を卒業した時に「立教の英語」が身についているだろう、というものだと理解しています。そしてその意識は常に研究会に参加されている先生方の中にあったように思います。

　立教の英語教育におけるテーマも、毎月の話し合いの中で徐々に見えてきました。多くの生徒が立教大学に推薦され、受験という強力なモチベーションがないこと、学習意欲が必ずしも高くない生徒へのアプローチの難しさといった中高の現場からの意見で「では立教の英語教育におけるモチベーションとは何か」という疑問が浮かび上がり、そこからモチベーション研究が始まりました。

　立教の英語とは何か。簡単には結論を出せない大きなテーマですが、やは

り3つのゴールが大きな要だと思っています。年度初めに自分の担当クラスで英語に関するアンケートをとると、毎年多くの生徒が話す、書くというアウトプット能力を身につけたいと感じていることが分かりました。自分の中高時代を振り返ると、いつも受験に追われていてスピーキングやライティング活動を授業内でした記憶はほとんどありません。しかし立教はそれが実現できる、日本でも数少ない恵まれた環境だと思います。受験英語に偏らず4技能全てバランス良く指導できることは大きなメリットであり、高校卒業時には受験生の語彙力、読解力にはなかなか敵わなくとも、人前でプレゼンができる、発音に自信がある、英語でのコミュニケーションに慣れているといった「立教だからこそ得られた英語力」を身につけて、自信をもって大学に進んでほしいと思っています。アウトプット能力の成果はなかなか目に見え辛いですが、普段の授業内では立教小学校出身生徒の発音の美しさや、恥ずかしがらずに英語を話す生徒の多いことに気付きます。これらも立教英語の大きな成果の1つではないかと感じています。

　研究会では立教の英語教育の未来について毎月熱心な議論がなされています。そして現在は、研究会での議論を各校や各部署、または社会に対して発信していく段階に入っています。「立教の英語」を立教の英語教育に関わる全ての人で共有することが、まずは一貫連携教育の大きな第一歩になると信じています。

2. 相互授業参観

天野　英彦
(立教小学校教諭)

　立教中高生が、自分たちの母校である立教小学校をたずねてくることがよくあります。英語学習の話題になるときまって、担当の先生を私が知っているかどうかたずねます。「先週お会いしたばかりですよ。来月は授業にうかがう予定だし。」などと答えると、「えぇ、そうなんですか。」などと、嬉しそうな表情を見せます。小中高の先生同士が繋がっていることが、彼らにある種の安心感を与えるからだと思います。

※

　大学が高校に、高校は中学に、中学は小学校にいろいろと注文を付け、教員はしかたなく、同僚と赤提灯で慰め合うといった時代が、立教学院にもあったかもしれません。受験を勝ち抜いて入学してきた「外部」組と「内部進学」組とでは、試験で発揮される力の差が歴然としていて、「すいません。立教小学校卒ですから。」「そうか、じゃあ、仕方ない。」というニュアンスの教師と生徒のせつないやり取りが過去に全くなかったかと言うと、一卒業生として否定しきれないのも確かです。

　「建学の理念の共有」という一貫性は昔からあったと思います。しかしそこに、この約10年間、私たち英語ワーキンググループ（英語教育研究会）が意識して育んできた「連携」の精神があったかというと、そこまで強くなかったというのが正直なところだと思います。

　建学の理念を共有し、共通の教育目標である「テーマを持って真理を探究」し「共に生きる力」を育もうとする立教学院に連なる各校。それぞれが同じゴールを見据えながら、個々の持ち味を磨きつつ、自主・自律的に教育を展開しています。その営みを互いに尊重し合いつつ、対話を通して変革しあい、手を取り合って、共に歩み続ける「自由の学府・立教」の精神を「見える形」にすることが当研究会に与えられた使命なのではないかと、一メンバーとし

て私は考えています。

　2005年に当研究会は、立教学院一貫連携英語教育の三本の柱を打ち立てました。1)発信型の英語力、2)コミュニケーション能力、3)異文化理解と異文化対応、この三点を各校の英語教育の目標として統一したのです。この三本柱の一本一本はどれも、英語教育界では決して目新しい文言ではありません。しかし、立教の英語教育に関わる教員すべてが、自分の授業実践を考える時に共通の指標があるということそのことが、この統一目標が持つ非常に大きな意味であると感じています。

　毎年一回、各校持ち回りで行われる一週間の授業公開は、小中高のすべての教員にとって、この統一目標に照らして自分の実践を見つめ直す良い機会となっています。研究会に出席していない教員も自分の授業を公開しますから、この統一目標は各校に広く深く浸透しています。そしてこれが、相互授業公開の大きな役割なのだと思います。

　一週間にわたる授業公開の最後の日には、各校の教員が一同に介し、お互いの実践について意見交換がなされます。統一目標が定まってからは必ず、個々の授業でうまくいっていること、課題だと思っていることをこの三本柱に照らし合わせて振返り、立教学院の英語教育のより強い一貫連携を展望するようになりました。理念の共有に留まらず、お互いの実践を実際に見学し合ったうえで、共通の理念／目標に則してお互いの良さを認め、改善すべき点を指摘し合えるこの研究会に出席するたびに、私は本当にワクワクしてしまいます。トップダウンではない形で、各校の熱意ある教員が集まって始まったこの研究会が、目に見えにくい部分での連携を強めているばかりか、立教学院の教育目標「テーマを持って真理を探究」し「共に生きる力」をまさに具現していると感じるからです。

　この相互授業公開の場に、長いこと大学の組織的参加がなかったことは、一つ、残念なことです（個人として参加していた大学教員はいましたが）。小学校と二つの中高が相互に英語授業を見学し合い、対話を重ね連携を強めていきながら、私たちが育てた卒業生たちが、大学に入ってからもその力を存分に発揮できる場があるのかどうかが、当然のように心配になっていました。

私たちが教える児童／生徒の多くは、受験を経験せずに立教大学へ進学します。ですから私たちは、大学に入るため、という道具的な動機付けだけで英語を学習させることはせず、大学に入ってからも、英語使用者としての自分の将来像に向けて英語を学び続けようとする自律的な学習者を、小学校一年生から12年間かけて養おうと意気込んでいます。いわゆる受験英語的な点数化できる英語力だけで見ると、彼らは劣勢に立たされるに違いありません。しかし、小中高連携の成果が、大学でも、点数に現れない部分で発揮されていてほしいとの願いが、私たちが「学習意欲」「動機付け」の共同研究を始めた最大の要因なのです。

　小中高と大学との距離を縮めたいという願いが何とか叶い、2009年度は大学一年生の全学共通カリキュラム必修科目の一つである少人数ディスカッションクラス、2010年度は経営学部国際経営学科の英語で行われる授業の一部を一週間にわたり参観する機会を得ました。立教学院一貫連携英語教育の掲げる統一目標に照らしながら、お互いの実践をより良くする方向で、今後ますます大学との連携が密になることを願っています。なぜなら、この相互授業公開を通して、立教小学校の英語も少しずつではありますが、変わってきているからです。

　「小学校の英語は楽しくなくてはいけない。」と私は思っています。ただ、この研究会で学びながら、「楽しさ」について、しっかりと考えるようになりました。そして、英語の歌を歌い、踊り、英語で会話ごっこをする活動の楽しさにとどまらず、小学生なりに自分の意見／考えを持ち、それを聞いてくれる仲間がいて、表現し合うことを通して自分の意見を新たにしていくといった、学びのダイナミズムを楽しむ場としての小学校英語を志向するようになっています。

　また、「英語のシャワー」の重要性に関しても、考え方を新たにしています。耳が柔らかい小学生時代に英語の音声をシャワーのように浴びることが、その後の英語学習に役に立つことは、間違いないと思います。特にプロソディーの習得に関しては絶対的なメリットがあると思います。しかし、ネイティブ・スピーカーそっくりの「正しい発音」を身につけることは、国際共通語

としての英語を身につけることなのかどうか、問い直さねばなりません。また、やみくもな音声のインプットが意味のある文脈の中でアウトプットする力に直結しているかというと、ことはそう単純ではありません。何をどう与えるのか、「文字のシャワー」も含めて、見直さねばなりません。ある意味で、小学校英語の出口「卒業までに身につけさせたい英語力とは？」の模索期なのかもしれません。

　この出口を、小学校英語教員の思いだけで設定するのではなく、中学校の入口とすりあわせることはとても重要だと思います。そこでここ数年、中学一年生の英語担当者から意見を聞くために、連絡会を持っています。そこでは、小学六年生が使用している教材、学んでいる語彙や表現、活動などをより具体的に提示すると同時に、小学校を卒業した現在の中学生の学習傾向（英語学習における強み、改善すべき点）などについて、中学校から報告を受けます。そして、この連絡会をふまえて、小学校は少しずつカリキュラムの精選をすすめ、そして中学校でも、小学校で学んだことをより意識したカリキュラムの見直しが進んでいるようです。

　この有機的で動的、そして偶有性に満ちあふれた「やり取り」でつながっていく感じこそ「立教らしさ」なのかもしれない、との思いを日々強くしています。お互いの授業を見合い、連絡会を開き、面と向かって話し合う。私たちは、冷たい文字によってではなく、熱い肉声によってつながり続けているのです。

　小学校から英語を学んでいるにも関わらず、中学校の英語の試験で力を発揮できないということは、よくあることのようです。ある私立小学校の先生から、「小学校英語と中高の英語の間には深くて暗い溝がある」という悲痛な嘆きを耳にしたこともありました。これは、「自分は立教小学校の英語教員で良かった。」と心から思えた瞬間でもありました。全学院的視野から立教の一貫連携英語教育を考えるワーキンググループ（本研究会）が学院のもとに組織されていること、そしてそこで、お互いの声を聞き合い、学びを深めることが許されていることの意味は、非常に大きいのです。

3. マイクロティーチング実践——"Share and Talk" 報告

古平　領二
(立教新座中学校・高等学校教諭)

　卒業シーズンを迎えた3月某日の会議室。立教各校の英語教員はパワーポイントで青く映し出されるスクリーンを見つめていました。「英語の本を読む作業から自分のことを英語で書く作業への転換を図りました」立教小学校で行っている"My Book Project"の紹介です。

　立教学院英語ワーキンググループ(英語教育研究会)は「学習意欲の喚起」をテーマとして、様々な活動に取り組んできました。この日は立教の小中高の英語教員が自分の授業実践の一端を披瀝し、語り合おうという集まりです。名付けて"Share and Talk"。「学習意欲」向上を観点にそれぞれが自己の授業を分析し、共有し、議論をしようという試みです。立教大学からは研究会一員の鳥飼玖美子氏(異文化コミュニケーション)、特別コメンテーターとして、立教大学教授、石黒広昭氏(発達心理学)が参加しました。

　"Share and Talk"のいくつかをここに簡単に紹介いたしましょう。

☆ "My Book Project"
　　　対象：立教小学校6年生
概要
・自分のことを英語とイラストを使って16ページの冊子にまとめる。
・完成品を家族や友達に見てもらいコメントをもらう。
　学習意欲の観点(ドルニェイの学習意欲ストラテジーに照らして＊)
・生徒のひとりひとりを気にかけ、彼らの話に耳を傾ける。
・相互交流、協力、そして児童間の本物の個人情報の共有を促進。
・目的達成締め切りを重視し、継続的にフィードバックを与える。
　　＊当研究会では「動機づけを高める英語指導ストラテジー35」ソルダンドルニェイの著作を研究してきました。

☆　英語教材別アンケートに見る難易度、興味、効果期待の相関関係
　　対象：立教池袋高等学校1年〜3年生
　概要
　・授業で扱っている教材を難易度、興味、効果の3点において生徒にアンケートをとりその相関を見た。
　・教材例は Grammar in Use, Crown English Reading, New Interchange, 等
　・全体として興味と効果の相関が高く、難易度と興味間では相関が見られない。
　　　特にこれは単語教材の興味の値が著しく低いためであろう。
　学習意欲の観点
　・日常授業で使う教材がどれだけ生徒の興味を引き、それが生徒にとって効果として表れるか、そして難易度との三つどもえの相関を示すことで、今後の教材選択へ示唆を与えた。

☆　英語を苦手とする中学生への授業実践、アンケート調査及び考察
　　対象：立教新座中学校3年生（習熟度別少人数クラス）
　概要
　・教科書の音読の際、声を出したがらない生徒に対する指導。
　・綴りと発音のズレを意識させ、ケアレスミスを防ぐ指導。
　・アンケートを行い生徒の苦手ポイントを認識する。
　学習意欲の観点
　・まず自分が中学生の時に行ったスピーチ映像を見せて、失敗を恐れない雰囲気作りをする。
　・中3生が間違えやすい単語をリストアップし集中的に指導。

　この他「ビデオレタープロジェクト」「英語学習のモチベーションに関する一考察——ナラティブ、アイデンティティ、ライフヒストリーの視点から——」「立教新座高等学校における他大学進学クラス英語指導奮闘記」の3つ

の発表がありました。

　それぞれの報告を"Share"した後はいよいよ"Talk"の第一弾です。石黒広昭氏より以下のようなコメントをいただきました。

「動機付けに繋がる2つの活動がある。それは
　1　本物であるかどうか？
　2　持続可能性があるかどうか？
　本物になるとは学習者が生産者になり、自らがゴールを見極め、そのゴール達成のために何が必要なのかがわかることが重要。また、教員側はその動機を持続させるために、英語を学ぶことが何に繋がるのか、なぜ今英語なのかという問に対し、答えを用意する必要がある」

　"Talk"の第二弾は当研究会で恒例になりつつあるテーブルを囲んでの懇親会。ビールを片手に熱く英語教育を語る声が夜遅くまで響いていました。単に授業実践報告や研究報告だけに終わらせず、それを元にいろいろな観点から話し合いを持つのがこの"Share and Talk"です。さて、教員側の意欲向上と研修効果はいかに？　まだまだワーキンググループの活動は続きます。

4. 「動機づけ」に関する共同実践研究の諸相

綾部　保志
(立教池袋中学校・高等学校教諭)

　言語の獲得／習得は、「社会化」(socialization) の側面を備えており、他者(＝異文化)との関わりを通して、「言語文化」(languaculture) を内在化させていく過程だと考えられます。通常、「言語獲得」とは、第1言語(母語)を生得的／本能的に身につけることを意味し、「言語習得」とは、母語ではない第2言語(目標言語)を学ぶことを指します。「言語獲得」(＝母語発達)は、ほぼ間違いなく成功するのに対して、乳幼児期を終えた段階での「言語習得」は、学習者が属する集団や地域などの「社会的な要因」に加えて、学習者を言語学習へと駆り立てる「心理的な要因」、すなわち「動機づけ」(motivation) により、成否が大きく左右されると言われています。

　英語教師が、生徒の英語力を高めようとする時、「どのようにすればモチベーションを高められるか (how)」と真っ先に考え、技術論的な「答え」を求めるかもしれません。現に「人をヤル気にさせる云々」という表題の本は、世に溢れかえっていますし、そうしたハウツー本の類を用いることは、世間一般にはある程度有効だと信じられていると思われます。そうした思考法が誤っている訳ではないでしょうが、「教育」を、現実世界で行われる「コミュニケーション」(＝社会的実践)と解釈すると、もう一歩踏み込んで考えてみる必要があるかもしれません。

　本研究プロジェクトでは、「教育」という営為を、多様な特性／役割を持つ人々が相互行為／作用／浸透を通して、お互いの認識や関係性をダイナミックに変容させるプロセスだと了解しているため、「動機づけ」を心理的、社会的、状況的な要因が絡み合う、複合的、相互主観的、弁証法的な現象(出来事)だと位置づけました。そのため、時間はかかっても、「動機づけ」とは一体何なのか (what) という原初にまで立ち返り、一貫校の教育目標や理念に即して、それぞれの〈実践の場〉で表象される「動機づけ」を総合的に探る

ことを試みています。

　具体的には、年1回の学院研修会で、秋田喜代美氏(2009年度)、佐伯胖氏(2010年度)、八島智子氏(2011年度)を迎えて、「学習意欲」(動機づけ)についての理解を深めつつ、2009年度から月1回の会合で、学術書 (Zoltán Dörnyei [2001]. *Motivational Strategies in the Language Classroom*. Cambridge U.P.［米山朝二・関昭典(訳)］[2005].『動機づけを高める英語指導ストラテジー35』大修館書店])を研究会のメンバーで輪読しました。更には、研究発表会を開き(2010年3月17日)、各校の代表者が「モチベーション」を共通テーマに発表を行い、全体で意見交換を行いました。

　関連分野(教育心理学、認知心理学など)から理論的な知識を吸収し、日々の教育活動で試行錯誤を重ね、成果の発表と情報の共有をして、各々が再び〈実践の場〉に戻っていくという循環サイクルで実践研究を進めました。この〈学びの場〉が刺激となって、私を含む、周囲の状況が変化してきたと感じています。教員同士の垣根を超えて、各学校の状況について話す機会が増え、よりアクチュアルな連携・協力体制を作り出そうとする動きが見られるようになりました。その1つの形が、本書の完成です。「共同実践研究」こそが、一貫連携を築く上での〈礎石〉になると言えるでしょう。

*

　次に、これまでの活動を振り返り、私がどのようなことを感じてきたのかを綴ります。現在、私が教えている中高生のほとんどは、「受験勉強」を経験せずに、立教大学に進学します。したがって、一貫校で成長していく彼らのために、小中高大(院)、各校の独自性は失わないようしつつも、英語学習に対する彼らの価値尺度(動機づけ)を、漸次的、且つ、統合的に拡張できるような一貫性をもった土壌／地盤を形成し、そこで、彼らの特長を活かす英語教育を展開する必要があると考えています。

　(手前味噌になってしまいますが、)「立教」には、日本の「受験システム」や「教育改革」の影響をあまり受けずに、独自の「一貫連携教育」を構築できる可能性が拓かれていると感じます。それは他校と比較しても、大きな強みと言えます。英語学習を、狭い意味での「道具的な目標」――数値の達成／学歴

獲得の競争など、優劣や成否の次元——に限定せず、本来的で、より広義な目標——他者や世界との繋がり／広がりを深め、自己の考え方／生き方を確立する方向、更には、自己を包含するコンテクストへの多角的／批判的な視座をもつこと——に動機づけできる環境があります。

　このような意思に基づいて実践研究を進めてきたのですが、現在、私は、「教師のモチベーションが、生徒の動機づけに大きく作用する」と感じています。これは、本書の中で述べられている佐伯胖氏の「感染動機」の概念にも通じる考えであり、授業中に生徒を笑わせたり、競わせたりするような、一過性の「動機づけ」のことではありません。教師が、生徒の考え方や生き方に影響を与えて、彼らの心を揺さぶり、教科の魅力や醍醐味を伝えるだけではなく、彼らを深い思索へと導く存在になることを意味しています。

　佐伯氏のエピソードから読み取れるのは、大げさに言えば、教科が織り成す世界観や宇宙観に魅了され、詩的な変貌を遂げた、やや風変わりな教示者の姿です。これは生徒を「消費対象」として見なしがちな、現代の商業主義的な教育や、平板化／浅薄化した没個性的な教師像とは異なる教授スタイルです。重要なことは、教師が「英語」と「教育」を探求する意志を、自らの実践行為や生き方に体現させることなのだと思います。そうした理想を形象化／顕現化しようとする時に、ふと垣間見せる姿勢や動作が、予期／意図せずに、生徒を感化／転化させるのではないでしょうか。

　これは、私の勝手な思い込みかもしれませんが、記憶を辿ってみると心当たりがあります。いつも「終わりよければすべてよし」と仰っていた小2の担任、生徒全員の日記に毎日コメントを書いてくれた小4の担任、中1の授業で洋楽を歌ってくれた英語の先生、高1の授業でオスカー・ワイルドの短編の話をしてくれた英語の先生など、教える人間に特有な〈個性＝スタイル〉と、そこに潜む〈教育的信念〉が、出来事の断片（風景）と共に一体化して思い出され、それらは私の人生観、教育観に影響を及ぼし、現在の私を突き動かす「原動力」(drive)となっています。

　やや目的論的に言えば、その時、その瞬間は、何気ないと思われる教師の語り／態度／行為でも、執拗に、繰り返し反復されることで、生徒の記憶の

片隅に刻み込まれます (テクスト化)。それから時を経て——あるいはリアルタイムで——その薄らとした教育実践の「痕跡」(vestige) の中に、教師の〈厚い観念〉(thick ideas) が纏わりついていると直感的に (再) 発見／解釈するとき、彼らにとって最大の教育的意味が齎されるのでしょう (コンテクスト化)。その「意味」(sense) が、文脈や状況によって変化しにくく、不変的であればあるほど、「意味の向上」(amelioration) とでも呼ぶべき内的現象が起こり、「高次な意味」(creed) を背負って歩む〈自律的な学習者〉が育成されるのではないかと思います。

　「動機づけ」を、客観的／実証的に測定・検証可能なもの、あるいは、合理的／効率的に操作・管理可能なもの——法則、規則、タイプ——として捉えるだけではなく、他者との共働により、超時間的、超空間的にロマン化／フェティッシュ化され、学習者の心底に埋め込まれる〈価値意識〉(value consciousness) と理解することも必要でしょう。ナイーヴな自然化された感傷主義に浸る危険を十分認識しつつも、どちらかといえば、後者のような、コミュニケーションにより創出される、豊饒な言葉や風景や物語に焦点を当てた個別的、文学的、生態的な教育的実践 (効果) が、この「立教」というローカルな地平 (場所＝空間＝環境) で、澱みなく滔々と流れ出るようにするためにも、「共同実践研究」を行う意義は大きいと考えます。

5. 質的追跡調査

初瀬川 正志
(立教池袋中学校・高等学校教諭)

　英語教育研究会のプロジェクトの一つとして、「質的追跡調査」と呼ばれるものを実施しました。これは、「平均値のような数量での調査からでは読み取れない一貫連携教育の成果」を知りたいという思いから行われたものです。方法はインタビューによる聞き取り方式で、後日その内容を分析するというものです。対象者は小学校から大学までの16年間を立教で学んだ卒業生で、英語教育の成果が表れていると判断できる者でした。現在2名に対して実施済みで、今後の継続研究が待たれるところです。途中経過ですが、ここにその報告をいたします。

　第1回目として、2007年6月19日に、立教学院ライフスナイダー館にて、中田達也氏へのインタビューを行いました。中田氏は、立教大学文学部英米文学科卒業後、東京大学大学院総合文化研究科言語情報科学修士課程を修了し、現在は同博士後期課程を休学してニュージーランドにあるVictoria University of Wellingtonの博士課程在学中です。立教大学3年時、協定校に留学する前(つまり日本での英語学習だけで)TOEFL 640点、TOEIC 990点、英検1級、国連英検特A級、通訳ガイド国家試験合格等多くの検定試験の実績を持ち、1年間の米国留学後はコンピューターTOEFLで280点(ペーパーTOEFL換算650点)とさらにスコアを上げました。インターネットサイトAll Aboutにて英語検定試験のガイドを務め(現在は留学中につき休止中)、英語関連の著書も多く出版しています。中学校時代には、それまで全く海外在住の経験がないにもかかわらず、主として英語圏からの帰国生を対象とした英語特別プログラム(Sクラス)に在籍していました。大学時代は、英語上級者向けの「英語インテンシブ」や「英語同時通訳法」をはじめ全学共通カリキュラム英語科目を数多く履修していました。

　インタビューから、ご本人は英語学習そのものに興味を持って自主的に取

り組み、反復練習や論理的思考を積み上げてレベルアップしてきた印象でした。また、大学時代には、それらを用いて実践・研究を行い、現在も特にvocabulary learning や CALL システムの分野で第一線の活躍をされています。

　中田氏の特徴は英語習得の過程が「内発的な自分の中での変化」が中心である点です。例えば、中田氏は「たぶん漢字のドリルとか、算数の計算とか、そういう単純に繰り返すものがけっこう好きだったんですよ。」「宿題なり期末なりで、指定された練成テキストとかを地道にやっていたということではないかなと思います。」「中学のとき英語だけ試験が200点満点で、ほかが100点満点でしたよね。試験時間も長かったような気がして、学校として英語に力を入れているような感じは受けていました。」

　学習方法についても、中田氏はそれぞれの学習者によって学びのスタイルは違う、また個々にフィードバックを受けることが学習の強い動機づけになると指摘しています。

　第2回目として、2007年12月11日に、立教学院ライフスナイダー館にて、樋口宏氏にお話をお聞きしました。樋口氏は、立教大学法学部国際比較法学科卒業後、キャノン株式会社に勤務、現在に至ります。中学校時代に中田氏同様、帰国生でないにもかかわらず英語特別プログラム（Sクラス）に在籍、また大学時代にはESSに所属しディベート大会、日米学生会議に参加、全学共通カリキュラム「英語同時通訳法」も履修しました。

　インタビューを通して、英語を単なるひとつの科目と捉えずに、表現をすること、コミュニケーションそのものとして、更には文化的側面までを統合的に学んでこられたという印象でした。

　樋口氏の学習スタイルは「他者との関係から相対化した自己の成長」という過程が主です。大学での学びに言及し、「中・高・大といままでいろいろデジタルに学んできたことが、少しずつ結びついていったなというところがあるんですね。自分の専門分野について、英語で外国の人と討論するとか、そういうところにまた、好奇心を覚えてという要素があると思います。つながっていく過程がすごく楽しかったです。」「小学校、中学校、高校、大学と入った当初のころはやはり苦労しています。会社もそうなんですけれども。それ

なりに新しいタイプの人と接する機会が増えてきますよね。そういうなかで、今までの自分のコミュニケーション一辺倒では通用しないなと思ったというところはあります。それも時間が解決してくれると、今までやってきて分かりましたので。」

また連携教育を進めるためのアドバイスという問いに、「自分を知るということがあると思うんです。あとはそれこそネイティブの方とのコミュニケーション。学生であっても先生であっても構わないと思うんですけど、そういったなかで生きた英語を学ぶ。どちらかというと、異文化コミュニケーションに近いとは思うんですけれども。」樋口氏は更に、言語と文化の関連性や表現力（アウトプット）の強調、更には論理的思考の大切さにまでも言及しています。

また同時に、大学時代での体験から得たことも大きいようで、「日米学生会議、非常によかったですね。今までやってきた活動が全部集約されたかたちで。あと、立教を代表して行くという気概もありましたので、それが大いに発揮できたのが日米学生会議だったと思います。」「僕のなかでの仮説なんですけれど、英語ができるようになるには、英語で全部考えながら、日本語で考えていちいち英語に訳して話すというのではなくて、思考回路もそのように切り替えられれば理想なのではないかという考えを持っているんですよ。英語で考え続けることが重要だと思いまして。」「日米学生会議に出てもう一つ思ったことがあるんです。優秀な学生に何人か会ったのですが、そういう人に（他の言語を話すときには）何語で考えているのかを聞いたことがあるんです。そうすると、できるだけそのネイティブの言語で考えるようにしているという答えが返ってきたので、僕はその状態が理想なのかなと思っています。」

＊

お二人に共通している事項としては、どちらも在学当時から、「自律した学習者」であった点が挙げられます。その自律性と本学院とのつながりを考察すれば、「強制されない学習」と「環境的モチベーション」が考えられそうです。

中田氏は中学校時代から、家庭学習、宿題を含めて家で勉強する内容等は、自身で決めて実行していたのかという問いに「はい」と答えていて、「厳しく絶対にやらなくては駄目というのは、あまり言われた記憶はないですね。たぶん自分で内発的にというか、自分でやっていて楽しいとか、やっていればテストで困らないだろうからって、自分からやっていたのがよかったのではないですかね。」と言っています。

　また樋口氏は、「小学校3年生のときに英検5級、4年生で4級」を取得し、「あるよと聞いたら、飛びつこうと、自分で」受験しました。「せっかく恵まれた環境なのだから、生かさなければもったいないという発想が自分のなかにあったのだと思います。小学校から私立に入れてもらって、学費も決して安いわけではないと思うんですけれど、そのなかで勉強させてもらっているので、持ち帰られなかったらもったいない。」と言っています。「Sクラスには中学校2年から入って、課題が多かったんです。これ(ペーパーバックや新聞記事等)をここまで読んできて要約してきてくれと。それこそ大学の授業ぐらいのことをやっていたかなと思います。つらかったですが、土日はポケットの辞書を引きながら意味を調べて、すごく勉強しました。」

　また高校時代には、「毎日の勉強は、教科書の試験範囲になっているところを暗唱するということと、あとは『コロケーション英単語』の、それこそ試験範囲になっているところの例文をしゃべりながら暗唱する。そういった勉強でした。何だかんだ言っても、30、40分あればできるんですよ。それをコツコツやっていったというところです。」とも述べています。つまりはお二人とも、自分自身で何を学ぶのか、どう学ぶのかを考え、実行していたということです。

　またもう一つの特徴として、音声面での影響が考えられます。2人とも小学校より英語教育を受けている中で、中田氏は発音指導に言及し、「いや、けっこう授業中は緊張はしましたね。間違っていると「もう1回」とかやられたり。でも、LLのテープを家に持って帰って、家で録音してそれを提出したりということもできたので、家で勉強できたのがよかったですね。」「つづりと発音の対応とかというのはけっこう、小1とか小2くらいからやっていた記憶

はありますね。」「もしかしたらですけど、高校のときに MD なんかをやっていたのは、小学校で LL の機械をやっていたからかもしれないと、今ちょっと思いましたね。あとは、小学校のときは、発音記号はやらなかったですが、スペルと発音の対応というのはやって、それはたぶん今でも残っているのではないでしょうか。」

さらに高校時代には NHK の英語講座を録音して、通学時間等に繰り返し聞いた体験を語っています。「放送を聞いていて、MD に録音して。通学のときに聞いていたと思います。例えば20分の番組だったら、会話が1分とかですよね。その会話の部分だけを、MD だとトラックマークを付けて区切れるので、まずそこを区切って、その会話の部分を何回も聞いて、テキストと照らし合わせたりとか。あと、会話のなかでもさらに分からないところの直前で区切って、そこを頭出しできるようにしたりとか。」

また誰かに方法を習ったかという質問に対しては、「これは自分だと思いますね。何か運よく MD を持っていたので、それでいろいろやってみたんだと思いますね。」「量はそうあまりたくさん聞かないけど、1日1分とか30秒の短い会話でも、それに関しては何回も繰り返して完全に聞き取れるようにするとか、量というよりも質ですかね。そういうようにやったら、リスニングの正確さというか、聞き取る力が上がったので、ただ聞き流しているだけでは駄目だなと感じたのはあります。」

また樋口氏も、自己形成の中で「音楽」や「音声面」との関わりの大きさを指摘しています。「『セサミストリート』が西村先生の英語の授業と何か共通するようなものがあったり。歌を使いながらとか。あとは、音楽と結びつけてという要素が強いかなと思います。歌を聴きながら。」「これもやっぱり音楽、歌を使いながらというのがあって。やはり音楽の耳になっていたと思うんです。そこから入ったというのが、一つきっかけかなと思います。」「クリスマスとかで、礼拝じゃないですか。そのときに聖歌隊が歌っている曲で英語があったりすると、興味があるなというのはありました。」

自分を支える一番の自信となった出来事はとの問いに、「やはり音楽から何でも入っていけたというのが大きいですね。それは本当に母のおかげだと

感謝しています。英語にしろ、音から入っていけましたし。」小学校時代の英語教育で思い出すことに対しては、「どちらかというと勉強というよりは、学校でのということですよね。本当に身体を動かしたりとか、劇のショートプレイのようなことをやった覚えもあります。チームでやるというところと、あとは音楽から入っていったというところが大きいですね。」「テープを買うなりして手に入れて、聴きながら発音も矯正する。そういった勉強のスタイルが身につきました。」

*

　立教学院の一貫連携教育で育った卒業生という観点から印象的なのは、樋口氏が述べている「柱というのは、自分はキリスト教というか、建学の精神というところをかなり意識していました。自信は、自分はそれなりに成果を出せていた。目立つようなこともしていましたし、成績も取れていたと思いますので、自分のやり方は間違っていないという自信がそこで生まれていたとは思います。」というひと言です。このような環境要因も、英語学習に対して関連づけられる点が特徴的です。

　以上述べてきた結果については、まだ検証も十分ではなく、今後の継続研究が必要なのが現状です。しかしながら、お二人の自ら学ぶ姿勢は、英語教育研究会の研究課題としては最も最近の「モチベーション研究」にもつながっており、その意味ではこの「質的追跡調査」が現在の研究活動にも大きく関わっていると言えるでしょう。また、今後は更に対象者のバリエーションを増やし、より具体的な一貫連携教育の成果や課題を探ってゆくことが求められます。「質的追跡調査」を通じて、一貫連携教育を考える上での多くのヒントを得られたことは、大きな成果であったと思います。

英語ワーキンググループ（英語教育研究会）の歩み

西村　正和
（立教小学校教諭）

『はじめに』にもある通り、数々の講演と手記からなる本書を生み出したのは、小学校から大学までを通した「英語一貫教育」を目指しての学習と交流の活動です。それは立教学院全体の一貫連携教育を目指す諸活動の一環として、学院内では、「英語ワーキンググループ活動」と称して行われてきました。

2011年度現在、その活動は一ヶ月に約一回の頻度で定着し、それに加えて、年一回の外部講師の方々をお招きして、学院全体はもちろん、立教女学院、香蘭女学校、ステパノ学園小学校へも呼びかけての研修会を開き、それがⅠ部（講演）の記録となりました。以下、年表として振り返っておきましょう。

Ⓐ　1999年度〜2003年度の活動

立教学院内で一貫連携への機運が高まる中、青山学院の知見に学びながら、少しずつ立教独自の英語教育の連携に向けて模索が始まった。

Ⓑ　2004年度の活動

2003年12月の発足を受けて、ワーキンググループ（以下WG）として本格的に活動を開始した年である。

立教における英語教育の現状把握と教員の研修を中心に、各校1名の代表を中心にほぼ月一回のペースでのミーティングが行われるようになった。「学院長を交えて」「月1回」というのは、いずれも青山学院での先行例を参考にさせていただいた。

Ⓒ　2005年度の活動

　この年度から各校1名ずつの代表によって行われていた会合が、各校2名体制へ移行した。

　WGの定期的な開催、レジュメや議事録の回覧、研修会の講演内容の刊行など、組織としての動きが形になっていった。

　また、7月に立教の英語教育の目指すところを話し合い、3つのゴールとして整理されたことは、その後の方向性を決める上で大きな成果だった。一方、立教学院として行った追跡調査の中で、英語に関する領域の調査結果とその分析について大野久教授（文学部）から伺うことができた（06年2月）のは、立教における英語教育の現状を知る一つの客観的な情報を得たという意味で、大事なステップだったと言える。

Ⓓ　2006年度の活動

　11月の研究会（池袋中・高）は、昨年度決めた「発信型の英語力」・「コミュニケーション能力」・「異文化理解と対応」という3つのゴールをテーマに行われ、WGと日常の授業とのよい相関が生まれた。また、今年度行われた英語追跡調査のような調査だけでは、どうしても数量的な扱いになりがちなので、次年度は立教で身に着けた英語力を生かして社会で活躍している卒業生に対してのインタビューを行う「質的追跡調査」を行い、「量的追跡調査」とはまた違った側面から立教の英語を考察し、英語教育における一貫と連携を進めていくことになった。

Ⓔ　2007年度の活動

　WGの開始から4年目を迎え、2007年度からは、各校2名に限定せずに、各校の英語科専任教員の数に応じてWGへの参加人数を決めることになり、新座中学校・高等学校からは3名が参加することになった。また、大学からは全カリ（全学共通カリキュラム）英語研究室からの参加を得て、より一層小学校から大学までの一貫連携を考える受け皿作りが進んだことも特筆すべきことである。

一方、これまでを振り返るとWGの成果が日々の実践に反映しにくい傾向があったので、今年度は新座の古平領二の提案によるマイクロティーチングを積極的に取り入れ、具体的な授業の様子や指導方法をシェアーすることができた。

Ⓒ　2008年度の活動

　WGの活動が5年目に入り、その成果をどのように形にし、発信するかを模索した年である。

　学内外には、カリキュラム・指導法・評価等の一貫性などにWGの成果を期待する声があるが、同じ立教ではあっても、小学校・中学校・高校は大学の付属ではなく、各校が独立した存在であるのが実情である。そこで、今年度からWGでは、小学校から大学まで、どの年代においても大切な「学習意欲の喚起」をテーマに設定し研究的なあり方を通して各校の連動性を目指すことになった。また接続部分の重要性に対する認識から、本年度より小6・中1担当者によるミーティングを行うことにより、接続部分の連携の強化を図ることになった。

　一方、WG人数の増加は組織の充実につながる反面、個々の発言の機会が減るという側面も生んだ。そのため、次年度からはWGの活動の中にプロジェクト・チーム(PT)制度を取り入れ、一層の活性化を図ることになった。

Ⓖ　2009年度の活動

　学習意欲研究という今年度のテーマに連動して、研修会のテーマも「学習意欲の喚起」とした。また内容が英語教育の枠を超えて教科横断的であることを踏まえて広くご案内をした結果、英語以外の先生方にも幅広く参加していただくことができた。

　一方、大学の授業を見ないことには小学校から大学までの一貫連携は実現しないとのWGメンバー強い要望から、11月の研究会においては、大学全カリ（＝全学共通カリキュラム）のディスカッションクラスの授業を参観する機会を得、大学での英語教育の一面を知る機会となった。

また、3月に行ったShare and Talkは、「学習意欲」という今年のテーマ、イベントPTからの提案、拡大WGの継続……など、これまでの活動の成果が有機的に結びついた、英語WGならではの企画となった。

Ⓗ　2010年度の活動

　今年度は文献の輪読や佐伯胖先生をお招きした研修会などを通しての学習意欲の研究を継続。また大学の経営学部の参観の実現、鳥飼玖美子教授によるミニ講演会を通して、国際共通語としての英語についても考える機会を得た。

　教師の仕事はとかく明日の授業の準備に追われ、これまでの自分のやり方の上にあぐらをかいてしまいがちだが、こうしたWGの活動を通して絶えず新しい考え方を学び、刺激を受けることができるのは、教育に関る者としてとても大事なことだと思う。また寺崎調査役の提案をきっかけに、7年間の研修会記録やWGの活動をまとめた刊行物の発行に向けて動き出したことは、これまでのWGの歩みやこれからの方向性を改めて問い、それを学院内外に発信する機会となった。

Ⓘ　2011年度の活動

　学習意欲研究の3年目。今年も「動機付け」をキーワードに6月研修会を行い、輪読を続けてきた「動機付けを高める英語指導ストラテジー35」の著者ドルニェイの研究者でもある八島智子教授（関西大学）を迎えて学びの機会をもつことができた。また、7年間の研修会の記録とWGの活動をまとめた単行本刊行に向けての作業は、WGのメンバーによるコラムの執筆などを通して、改めて自分達の活動を振り返る機会となった。

Ⓐ 1999年度〜2003年度の活動

(WG =ワーキンググループ)

年度		教学運営委員会		その他
1999年度			11/6	青山学院「小・中・高一貫制英語教育を考える」に初瀬川正志・後藤直之・西村正和が参加 ※1
2000年度			12/2	青山学院「小・中・高一貫制英語教育の課題」に初瀬川正志・後藤直之・天野英彦・松村憲子・小渕玲子・西村正和が参加 ※2
2001年度	4月	教学運営委員会(岡本伸之・観光学部・座長)において教科の一貫連携推進の方針が出され、英語の一貫連携に向けての準備が始まる	6/26	立教小学校にて英語科連絡会を開催 授業参観(4クラス)の後、話し合いを行った
	1/30	小・中・高英語科連絡会の現状報告	3/28	「2001年度英語教育記念講演会」に天野英彦・松村憲子・西村正和が参加 ※3 ※はいずれも青山学院英語教育研究センター主催
2002年度	4月	教学運営委員会(老川慶喜・経済学部・座長) 英語の連携に向けての話し合い継続	6/11	池袋中・高にて英語科連絡会を開催 授業参観(11クラス)のあと話し合い ※鳥飼玖美子・バトラー後藤・両先生参加
			9/8	JACET全国大会「一貫制の英語教育」—小学校から大学まで—に鳥飼玖美子・後藤直之・初瀬川正志・天野英彦・松村憲子・小渕玲子・西村正和が参加 会場:青山学院大学青山キャンパス 後援:文部科学省・青山学院英語教育センター
2003年度	4月 10/17	教学運営委員会(白石典義・社会学部・座長) 第3部会拡大作業部会を行い、今後の進め方を検討 (司会) 寺﨑昌男(学院本部調査役) (参加者)松平信久(学院長)・西田邦昭(教務部)・香山洋人(大学チャプレン)・山本博聖(全カリ言語部会)・白石典義(社会学部)・鳥飼玖美子(異文化コミュニケーション研究科)・高山一郎(全カリ英語教育研究室)・山内辰治(新座中・高)・後藤直之(新座中・高)・初瀬川正志(池袋中・高)・西村正和(小学校)・金刺信一(事務局)	10/28	新座中・高にて連絡会を開催 授業参観(15クラス)のあと話し合い ※松平信久(学院長)・寺﨑昌男・鳥飼玖美子 ほか拡大作業部会メンバーも授業参観
	12/1	英語WG実質上の発足 (メンバー)鳥飼玖美子・西田邦昭・後藤直之・初瀬川正志・西村正和 (事前相談)松平信久・寺﨑昌男・金刺信一・西村正和 ※連携の充実をテーマにフリートーク		
	3/1	英語WG 2回目(メンバー) 松平信久・鳥飼玖美子・寺﨑昌男・後藤直之・初瀬川正志・西村正和・金刺信一・(西田邦昭) ※立教学院ニュース・座談会・追跡調査などについて検討 松平学院長の提案を受けて、2004年度に研修会の実施を決定	3月	「中学校での英語の勉強の仕方」のプリントを両中学校から頂き、6年生卒業前に配布

Ⓑ 2004年度の活動

月日	会合	人数	備考
04.4			2004年度4月より、学院による科目等履修生制度が開始
04.5.24	WG①	5名	教員研修会打ち合わせ（伺いたいことなど・当日の準備など）
04.6.12	研修会	22名	講師：木村松雄教授（青山学院大学） タイトル：「英語教育における一貫と連携」
04.7.13	WG②	不明	各校間の「出口・入口」の連携について1 　　（入学までにつけておいてほしい力・卒業までにつけさせたい力）
04.10.19	WG③	5名	連携に推進に向けてのシステム作りに関して1 各校間の「出口・入口」の連携について2
04.11.1	立教学院ニュース		小中高の英語科教員による座談会が学院内の刊行物「立教学院ニュース」に掲載された 〔司会：鳥飼玖美子（立教大学）／参加者：西村正和（小学校）・初瀬川正志（池袋中・高）・後藤直之（新座中・高）〕
04.11			＊初めて研修会を開催した年だったので、小中高英語科連絡会は行わず
04.11.29	WG④	6名	連携に推進に向けてのシステム作りに関して2 各校間の「出口・入口」の連携につい3 2005年度の計画（6月の研修会を中心に）
05.1.17	WG⑤	6名	追跡調査における英語関係の項目検討 2005年度の計画（研修会を中心に）
05.2.12	授業参観		天野英彦・西村正和（小学校）が池袋中学校1年生の英語授業参観
05.2.24	授業参観		初瀬川正志（池袋中・高）が立教小学校6年生の英語授業参観
05.2.25	WG⑥	4名	研修会打ち合わせ1（ねらいと講師の選考など） 今後のWGの見通しについて
05.3.15	WG⑦	4名	研修会打ち合わせ2（講師は鳥飼玖美子教授に決定） 追跡調査における英語関係の項目案が完成

Ⓒ 2005年度の活動

月日	会合	人数	備考
05.4.26	WG①	不明	英語の一貫連携に向けての「これまで」と「これから」 教員研修会打ち合わせ 　＊各校2名体制スタート (小学校) 天野英彦・西村正和　(池袋中・高) 初瀬川正志・小澤哲也 (新座中・高) 後藤直之・古平領二　(大学) 鳥飼玖美子・白石典義 (学院) 松平信久・寺崎昌男
05.5.16	WG②	不明	「立教の英語」について大学を中心に松平信久学院長、鳥飼玖美子教授からお話を伺う。 6月の教員研修会の打ち合わせ
05.6.4	研修会	32名	講師：鳥飼玖美子教授 (立教大学異文化コミュニケーション研究科) タイトル：「立教が目指す英語教育の一貫と連携」
05.7.11	WG③	不明	5月16日の鳥飼玖美子教授の講演受けて、立教の英語の3ゴールを文字化 ①発信型の英語　②コミュニケーション能力　③異文化理解と異文化対応 「英語教育一貫への私案」のプリント配布される (鳥飼玖美子教授から) 連携の具体的な課題を出し合う (何をもって一貫連携とするか)
05.9.12	WG④	不明	「立教の英語教育の目指すところ」(スローガン) …後藤直之案をもとに検討 「出口・入口」への希望を出し合う
05.10.25	WG⑤	7名	立教の英語…スローガンとキャッチフレーズ (スローガンを簡略化したもの) を文字化 小6と中1の連携1 (個々の印象と考え)
05.11.22	連絡会	16名	立教小学校を会場に連絡会を実施 (英語授業の参観とその後の話し合い)
05.12.12	WG⑥	7名	連絡会振り返り 小6と中1の連携2 (フリートーク) 2006年度の予算検討 研修会 (鳥飼玖美子講演) の報告冊子作成を決定 「立教の英語教育の目指すところ」の文言を確定 　　→「異文化対応ができるコミュニケーション能力、発信型の英語力」
06.1.17	WG⑦	8名	小6と中1の連携3 (課題の文字化) 2006度の研修会について (講師候補リストアップ)
06.2.27	WG⑧	10名	英語追跡調査報告1 (立教大学・大野久教授) 研修会について
06.3.15	WG⑨	7名	英語追跡調査報告2 (立教大学・大野久教授) 各校の生徒の意識調査についての報告 研修会講師　久保野雅史先生 (筑波大学付属駒場中・高) に決定

Ⓓ 2006年度の活動

月日	会合	人数	備考
06.4.24	WG①	8名	前年度の研修会（鳥飼玖美子講演会）の記録完成（配布） 本年度の研修会の相談 2005年度振り返り
06.5.15	WG②	7名	研修会の詳細打ち合わせ 2006年度のWGの活動内容検討（フリートーク→年間計画）
06.6.24	研修会	37名	講師：久保野雅史先生（筑波大学付属駒場中・高） テーマ：「中高6年間を見通した指導と評価の構造改革」
06.7.4	WG③	不明	研修会振り返り 研修会内容をHPに掲載することが寺崎調査役より提案された〔担当：後藤直之（新座中・高）〕 英語追跡調査に関しての振り返り
06.9.19	WG④	10名	鳥飼玖美子教授 研究休暇より復帰ショートトーク 新座中・高6年間のカリキュラム1（新座のPT報告） ＊松平学院長の提案を受けて今年度から「連絡会」の名称を（授業）「研究会」に変更することになった
06.10.23	WG⑤	8名	研究会準備 新座中・高6年間のカリキュラム2 質的追跡調査の提案が出される（鳥飼玖美子教授より） 2007年度予算案検討
06.11.22	研究会	17名	池袋中・高が会場で21日に授業参観、22日に研究会が行われた 　（テーマ：3ゴールと授業との連動）
06.12.19	WG⑥	10名	研究会振り返り 英語追跡調査報告3（大野久教授＆鳥飼玖美子教授） 池袋中・高6年間のカリキュラム1
07.1.30	WG⑦	10名	HP・講演会記録の進捗状況報告 池袋中・高6年間のカリキュラム2 質的追跡調査に関して1 2007年度の研修会講師について相談 2007年度WGメンバーについて
07.2.7	HP掲載開始		立教学院のHPにリンクを張る形で講演会の記録がHPからアクセスできるようになり、WGの活動を外部に発信するひとつの手立てとなった
07.2.19	WG⑧	9名	HP・講演会記録の進捗状況報告　新座中・高6年間のカリキュラム3 研修会について　質的追跡調査に関して2
07.3.19	WG⑨	5名	2006年度総括 HP・講演会記録の進捗状況報告 2007年度活動予定（研修会ほか） 2007年度メンバーについて 質的追跡調査に関して3

Ⓔ　2007年度の活動

月日	会合	人数	備考
07.4.17	WG ①	10名	英語 WG のこれまでの経緯確認（成果と課題） 本年度の計画
07.5.15	WG ②	9名	研修会及び面接による追跡調査【1】準備 マイクロティーチング（新座中・高：古平領二）…高校3年生授業
07.6.19	質的追跡調査【1】	5名	対象：中田達也氏（2002年3月 文学部英米文学科卒）
07.6.30	研修会	43名	講師：鈴木佑治教授（慶応義塾大学） タイトル：「生涯英語のすすめ」
07.7.03	WG ③	7名	研修会及び面接による追跡調査【1】振り返り
07.9.18	WG ④	12名	11月研修会及び面接による追跡調査【2】準備 マイクロティーチング（池袋中・高：安原章）…高2OC授業
07.10.23	WG ⑤	9名	研究会準備 マイクロティーチング（新座中・高：土間沙織）…中学1年生授業
07.11.13	研究会	25名	新座中・高における英語教育の概要説明 マイクロティーチング（新座中・高：土間沙織・石黒文隆・佐藤健） 　※11/9（土）～11/13（火）の4日間は英語授業を公開
07.12.11	質的追跡調査【2】	5名	対象：樋口宏氏（2006年3月 法学部国際比較法学科卒）
07.12.18	WG ⑥	8名	「英語プレイスメントテスト分析報告」を受けて 研究会・質的追跡調査【2】振り返り マイクロティーチング（小学校：天野英彦）…小学校5年生40人授業
08.1.22	WG ⑦	10名	少人数英語デイスカッションクラスのカリキュラムについて報告 　丸山有香教育講師（立教大学ランゲージセンター） 次年度研修会準備1－講師・日程・会場 　＊松平信久学院長は怪我のため、この1月より欠席
08.2.19	WG ⑧	10名	次年度研修会準備2　行動力目標を軸にした英語教育の考察1 　（中高大連携の柱は英語力中心でよいか…『英語教育』May 2007三浦孝）
08.3.18	WG ⑨	7名	本年度の振り返り 行動力目標を軸にした英語教育の考察 2 　（新座 PT からの報告…行動力目標を基にした立教の英語の見直しについて）

Ⓕ 2008年度の活動

月日	会合	人数	備　考
08.4.15	WG①	12名	これまでの歩みと2008年度の方向性 　→WGとしての学内外への発信の必要性が確認された 各校の英語教育の問題点・課題抽出の必要性が話題となる
08.5.27	WG②	13名	6月研修会準備 各校の英語教育の特徴と課題についての話し合い1 立教英国学院でのReading Marathonの実践紹介
08.6.28	研修会	38名	講師：北原延晃先生（港区赤坂中学校） タイトル：「発想の転換のススメ」
08.7.14	WG③	9名	研修会振り返り 各校の英語教育の特徴と課題についての話し合い2 一貫連携センターのイメージについて 各校の専任全員を対象にした拡大WGの開催が提案される
08.9.30	準備会	6名	拡大WG準備会として各校の代表者が集まり、ねらいや内容について話し合った
08.10.7	WG④	11名	教員研修会および拡大WGの準備 WGメンバーとそれ以外の全体との乖離への危惧 英語プレイスメントテストに対するWGからのアピールの必要性が出され、WGとしての見解が10/9の教学運営委員会において文書として提出された。これに対する大学（全カリその他）からの明確な解答はなかったが、その後大学プレイスメントテストはGTECに移行した。（巻末資料参照）
08.11.18	研修会および WG⑤（拡大1）	25名	11/12（水）～11/18（火）の5日間　立教小学校の英語授業を公開 11/18（火）池袋中高を会場に初めて拡大WGという形で研究会が行われた
09.1.13	WG⑥	10名	これまでの活動を踏まえたうえで、一層の連携を深める上でのアイディアを出し合う 「研究的なあり方を目指す」 「イベントの共有を考える」 「小6・中1で話し合う」 「拡大WGの継続的開催」
09.2.16	WG⑦	10名	これからのWGのあり方を相談 ①学習意欲の喚起をテーマにすえる ②WG活性化のためにプロジェクト・チーム（PT）制度を取り入れる 　1）研究PT　2）研修会PT　3）イベントPT
09.3.13	小6・中1会議	4名	初めて小6・中1担当者によるミーティングを行う
09.3.16	WG⑧	11名	各校の「英語力を高めるための試み」を紹介 3つのPTによる話し合い 　＊議事録はこれまで西村正和が担当してきたが、4月より輪番で行うことになった。

Ⓖ 2009年度の活動

月日	会合	人数	備考
09.4.21	WG①	10名	小6から中1に上がる春休みの課題に関して懸案事項を挙げた 　(誰が出すのか・目的・分量・他教科との兼ね合い・他校出身者との兼ね合いなど) イベントPTから出されていた検討課題について話し合い 　(何を行うのか・順位の有無・主体は誰か・見せ方・頻度・時期・場所など) ＊メンバーの改変が行われ、各校2名の体制が各校2〜3名にさらに広がった
09.5.25	WG②	10名	小6から中1に上がる春休みの課題に関して意見を集約した 研修会準備
	研修会	42名	講師：秋田喜代美教授(東京大学大学院教育研究科) テーマ：「学習意欲の喚起」
09.7.14	WG③	10名	研修会振り返り 今後の方針として「文献を読んで動機付け研究を継続する」「3月に動機付けをテーマにした拡大WGを行い、今年度のイベントとする」の2点を決定
09.9.29	WG④	12名	学習意欲研究の参考文献として「動機付けを高める英語指導ストラテジー35」を選定 (ドルニェイ著、米山朝二・関昭典訳)の輪読を開始(第1章) PTの話し合い
09.10.19	WG⑤	10名	秋の研究会打ち合わせ　立教大学ディスカッションクラスの授業参観に決定 「動機付けを高める英語指導ストラテジー35」(第2章)
09.11.17	研究会	22名	ディスカッションクラス　【池袋】11/12(木)・11/13(金)　【新座】11/14(土)・11/16(月) ＊11/17(火)に「研究会」という位置づけで、授業者も交えて参観後の話し合い
09.12.11	WG⑥	10名	研究会(ディスカッションクラス参観)振り返り
10.1.15	WG⑦	12名	英語プレイスメントテスト分析と今後(アカデミック版導入)・追跡調査などについて山口和範全カリ部長よりお話を伺う 3月拡大WG打ち合わせ
10.2.15	WG⑧	11名	3月拡大WG打ち合わせ 次年度研修会打ち合わせ 「動機付けを高める英語指導ストラテジー35」(第3章)
10.3.10	小6・中1会議	3名	昨年に引き続き2回目
10.3.17	WG⑨(拡大2)	不明	Share and Talk を開催 (拡大WGとしては2回目) 各校を代表して2名ずつの教員が、「学習意欲」の視点を盛り込んだ発表を行った

Ⓗ 2010年度の活動

月日	会合	人数	備　考
10.4.20	WG ①	9名	小6・中1会議報告 3/17　Shake & Talk 振り返り 今年度の計画
10.5.24	WG ②	11名	6月研修会打ち合わせ 寺崎調査役より研修会の記録を中心とした単行本刊行の提案あり 「動機付けを高める英語指導ストラテジー35」(第4章)
10.6.12	研修会	51名	講師：佐伯胖教授（青山学院大学社会情報学部） タイトル：「学習意欲の喚起をどうはかるか」
10.7.9	WG ③	10名	研修会振り返り 単行本相談 秋の研究会打ち合わせ
10.9.21	WG ④	11名	研究会打ち合わせ 単行本相談 「動機付けを高める英語指導ストラテジー35」(第5章)
10.10.8	WG ⑤	10名	松本茂教授（経営学部）より同学部の英語カリキュラム概要を伺う 単行本相談
10.11.19	研究会	13名	11/15（月）～11/19（金）　経営学部の英語授業を参観 11/19（金）　研究会という位置づけで参観後の話し合い（授業者も参加）
10.12.14	WG ⑥	9名	研究会（経営学部の授業参観）振り返り 単行本相談 寺崎調査役より、鳥飼玖美子教授によるミニ講演会の提案あり →拡大WGとする
11.1.17	WG ⑦	11名	拡大WG打ち合わせ
11.2.14	WG ⑧	9名	拡大WG打ち合わせ 単行本相談 PTごとに1年間の振り返り
11.3.4	WG ⑨（拡大3）	31名	「国際共通語としての英語をどう考えるか」（鳥飼玖美子教授）ミニ講演会→3回目の拡大WG

① 2011年度の活動

月日	会合	人数	備考
11.4.19	WG①	12名	今年度の方向性について 研修会打ち合わせ 単行本相談 PTの話し合い 　＊メンバーの一部入れ替え
11.5.17	WG②	10名	研修会打ち合わせ 研究PTから、研修会に向けてのプレゼンテーション
11.6.18	研修会	26名	講師：八島（やしま）智子教授（関西大学） タイトル：「英語コミュニケーション能力を育てる」―国際的志向性と動機付け―
11.7.8	WG③	11名	研修会振り返り 単行本相談 PTの話し合い
11.9.12	WG④	10名	小6中1会議について→10月WGの中で行う 単行本相談 今後の方向性の確認（秋の研修会・次年度の座長の交代を含む組織の見直し等）

英語ワーキンググループ（英語教育研究会）歴代メンバー

学院	松平　信久	2003～2009
	寺﨑　昌男	2003～2011
大学	鳥飼 玖美子	2003～2011
	白石　典義	2006～2010
	川崎　晶子	2007～2008
	高橋　里美	2008～2009
新座中・高	後藤　直之	2003～2006
	佐藤　健	2007～2010
	中村　聡	2011
	古平　領二	2005～2011
	土間　沙織	2007～2009
	蛭田　量	2010～2011
	石黒　文隆	2008
	北岡　常彬	2009
	萩原　雄一	2010～2011
池袋中・高	初瀬川正志	2003～2011
	小澤　哲也	2005～2007
	綾部　保志	2009～2011
	藤本　勉	2008～2011
	安原　章	2007～2008
	長友加菜枝	2009～2011
小学校	西村　正和	2003～2011
	天野　英彦	2005～2011

あとがき

寺﨑　昌男
（立教学院本部調査役）

　このような本をまとめようということになってから、2年以上経つ。2004年6月の開始以来各年度に行われた英語教育研修会講演記録は、そのころ既にかなりの量になっていた。
　パンフレット仕立てになっていた一連のシリーズを、一冊にまとめて公刊できないものだろうか。そうすればひろく英語教育現場にも参考になるのではないだろうか。筆者はそう考えて、英語教育研究のミーティングの席上で提案してみた。グループの皆さんに異議はなかった。そこで、講演者の先生方にはあらためて校訂の労を煩わし、完成原稿としてお寄せいただいた。
　これが本書のⅠ部となった英語教育論・教授論の講演シリーズである。
　完成の間、編集担当を務められたのは、立教小学校天野英彦先生である。
　Ⅰ部をあらためて通覧してみると、各講演は、実践的であるだけでなく、理論レベルも高く、立教学院内にとどまらずひろく学外の英語教育実践者にも示唆に富むのではないかと想像される。研修会という名のシンポジウムには、立教関係の諸学校教師だけでなく、関連ある学校の先生方や大学院生等も出席された。すべての出席者は、10年間近く、思わざる知の饗宴に列していたわけである。

　講演の点だけではない。こういう専門家を次々にお招きするベースには、月ごとの研究交流活動という実績があった。
　東京・豊島区にある立教小学校および立教池袋中学校・高等学校、埼玉県・新座市にある立教新座中学校・高等学校に勤務する英語教育担当教員を主体

とし、ときに大学の英語関係の教員を招くグループが、毎月の会合を開いてきた。最近では、小・中・高校のメンバーが大学の授業を見学するという活動も実現した。こうした活動そのものも、日本の多くの総合学園にとって大きな参考になるのではあるまいか。

　この気づきから本書のⅡ部が生まれた。ミーティング参加者の記録をエッセイ風の記録にして寄稿し合ってⅡ部とし、全2部構成とすることにした。全2部を通じて、英語および英語教育に関する事柄については大学院異文化コミュニケーション研究科（独立研究科）の鳥飼玖美子教授（現・特任教授）が、本全体の構成や記述については筆者・寺崎が、それぞれ調整・校閲の役を担当することとした。特にⅡ部の原稿については、メールを通じてすべて読み合い、会合の席でもすべて話合って進めてきた。この意味で、特にⅡ部は、文字通りの協同著作になった。

　さて、「ミーティング」や「グループ」などと書いてきたが、学院内の正式名称は一貫連携教育推進のために設けられた「英語ワーキンググループ」というものである（ただし本書の表題には「英語教育研究会」という通じやすい名称を使った）。

　正式名称に付けられている「一貫連携」という言葉は、学院を総合しての教育改革を宣明したメッセージである。小学校、中学校、高等学校、大学から成る立教学院全体の教育を、いわゆる「一貫」教育としてだけでなく、各校の自主的・自発的協力にもとづく、一貫した「連携」教育としてつくりあげていこう、という理念である（松平前院長による「はしがき」参照）。英語教育研究の歩みも、その一環として進められてきた。

　立教学院は、いうまでもなく、キリスト教の精神によってつくられ運営されてきたミッションスクールのひとつである。教育の基本理念が「キリスト教にもとづく人間形成」にあることはいうまでもない。それを前提としつつ、「テーマを持って真理を探究する力」と「共に生きる力」との二つを目標として教育に当たる。そして、その重要な基礎こそ「豊かで的確な日本語を使う能力」と「生きた英語を使う能力」にほかならない（はしがきⅲ頁の図参照）。

学院がこの教育理念を確認したのは、1998年のことであった。この方針の中味やその後の経過に興味を持たれる方は、松平信久・西原廉太編著『立教学院の一貫連携教育がめざすもの』(立教ブックレット4，立教学院2010年10月刊) を参照してくだされば幸いである。

　英語教育研究は、上記の松平学院長 (当時) や前記の鳥飼教授 (同) 等の力強い指導とサポートのもとに発展してきた。「英語ワーキンググループ」が生まれたのも、その集まりが、紆余曲折を経ながら今日まで続いてきたのも、一貫連携教育の理念に基礎を置き、それに促されてのものであった(Ⅱ部6章、西村正和「英語ワーキンググループの歩み」参照)。

　出版に当たって感謝しなければならないのは、研究活動を精神的にも財政的にも支えられた学院当局のサポートである。さらに厚くお礼を申さなければならないのは、講演を快諾され、当初のパンフレット記録の推敲、さらには本書への掲載に際して、重ねての修訂を惜しまれなかった、学外の諸先生のお力添えである。また編集作業を終始支えられた天野先生の努力、そして出版を引き受けられた東信堂社長・下田勝司氏のはからいである。すべてに厚くお礼を申し上げる。

　この数年間、日本では英語および英語教育の環境は激変しつつある。
　小学校高学年への英語教育の義務的導入が開始された。教育全般におけるグローバリゼーションの実現も、緊迫する課題として求められるようになった。しかし激しい変動と改変に比べて、対応する実践は乏しく、教授理論もまだ多くの課題を残しているように見える。この状況に対して、本書が何らかの貢献を果たすことを願いつつ、あとがきとしたい。
　　　2012年2月

執筆者一覧　(執筆順)

松平 信久 (まつだいら のぶひさ)
　立教学院前学院長
　『「時」に生き 「時」を超えて』(聖公会出版)、『子どものための学校』(共著 東京大学出版会)、『教師のライフコース　昭和史を教師として生きて』(共編著　東京大学出版会)、『物語にみる世界の子ども日本の子ども』(一莖書房) など

鳥飼 玖美子 (とりかい くみこ) → 別記監修者紹介参照

木村 松雄 (きむら まつお)
　青山学院大学文学部教授
　『New Horizon English Course』(文部科学省中学校英語検定教科書)、『伝える伝わる英会話』(リサ・ボートとの共著 NHK出版)、青山学院444一貫制英語教科書『SEED』全12巻(監修　青山学院英語教育研究センター)、『ビートで覚える英単語帳』(NHK出版)、NHKラジオ英語講座「基礎英語1」テキスト (8年分96冊　NHK出版) など

北原 延晃 (きたはら のぶあき)
　東京都港区立赤坂中学校　英語科教諭
　東京都中英研研究部長・英語基本指導技術研究会主宰
　『英語授業の「幹」をつくる本』(ベネッセコーポレーション) など

久保野 雅史 (くぼの まさふみ)
　神奈川大学　外国語学部英語英文学科准教授
　「悩み解決！英語のギモンQ&A」(連載　『基礎英語3』NHK出版)、「文法指導をパワーアップ」(連載　『英語情報』　日本英語検定協会)、"Sound Bites"(連載　『朝日ウィークリー』　朝日新聞社)

鈴木 佑治 (すずき ゆうじ)
　慶應義塾大学名誉教授、立命館大学生命科学部教授
　NHK教育テレビ番組『えいごであそぼ』監修。
　『言語とコミュニケーションの諸相』(創英社・三省堂)、『英語教育グランドデザイン：慶應義塾大学SFCの実践と展望』(慶応義塾大学出版会)、『カタカナ英語でカジュアル・バイリンガル』(NHK生活新書) など

寺﨑昌男（てらさき まさお）→ 別記監修者紹介参照

佐伯 胖（さえき ゆたか）
　東京大学名誉教授
　青山学院大学社会情報学部教授、ヒューマン・イノベーション研究センター長
　『「学ぶ」ということの意味』、『「わかる」ということの意味』(ともに岩波書店)、『新・コンピュータと教育』(岩波新書)、『「学び」を問い続けて―授業改革の原点』(小学館) など

秋田 喜代美（あきた きよみ）
　東京大学大学院教育学研究科教授
　『読書の発達過程　読書に関わる認知的要因・社会的要因の心理学的検討』(風間書房)、『読書の発達心理学―子どもの発達と読書環境』(国土社)、『子どもをはぐくむ授業づくり』(岩波書店)、『読む心・書く心』(北大路書房) など

土間 沙織（どま さおり）
　立教新座中学校・高等学校　英語科教諭

天野 英彦（あまの ひでひこ）
　立教小学校　英語科教諭
　英語科主任

古平 領二（こだいら りょうじ）
　立教新座中学校・高等学校　英語科教諭
　英語科主任

綾部 保志（あやべ やすゆき）
　立教池袋中学校・高等学校　英語科教諭
　『言語人類学から見た英語教育』(編著 ひつじ書房 2009年)

初瀬川 正志（はせがわ まさし）
　立教池袋中学校・高等学校　英語科教諭
　広報室長

西村 正和（にしむら まさかず）
　立教小学校　英語科教諭
　教務副主任
　立教学院英語ワーキンググループ　座長

監修者紹介

鳥飼　玖美子（とりかい　くみこ）
　立教大学特任教授。立教大学大学院異文化コミュニケーション研究科教授（研究科委員長）、東京大学大学院教育学研究科学校教育高度化専攻客員教授を経て、2011年から現職。日本学術会議連携会員。NHK「ニュースで英会話」全体監修およびテレビ講師。上智大学外国語学部卒業、コロンビア大学大学院修士課程修了。サウサンプトン大学大学院人文学研究科博士課程修了（Ph.D.）。文部科学省大学設置審議会委員、日本ユネスコ国内委員会委員等を経て、内閣府政府広報アドバイザー、国土交通省交通政策審議会（観光分科会）委員など。大学英語教育学会評議員。日本通訳翻訳学会会長、国際翻訳家連盟理事等を経て国際文化学会常任理事など。著書に『異文化コミュニケーション学への招待』（編著）（みすず書房、2011）、『国際共通語としての英語』（講談社、2011）、『英語公用語は何が問題か』（角川書店、2010）、『通訳者と戦後日米外交』（みすず書房、2007）、『歴史をかえた誤訳』（新潮社、1998/2004）、『危うし！小学校英語』（文藝春秋社、2007）などがある。

寺﨑　昌男（てらさき　まさお）
　立教学院本部調査役・同大学総長室調査役。東京大学・桜美林大学名誉教授。東京大学大学院教育学研究科修了。教育学博士。財団法人野間研究所所員、立教大学文学部・東京大学教育学部・立教大学学校社会教育講座、桜美林大学大学院の各教授を経て、2003年4月から現職。東京大学在職時に附属中・高校長、教育学部長を、立教大学在職時に全学共通カリキュラム運営センター部長を、桜美林大学在職中に大学教育研究所長を歴任。日本学術会議会員、日本教育学会会長、大学教育学会会長等を歴任。著書に『日本における大学自治制度の成立』（評論社）、『プロムナード東京大学史』（東京大学出版会）、『大学の自己変革とオートノミー』（東信堂）などがある。

英語の一貫教育へ向けて

2012年3月23日　初　版第1刷発行　〔検印省略〕
定価はカバーに表示してあります。

Ⓒ立教学院　監修者　鳥飼玖美子・寺﨑昌男／発行者　下田勝司　　印刷・製本／中央精版印刷

東京都文京区向丘1-20-6　郵便振替00110-6-37828
〒113-0023　TEL (03)3818-5521　FAX (03)3818-5514

発行所　株式会社　東信堂

Published by TOSHINDO PUBLISHING CO., LTD.
1-20-6, Mukougaoka, Bunkyo-ku, Tokyo, 113-0023, Japan
E-mail : tk203444@fsinet.or.jp　http://www.toshindo-pub.com

ISBN978-4-7989-0114-5　C3037　Ⓒ rikkyo gakuin

東信堂

大学の自己変革とオートノミー——点検から創造へ	寺﨑昌男	二五〇〇円
大学教育の創造——歴史・システム・カリキュラム	寺﨑昌男	二五〇〇円
大学教育の可能性——教養教育・評価・実践	寺﨑昌男	二五〇〇円
大学は歴史の思想で変わる——FD・評価・私学	寺﨑昌男	二八〇〇円
大学改革 その先を読む	寺﨑昌男	一三〇〇円
大学自らの総合力——理念とFD そしてSD	寺﨑昌男	二〇〇〇円
大学教育のネットワークを創る——FDの明日へ	鳥飼玖美子監修 寺﨑昌男／杉本和弘／本郷優紀編	二八〇〇円
大学教育の臨床的研究——臨床的人間形成論第一部	田中毎実	三二〇〇円
高等教育質保証の国際比較	京都大学高等教育研究開発推進センター編	二八〇〇円
英語の一貫教育へ向けて	松下佳代編集代表	二六〇〇円
ポートフォリオが日本の大学を変える——ティーチング／ラーニング／アカデミック・ポートフォリオの活用	土持ゲーリー法一	二五〇〇円
ラーニング・ポートフォリオ——学習改善の秘訣	土持ゲーリー法一	二五〇〇円
ティーチング・ポートフォリオ——授業改善の秘訣	土持ゲーリー法一	二〇〇〇円
IT時代の教育プロ養成戦略——日本初のeラーニング専門家養成ネット大学院の挑戦	大森不二雄編	二六〇〇円
学士課程教育の質保証へむけて——学生調査と初年次教育からみえたもの	山田礼子	三二〇〇円
大学教育を科学する——学生の教育評価の国際比較	山田礼子編著	三六〇〇円
一年次（導入）教育の日米比較	山田礼子	二八〇〇円
初年次教育でなぜ学生が成長するのか——全国大学調査からみえてきたこと	河合塾編著	二八〇〇円
アクティブラーニングでなぜ学生が成長するのか——経済系・工学系の全国大学調査からみえてきたこと	河合塾編著	二八〇〇円
あなたの未来を拓く通信制大学院——日本大学大学院・宮本ゼミの一二年のドキュメント	宮本晃著	一八〇〇円

〒113-0023 東京都文京区向丘1-20-6　TEL 03-3818-5521　FAX 03-3818-5514　振替 00110-6-37828
Email tk203444@fsinet.or.jp　URL:http://www.toshindo-pub.com/

※定価：表示価格（本体）＋税

東信堂

転換期を読み解く——時評・書評集	潮木守一	二六〇〇円
大学再生への具体像	潮木守一	二五〇〇円
フンボルト理念の終焉？——現代大学の新次元	潮木守一	二五〇〇円
いくさの響きを聞きながら——横須賀そしてベルリン	潮木守一	二四〇〇円
大学教育の思想——学士課程教育のデザイン	絹川正吉	二八〇〇円
国立大学法人の形成	大崎仁	二六〇〇円
転換期日本の大学法人化の行方——自立と格差のはざまで	天野郁夫	三六〇〇円
大学の責務——アメリカと日本	江原武一	三八〇〇円
大学の財政と経営	丸山文裕	三二〇〇円
ドラッカーの警鐘を超えて——経営学と企業改革から学んだこと	D.ケネディ著 井上比呂子訳	四七〇〇円
私立大学の経営と拡大・再編——一九八〇年代後半以降の動態	両角亜希子	四二〇〇円
私立大学マネジメント	（社）私立大学連盟編	二六〇〇円
30年後を展望する中規模大学——マネジメント・学習支援・連携	坂本和一	二五〇〇円
大学のイノベーション——職員がつくる教育と研究の新たな仕組み	坂本辰朗・立川明	二五〇〇円
大学行政政策論	市川太一	二五〇〇円
改めて「大学制度とは何か」を問う	舘昭	二三〇〇円
原点に立ち返っての大学改革	舘昭	一〇〇〇円
戦後日本産業界の大学教育要求——経済団体の教育言説と現代の教養論	飯吉弘子	五四〇〇円
韓国大学改革のダイナミズム——ワールドクラス〈WCU〉への挑戦	馬越徹	二七〇〇円
現代アメリカの教育アセスメント行政の展開——マサチューセッツ州〈MCASテスト〉を中心に	北野秋男編	四八〇〇円
現代アメリカにおける学力形成論の展開——スタンダードに基づくカリキュラムの設計	石井英真	四二〇〇円
スタンフォード21世紀を創る大学	ホーン川嶋瑤子	三六〇〇円
大学教育とジェンダー——ジェンダーはアメリカの大学をどう変革したか	ホーン川嶋瑤子編	二五〇〇円
アメリカ大学管理運営職の養成	高野篤子	三二〇〇円
アメリカ連邦政府による大学生経済支援政策	犬塚典子	三八〇〇円

〒113-0023 東京都文京区向丘1-20-6　TEL 03-3818-5521　FAX 03-3818-5514　振替 00110-6-37828
Email tk203444@fsinet.or.jp　URL=http://www.toshindo-pub.com/

※定価：表示価格（本体）＋税

東信堂

子ども・若者の自己形成空間―教育人間学の視線から	高橋勝編著	二七〇〇円
教育文化人間論―知の逍遙/論の越境	小西正雄	二四〇〇円
グローバルな学びへ―協同と刷新の教育	田中智志編著	二四〇〇円
教育の共生体へ―ボディ・エデュケーショナルの思想圏	田中智志編	三五〇〇円
人格形成概念の誕生―近代アメリカの教育概念史	田中智志	三六〇〇円
社会性概念の構築―アメリカ進歩主義教育の概念史	田中智志	三八〇〇円
教育の自治・分権と学校法制	結城忠	四六〇〇円
教育による社会的正義の実現―今、知らねばならないこと	D・ラヴィッチ著／末藤美津子訳	五六〇〇円
学校改革抗争の100年―20世紀アメリカ教育史	D・ラヴィッチ著／末藤美津子・佐藤隆之・藤田美津子訳	六四〇〇円
国際社会への日本教育の新次元	関根秀和編	一二〇〇円
ヨーロッパ近代教育の葛藤	太田美幸	三二〇〇円
教育―地球社会の求める教育システムへ	関田一彦編	三二〇〇円
多元的宗教教育の成立過程―立教学院のディレンマ	前川一男編	五八〇〇円
ミッション・スクールと戦争―アメリカ教育と成瀬仁蔵の「帰一」の教育	大森秀子	三六〇〇円
未曾有の国難に教育は応えられるか―「じひょう」と教育研究研究60年	新堀通也	三二〇〇円
演劇教育の理論と実践の研究―自由ヴァルドルフ学校の演劇教育	広瀬綾子	三八〇〇円
オフィシャル・ノレッジ批判―保守復権の時代における民主主義教育	M・W・アップル著／野崎・井口・大桃敏行・中村雅子・後藤武俊訳	三八〇〇円
教育の平等と正義	K・ハウ著／大桃敏行・中村雅子・後藤武俊訳	三三〇〇円
〈シリーズ 日本の教育を問いなおす〉		
拡大する社会格差に挑む教育	倉元直樹・大森不二雄・木村拓也編	二四〇〇円
混迷する評価の時代―教育評価を根底から問う	西村和雄・大森不二雄・倉元直樹・木村拓也編	二四〇〇円
教育における評価とモラル	西村和雄・大森不二雄編	二四〇〇円
〈現代日本の教育社会構造〉（全4巻）		
〈第1巻〉教育社会史―日本とイタリアと	小林甫	七八〇〇円
地上の迷宮と心の楽園〔コメニウス・セレクション〕	J・コメニュウス／藤田輝夫訳	三六〇〇円

〒113-0023 東京都文京区向丘1-20-6　TEL 03-3818-5521　FAX 03-3818-5514　振替 00110-6-37828
Email: tk203444@fsinet.or.jp　URL: http://www.toshindo-pub.com/
※定価：表示価格（本体）＋税